"十三五"国家重点图书 | 纺织前沿技术出版工程

个体水上救生理论与装备技术

肖 红 著

中国纺织出版社有限公司

内容提要

本书从个体水上救生理论出发，分析个体水上活动面临的风险和水域事故发生原因，阐述个体落水救生、伤害防护的机理及有效措施。以典型个体水上救生装备为研究主体，分别系统阐述其分类、结构及典型品种、主要材料与部件、性能要求及测试评价、附属属具、浮力及浮力分布设计。这些内容对个体水上救生理论的发展、救生衣和抗浸服制备技术的研究、新型水上个体救生装备的开发、海事作战防御能力提升及大众水上活动安全意识的培养和日常水上活动安全健康的保障，具有指导意义。

本书可供水上救生、特种防护装备开发，浮力材料、纺织材料、失温防护以及水上救生装备等行业的研发人员、工程技术人员及相关专业的师生参考，也可用于大众安全教育。

图书在版编目（CIP）数据

个体水上救生理论与装备技术 / 肖红著 . -- 北京：
中国纺织出版社有限公司，2020.8
"十三五"国家重点图书　纺织前沿技术出版工程
ISBN 978-7-5180-7289-7

Ⅰ.①个… Ⅱ.①肖… Ⅲ.①水上救护 Ⅳ.
① G861.17

中国版本图书馆 CIP 数据核字（2020）第 058635 号

责任编辑：符　芬　责任校对：王花妮　责任印制：何　建

中国纺织出版社有限公司出版发行
地址：北京市朝阳区百子湾东里A407号楼　邮政编码：100124
销售电话：010—67004422　传真：010—87155801
http://www.c-textilep.com
中国纺织出版社天猫旗舰店
官方微博 http://weibo.com/2119887771
北京云浩印刷有限责任公司印刷　各地新华书店经销
2020年8月第1版第1次印刷
开本：710×1000　1/16　印张：21
字数：307千字　定价：128.00元

前 言

　　个体水上救生装备是非常专业的研究领域，救生衣和抗浸服属于非常专业的救生装备，是水上救生必不可少的重要个体防护装备。随着远洋航运、内陆水上交通、港口作业、海岸警卫、洪涝灾害救护、捕捞作业、水上娱乐等群体人员的增多，救生衣和抗浸服的功能要求和品种日益丰富，并且慢慢走进大众的日常生活中。

　　个体水上救生装备小而专业，但是涉及的知识和领域却非常庞杂。其中，水中溺亡、低体温伤害及其防护机理涉及人体生理与医学研究，救生衣的安全漂浮设计涉及力学分析，救生衣用气囊及浮力材料、抗浸服用防水材料涉及纺织材料、橡胶等高分子材料，气囊用充气装置属于机械装置，抗浸服的防水保温设计涉及传热学，测试评价方法涉及传感器技术，救生衣和抗浸服的使用规范涉及功效学理论等。

　　目前为止，市面上基本找不到系统介绍上述内容的专业书籍。在救生衣的开发和使用过程中，一方面，大众对水中危险伤害的认识，多只是停留在溺水伤亡方面，而对水中低温伤害缺乏必要的认知；另一方面，研究人员也很难找到一本有效且比较全面的书籍，了解救生衣和抗浸服设计研发过程中需要的各方面知识；此外，研究者和使用者对于救生衣的浮力分布、抗浸服的防水保温及其正确评价和使用等方面的认识也有待提高。

　　作者自2001年开始，接触救生衣、抗浸服的研发，并在攻读硕士、博士学位期间进行了系统的调研、资料收集、材料和装备研发、标准制定等工作。和原总后军需装备研究所的同事们一起开发了系列救生衣和抗浸服并得到装备。在美国康奈尔大学做高级访问学者期间，专门研究了发达国家的救生衣、抗浸服等相关新技术的发展现状。之后，继续跟踪相关产品、后期使用反馈、国外新技术至今。本书的撰写内容和资料，均是作者长期收集和积累获得。本书的撰写，一方面是为了对以前的研究和资料形成系统的知识体系；另一方面，也是想为我国个体水上救生装备的发展贡献自己的力量；同时，希望本书能够提高大众对水上危险和防护的认识，为相应救生衣的专业开发研究提供一本全面的参考书籍。

本书共 13 章，由肖红主笔撰写，张恒宇、代国亮、刘迪、陈剑英、冯硕参与资料收集、整理相关工作。第 1 章介绍水域事故与个体水上救生装备；第 2 章介绍个体落水救生机理与防护；第 3 章介绍救生衣的分类及结构；第 4 章介绍典型品种的救生衣；第 5 章介绍浮力及浮力分布设计；第 6 章介绍救生衣的气囊及其材料与部件；第 7 章介绍固有浮力囊及其材料；第 8 章介绍救生衣用属具及性能，包括哨笛、示位灯及反光膜等；第 9 章介绍救生衣性能要求及测试；第 10 章介绍抗浸服的分类及结构，并对关键密闭结构进行了分析；第 11 章介绍抗浸服用主要材料与部件；第 12 章介绍抗浸服的保温、漂浮性能及其他性能和测试；第 13 章介绍与抗浸服密切相关的潜水服的类别、结构、性能及评价。书后有 3 个附录，提供了救生衣和抗浸服的选择、使用和保养指导，及相关标准与简写。

　　本书在编写过程中参考了相关研究者的论文著作，尤其是美国和加拿大的研究者。他们在低温大海中做的系列真人和假人模型实验研究，以及关于海上救生方面的思考，让我受益匪浅，且对他们的研究务实精神，由衷敬佩。文中引用了部分图片，没有一一对应标注，在此一并表示感谢。

　　本书的撰写，也得到北京服装学院衣卫京、杨晓燕、军事科学院系统工程研究院军需工程技术研究所施楣梧、周宏、余治芳、林志刚等老师、高级工程师及研究生们的支持和帮助，在此一并致以衷心感谢。

　　本书稿落笔之时正值"新冠肺炎"疫情期间，这场突如其来的全球性感染疫情的暴发，让全体人民经历了一个特殊的春节，也让公共安全事件再次成为焦点，引起广泛关注。此书聚焦个体水上安全，也是人们日常生活中普遍的公共安全项目，目前，市面上没有相关的系统、完整介绍救生原理和装备技术开发的图书，希望此书的出版可以让读者更为清晰地了解水上事故原因、救生机理，提高安全意识和自救能力，让更多专业人士积极参与个体水上救生装备的研究和开发，共同维护人们的水上安全和健康。

　　由于本领域涉及内容广泛，作者的学识尚难自如驾驭整个领域的学术和技术内容，书中肯定存在很多不足甚至错误，敬请专家、读者批评指正。

2020 年 2 月

目　录

第1章 水域事故与个体水上救生装备

71% 的地球表面为海洋覆盖，其面积达 3.6 亿平方千米。在余下不足 30% 的陆地上，也分布着大量纵横交错的江河湖泊。中国海岸线总长度 32000 多千米，其中岛屿海岸线长达 14000 多千米，大陆海岸线长达 18000 多千米，河流 5 万多条，总长 42 万多千米，大小湖泊 900 多个。如此丰富的水域，人们一方面积极进行各项水域活动，开发、探索未知领域；另一方面，水域活动也给人们带来了各种危险。在水域及近水域从事各项活动的人员，如渔业、水上运输业、海上钻井平台、码头、公安边防、海关缉私等水上作业、执法人员，和冲浪、小艇、帆船、潜水等水上运动和休闲娱乐人员，水产养殖业劳动者、桥梁建筑工人及水域作战训练的战士等，均面临着水域作业安全以及落水后各种致命及非致命伤害的危险。

1.1 水域事故

水域事故的发生原因多种多样。当个体面临水域事故时，良好的水上救生防护装备是非常有效的措施。根据发生的原因及事故群体，涉及严重人员伤亡的事故，大致可以分为水上船舶交通事故、水上休闲运动与作业事故、其他水域事故。不同的水域事故，需要使用的个体水上救生装备的要求也不同。

1.1.1 水上船舶交通事故

船舶是主要的水上交通工具，包括各种客船、货船、游轮等，都承载着水上运输的功能。随着人们对各类水域的不断开拓以及对水域认识的大幅度提升，水域的交通量日益增大，水域航行密度也增加。船舶在航行、停泊、作业时，不可避免地面临着发生翻沉、碰撞、触礁、触损、搁浅、浪损、爆炸、风灾、自沉、漏油等事故的风险。种类繁多、型号各异的船只本身质量状况参差不齐，加上天气原因或其他不可抗力（如战争等），自古以来，国内外船舶在水域中发生事故造成的财产损失和人员伤亡的情况数不胜数。

表 1–1 为世界十大船舶海难事故及伤亡情况。除了 3 次是在第二次世界大战时期因为战争而导致的事故外，其余 7 例均为水上重大沉船事故，事故原因包括：客轮油轮相撞 1 例、严重超载加恶劣海况 2 例、撞上冰山 1 例、恶劣海况 2 例、航运过快加恶劣海况 1 例。每一次的伤亡人数均接近千人或千人以上，以溺水死亡、冻死、吸入油污窒息死亡、烧死等为主要死亡原因。

表 1–1　世界十大船舶海难事故及伤亡情况

时间	国家 / 地区	船舶	事故及原因	船上人数	死亡 / 失踪人数	主要死亡原因
1945.01.30	德国	"古斯特洛夫号"游轮	苏联鱼雷击中 50 分钟后沉到冰冷海底	10582	9343	冻死、溺死等
1987.12.20	菲律宾	"多纳·帕斯"号客轮	超载	—	4000 多	烧死等
1940.06.17	英国	"兰开斯特里亚号"	德军飞机轰炸	6000 多	3500	溺死、烧死、油污窒息死亡
1948.12.03	中国	"江亚号"客轮	撞上水雷及飞机炸弹误炸	4000 多	3000 多	溺死、冻死
2002.09.26	塞内加尔	"乔拉号"客轮	严重超载、遭遇暴风雨	—	1863	溺亡等
1912.04.15	美国	"泰坦尼克号"	撞上冰山	2224	1513	冻死等
2006.02.04	埃及	色拉姆 98 号客轮	红海海域，海风海浪，起火倾覆	1414	1200	溺亡等
1993.02.17	海地	"内普图诺"号	气候条件恶劣和超载	—	1000	溺亡等
1994.09.28	芬兰	"爱沙尼亚"号	舱门封闭不严，大风大浪，航行速度太快	964	852	溺亡等
2008.06.21	菲律宾	"群星公主"号	遭遇台风"风神"倾覆	862	800	溺亡等

渡轮、内河及近海交通事故也频频发生。2014 年 4 月 14 日，韩国"岁月号"渡轮沉没，包括 325 名高中生在内的 476 人中，死亡 304 人。在我国，内河流域如长江流域、各近海海域的水上交通事故同样触目惊心。1987 年 5 月 8 日的南通沉船事故，船上共 121 人，105 人死亡，9 人失踪。1996 年

2 月 9 日的"浙三机 3 号"沉船事故，76 人中 55 人死亡，11 人失踪，只有 10 人存活。1998 年 2 月 7 日发生的"翡翠海"沉船事故，船上 34 人中仅仅有 4 人存活。2015 年 6 月 1 日的湖北监利县长江大马洲水道"东方之星"沉船事故，船上实有人员 454 人，442 人遇难，12 人获救。2017 年和 2018 年，我国共发生一般等级及以上中国籍运输船舶水上交通事故分别为 106 件和 176 件，死亡失踪分别为 190 人和 237 人。根据调查，国内外的重大沉船事故中，除了海洋中恶劣气候导致的事故外，人为因素是最主要的事故原因。

在船舶交通事故导致的个体死亡原因中，溺水死亡占比最大，其次包括低温死亡、吸入油污窒息死亡、烧死等。包括我国在内的绝大多数国家，以及加入《海上人命安全公约》（SOLAS）的国家，对船舶用水上个体救生装备的使用和要求以法律形式进行规定，并设有专门的监管部门。根据法律规定，水上航行的船舶必须配备符合规定样式、浮力等级等要求的个人救生装备，比如船员和乘客用救生衣。这种必要的救生装备可以大幅度减少水上交通事故中的个人伤亡人数。而在水温不高于 15 ℃水域航行的船舶，则需要配备一定抗浸保温性能的抗浸服，以防止水中失温导致的伤害。

1.1.2　水上休闲运动与作业事故

水上休闲运动与作业事故包括水上休闲、水上运动与水上作业事故。

水上休闲活动包括面向大众的小水域范围活动的各类小型游船、小舟、手划船等活动。

水上运动包括面向大众的水上娱乐运动以及面向专业人员的水上运动。前者多在炎热夏季进行，包括近海游泳、嬉戏、水域泛舟、钓鱼、冲浪、漂流、潜水、帆船、划龙舟、骑水上摩托艇等活动；后者包括专业帆船、冲浪、深海潜水以及各项水中比赛活动等。

从事水域相关工作或行业发生的事故：比如渔业、海上作业、海上钻井平台、水利项目、海警和消防员水上行动或救援、近岸工作人员工作、水产养殖和捕捞等活动。

这些近水域及水域活动，参与人数逐年递增，尤其是在加拿大、美国、澳大利亚等拥有漫长海岸线且经济发达的国家，几乎每个人都会从事水上相关休闲活动及运动。2017 年，美国在淡水、海水水域进行钓鱼活动（包括划船钓鱼）的参与人数高达 490 万人。这些活动个体，都不可避免面临着落水后的伤亡危险。同时，从事这些活动的个体都需要依托船只进行休闲、运动及工作，因此，很难从统计数据中进行仔细区分。

2000 年，美国海岸警卫队（USCG）统计，不包括船只失事，共有 3482 例意外溺水而亡。国家安全划船委员会（NSBC）统计，2018 年因休闲划船导致的死亡人数为 563 人，这些人的死亡原因见表 1-2。由表可知，2011 年和 2018 年溺水死亡是所有死亡原因中占比最高的，分别高达 76.5% 和 79.8%；其次是外伤，低温死亡则分别为 1.4% 和 2.3%。

表 1-2　五种已知死亡原因与所占比例

已知死亡原因等级	死亡原因	2018 年		2011 年	
		死亡人数	比例	死亡人数	比例
死亡总人数		563	—	697	—
1	溺水	449	79.8%	533	76.5%
2	外伤	97	17.2%	116	16.6%
3	心脏骤停	16	2.8%	34	4.9%
4	低温	13	2.3%	10	1.4%
5	CO 中毒	8	1.4%	4	0.6%

1991 ~ 2010 年，不包括船只失事，加拿大共有 10511 例与水有关的个体意外死亡事故。其中，溺亡 9961 例，高达 94.8%；外伤死亡 513 例，占比 4.9%；以及其他或未知原因死亡 37 例，如图 1-1 所示。

划船事故是指在船上从事水上作业、水上娱乐、水上运动等活动发生事故的总称，包括职业渔船、帆船以及娱乐或日常生活等划船事故等。在 3323 例划船事故死亡中，有 365 例（11%）涉及职业，比如渔业活动；86% 为休闲娱乐或日常生活。而在 365 例职业划船事故中，溺水死亡 297 例，占比 81.4%；因体温过低造成暂时性休克后落水溺亡 53 例，占比 14.5%；溺水导致低体温并发死亡 5 例，低体温死亡 11 例，占比 3%。至少 55% 的人死于温度低于 10 ℃的冷水中。图 1-1 中，水上娱乐活动包括近海游泳、潜水、漂流等活动，溺亡和外伤死亡人数分别占比 22% 和 25%。近水域活动包括如在水边玩耍、在冰上行走或运动等，溺亡和外伤死亡人数均占比 19%。

我国消防部门提示，每年进入 6 月中下旬，水上意外事故都会呈上升趋势。从历年的水上救援情况来分析，水上事故地点多集中在水库、沟渠、湖泊和野外水域，以成年人、孩子游泳溺水为主。

可见，在水上休闲、运动及作业事故中，80% ~ 90% 甚至以上的人是

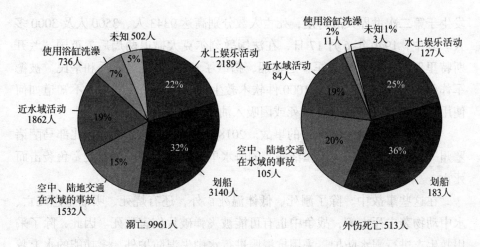

图 1-1　水上活动类型及死亡情况（加拿大，1991 ~ 2010 年）

溺水身亡。但是在加拿大 20 年间的职业划船事故统计中，除了 81.4% 的溺水死亡外，第二大原因是占比达 17.5% 的低体温死亡。水中低温现象是容易被人忽视的水中伤害因素，主要在于大众水上活动大都在炎热夏季进行，低体温致死现象发生的可能性小。而且，除了寒冷冬季会遇到低体温致死现象，需要通过干式抗浸服防护外，在 20 ℃以上水域长时间活动时，也需要穿着具有一定保温效果的湿式潜水衣（属于抗浸服的一种）。

1.1.3　其他水上事故

（1）因搭乘其他交通工具包括飞机、陆地交通，但是发生在水域的伤亡事故。如图 1-1 所示，1991 ~ 2010 年加拿大因空中、陆地等交通原因而死于水域的人数共 1637 人，占比 15.6%；其中溺亡人数 1532 人，在该类事故中占比 93.6%。2012 年 8 月 16 日，一艘载有 22 名乘客和 10 辆汽车的渡船在我国安徽省马鞍山市附近沉没，8 人死亡。2017 年 11 月 22 日，美国海军一架载有 11 名乘客和机组人员的飞机坠入日本冲绳东南部的太平洋海域。2019 年 5 月 13 日，两架以"旅游观光"为运营项目的水上飞机在进行载客观光时，在美国阿拉斯加州东南部上空相撞，随后坠毁在水上，致 6 人身亡，10 人受伤。

（2）不可抗的自然灾害导致的水上事故。如洪灾、恶劣自然环境等导致的水域事故。如台风、暴雨、地震、泥石流、海啸、火山爆发等。2018 年我国全年因洪涝灾害死亡 187 人、失踪 32 人。

（3）战争导致的水域事故。表 1-1 中的世界十大海难事故中，就有 3 例发生于第二次世界大战时期，死亡人数分别高达 9343 人、3500 人及 3000 多人。其中，1940 年 6 月 17 日，在法国敦刻尔克大撤退两周后，英国"兰开斯特里亚号"邮轮作为军事运输船，搭载了 6000 名英国士兵和平民，被德军炸弹炸毁。尽管船上有 1000 件软木救生衣，但是士兵们根本不知道如何使用。3500 多人被烧死、溺死或因吸入油污窒息而亡。

（4）水中危险生物导致的事故。2018 年 9 月 15 日，美国东北部马萨诸塞州一名男子因在纽科姆霍洛海滩的海水里从事水上运动时遭受鲨鱼袭击而死亡。

在这些事故中，除了溺死、低体温死亡外，还有烧死、吸油窒息死亡、水中动物袭击死亡等，战争中也有可能被飞弹破片伤害致死。因此，除了采用救生衣进行溺水防护、采用抗浸服进行水中失温防护外，多功能的水上救生防护也是必要的。

1.2 个体水上救生装备的重要性

无论是水上交通事故，还是水上休闲运动、作业事故及其他事故，最后面临水上危险和死亡的均是个体。显然，必要的个体水上救生装备是非常有效的防护措施。使用最为广泛的个体水上救生装备，包括救生衣和抗浸服两种，尤其以前者更为大众所熟知。

国际海事组织（IMO）、加入《海上人命安全公约》（SOLAS）的各个国家等，对于进行水上运输、交通、娱乐等的船只都有明确规定，需要配备个体救生装备，并对船员及乘客必须穿用救生衣在法律上进行强制规定。到 2000 年，救生衣已经有了比较完善的国际标准，其结果是使全世界溺水统计数字减少到每 10 万人口只有 7.4 人。在较为富裕的国家，这种改善更为显著。加拿大现在是每 10 万人只有 1.2 人，荷兰是每 10 万人只有 1.9 人。

尽管诸多数据和事实摆在眼前，但是，难以管理和控制的是来自人民大众日益增多的各项水域娱乐、休闲、运动等活动；以及以个体或企业为主体从事的各项水域作业，包括渔业、海上开采等，对其在水域是否穿用救生衣，无法进行有效监管。

抗浸服相对比较专业和小众，但是也是非常有效、必不可少的冷水域救生装备。

1.2.1　事故中救生衣使用情况

在发生水域事故时，穿着救生衣会大幅度提高各类水域事故发生时的个体存活概率，大幅度降低溺水风险。

1.2.1.1　美国划船事故中救生衣穿用情况

美国作为具有最长海岸线的国家之一，其海岸警卫队（USCG）每年都会发布娱乐休闲划船统计报告（recreational boating statistics）。2011 年，因划船休闲导致的死亡人数为 758 人，增长了 12.8%，是 1998 年以来的最高水平。在 758 个死亡者中，有 533 例是溺水造成的，而 84% 的溺水受害者没有穿着救生衣。也就是说，每 10 人在划船事故中溺亡，但是仅有 1.5 人穿了救生衣。

2017 年，76% 的划船事故受害者溺水身亡，溺亡者中，84.5% 的人没有穿救生衣。2018 年，共有已知死因 583 人，有 77% 的划船事故受害者被淹死，即 449 人溺水死亡。在溺亡者中，有 356 人没穿救生衣，见表 1-3。

表 1-3　2018 年五种已知死亡原因与救生衣穿着情况

已知死亡原因等级	死亡原因	死亡人数	救生衣		
			穿	不穿	未知
1	溺水	449	69	356	24
2	外伤	97	37	55	5
3	心脏骤停	16	6	10	0
4	低温	13	8	5	0
5	CO 中毒	8	3	4	1

从这些数据中，可知：①溺水死亡依旧是所有死亡原因中最高的；②死亡人数中，除了低温死亡原因外，其他均是穿救生衣的人数和比例远小于不穿救生衣的人数和比例；而水中低温死亡的避免需要穿用抗浸服来实现；③从 2011 年到 2019 年，尽管每年都有数据报告，但是，不穿救生衣的人依然没有大幅度减少。

1.2.1.2　日本渔船事故中救生衣穿用情况

2001 年，日本海上保安厅统计，渔船船员落水者有 74% 死亡或下落不明，其中只有 4% 的人穿救生衣。5 年间平均死亡人数与 2000 年的死亡人数见表 1-4。

表1-4　5年间和2000年遇难者救生衣穿着情况

娱乐项目		海钓船		帆船		水上摩托艇	
救生衣穿着情况		穿	未穿	穿	未穿	穿	未穿
人数 / 人	5年平均	38	164	21	24	23	2
	2000年	46	185	14	18	13	1
死亡率 / %	5年平均	14%	58%	1%	11%	6%	58%
	2000年	9%	46%	0	11%	0	100%

1.2.1.3　日本水上娱乐运动事故中救生衣穿用情况

1998年，日本因各类水上娱乐活动死亡的人数共1668人，包括水上摩托艇、手划艇、帆船、汽艇等各项大众水上活动。各种海上事故调查数据显示出以下几点。

（1）总体救生衣穿着率只有38%，汽艇活动中穿着率最低，只有不到33%。在总共1668人中，有556人已知是否穿着救生衣。在发现的556人中，有212人穿着救生衣，比例为38.1%。此外，船长的救生衣穿着率为37.2%，乘客为38.6%，几乎相同。从救生衣的使用情况来看，水上摩托艇的比率最高，为97.1%，手划艇的比率为44.7%，帆船的比率为37.1%，汽艇的比率最低，只有32.9%。具体见表1-5。

表1-5　不同船型使用救生衣的人数情况

	穿着救生衣	不穿救生衣	未知	总计
汽艇	139（32.9%）	283	975	1397
帆船	23（37.1%）	39	118	180
水上摩托艇	33（97.1%）	1	9	43
手划艇	17（44.7%）	21	10	48
总体	212（38.1%）	344	1112	1668

（2）穿救生衣的死亡率低于不穿救生衣的死亡率。从穿救生衣与掉入海中死亡之间的关系来看，穿救生衣掉入海中的136人中，有12人死亡，占8.8%，且死亡人数中溺死占比4.4%；在没有穿着救生衣掉入大海的198人中，有47人死亡，占23.7%，且死亡人数中溺死占比为20.2%。即没有穿着救生衣的死亡率是穿着者死亡率的2.7倍；且不穿救生衣掉入海中时，溺

死的可能性非常高，为 20%，将近是穿着救生衣的 5 倍。

（3）12 岁以下的群体中，不到 30% 的人穿着救生衣，溺亡者都不穿救生衣。70 名 12 岁以下的乘客有 16 名跌入海中，其中 4 人（26.7%）身穿救生衣，而 11 人没有，1 人未知。没有穿救生衣的人中有 3 人（6 岁、6 岁和11 岁）丧生。

1.2.1.4　加拿大海事事故中救生衣使用情况

根据加拿大 1991 ~ 2010 年的海事事故调查，所有划船遇难者中只有 15% 的人穿戴了救生衣。24% 的遇难者所乘船只没有配备救生衣，21% 的遇难者所乘船只配备了救生衣，遇难者却没有穿（图 1-2）。

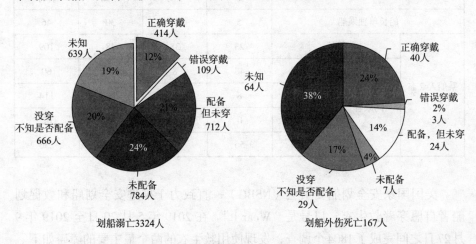

图 1-2　划船死亡率与救生衣穿戴情况（加拿大，1991 ~ 2010 年）

显然，在前述统计中，事故中穿着救生衣的伤亡人数大幅度低于不穿救生衣的伤亡人数。也就是说，穿着救生衣可以大幅度提高水域事故的存活概率。

1.2.2　使用救生衣的障碍及必要性

如 1.2.1 节所述，诸多事例和数据显示了在水域活动中，个体穿着救生衣的重要性。尽管法律明文规定了水域活动中需要穿着救生衣，但是，在面向大众、难以有效实现管控的水上休闲娱乐活动中，救生衣的使用率还是不高。

根据日本海岸警卫队的调查，渔船船员中有 94% 的人不会自觉穿着救生衣，游船船员中有 71% 的人不会自觉穿着救生衣。而且，船员更倾向于在夜间穿着救生衣，白天 42 人中有 35 人（80%）不穿救生衣；夜间 17 人中有 12 人（70%）没有穿救生衣。

乘客是否穿着救生衣与船长是否穿着之间存在极强的相关性，见表1–6。船长不穿救生衣时，乘客的穿着率为8.9%；而船长穿着，乘客的穿着率为85.7%。因此，可以认为，船长穿着救生衣对乘客是否穿着救生衣有很大的影响。如上所述，防止乘客掉入海中的措施之一是船长必须积极地教育和指导乘客提高安全意识，积极鼓励乘客穿上救生衣，使其意识到穿上救生衣的重要性。

表1–6　船长与同乘者是否穿着救生衣情况（汽艇）　　单位：人

		穿	不穿	未知	合计
船长单独乘船		5	11	30	46
乘船人2名以上	船长	23	38	48	109
	同乘者 穿	48	8	4	60
	同乘者 不穿	8	86	20	114
	同乘者 未知	0	4	58	62
	合计	56	98	82	236

美国国家安全划船委员会（NSBC）一直致力于推进安全划船和敦促划船者自愿穿着救生衣，口号是"Wear It"。在2019年5月20日至2019年9月27日之间完成了1804个调查，发现使用救生衣的两个最主要的障碍如下。

（1）认为不需要依法穿救生衣。可能制订更加严格的法律要求，也会促进船夫穿上救生衣。

（2）救生衣穿着不舒服。部分参与者反映，救生衣太热，会干扰其活动，在平静或低水位时不需要使用救生衣。因此，提高救生衣的舒适性、灵活轻便性，可以有效促进更多划船者穿上救生衣。

另外，一些不穿救生衣的理由是划船在近水域、水域不深、自身会游泳等。而且，在所有国家中普遍存在的一个事实是，15岁至35岁的男性是风险最大的群体，只有大约10%的溺水者穿着救生衣。

在我国，救生衣的使用还与国外存在巨大差距。一是缺乏法律规定；二是消费者自身的使用意识淡薄。

1.2.3　正确使用救生衣的必要性

如果发生紧急情况，大型客船不太可能会立即下沉，在船员的指导下穿上救生衣就足够了。然而，小船、个人船只、小型渔船等乘员经常突然跌落或意外掉入水中，或者在诸如碰撞的事故中下沉，没有时间穿着救生衣。因此，像汽车安全带一样，登船时穿上救生衣很重要。

在救生衣穿着者中发生溺水的很大部分原因是没有正确穿戴救生衣，且在落水后未保持放松状态，过于惊慌失措反而失去了平衡。比如，在部分穿救生衣溺亡的人，死亡原因有以下三种。

（1）因为穿了厚厚的外套，救生背心的拉链没有拉上。

（2）穿着防雨背心穿上救生衣，救生衣脱落了。

（3）因在背心上放了钓鱼配件，导致救生背心未拉好。

可见，除了需要穿救生衣外，还需要正确且牢固地穿好救生衣。根据加拿大 1991 ~ 2010 年的海事事故调查，如图 1-3 所示，在因休闲娱乐导致的海难事故中，正确穿戴救生衣的溺水死亡人数只有 327 人，未穿戴救生衣的溺水死亡人数为 1828 人，是正确穿戴救生衣溺水死亡人数的近 6 倍。而在划船导致的事故中，如图 1-2 所示，正确穿戴救生衣的溺水死亡人数为 414 人，未穿戴救生衣的溺水死亡人数为 2271 人，是正确穿戴救生衣溺水死亡人数的 5.5 倍。

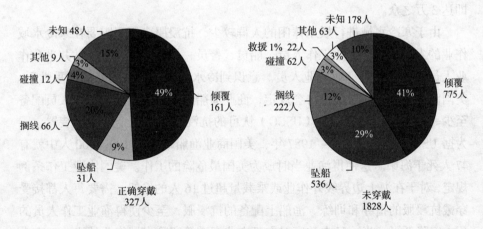

图 1-3　休闲娱乐活动中正确穿戴与未穿戴救生衣的溺亡人数比较

1.2.4　冷水中使用抗浸服的必要性

在 1.1 节的水域事故中，提到落水人员在水域死亡的两大主要原因是溺水死亡及低体温冻死。相对于空气，水具有更高的导热系数、比热容，使得冷水是非常危险的导热介质。人体直肠核心温度为 36.5 ~ 37.5 ℃，表皮温度约为 33 ℃，远高于海水温度（-2 ~ 30 ℃），而热量总是会从高温到低温的热梯度进行传递。当将人体浸入低于体温的水中时，接触冷水后的热传导不可避免，将在不同时间段分别导致冷休克、功能丧失、低体温（hyperthemia）以及救助后再次低温死亡现象。

随着核心体温的下降，人类会陷入无意识状态。死亡可能以两种方式发生：因失能而溺水和心脏骤停。浸入 5 ℃的水中大约 1 h，或浸入 10 ℃的水中大约 2 h，或浸入 15 ℃的水中 6 h 或更短时间内。如果深层体温持续下降，心脏核心温度低于 24 ℃时心脏骤停。

早在 1798 年，詹姆斯·柯里（James Currie）关于利物浦小船失事报告中就假设，浸泡在冷水中的水手可能是死于寒冷。1912 年 4 月，由利物浦开往纽约的泰坦尼克（Titanic）号巨轮，在大西洋与冰山相撞，沉没 1 h50 min 后，落水的 1498 人因长时间低温浸泡致死。1914 年爱尔兰皇后号沉没，700 多人只有上百人幸存，其余都冻死。1922 年，人们就意识到应该使用连体服隔绝冷水。但是，并没有任何实质性进展。直到第二次世界大战期间，德国飞机在北冰洋上空失事的飞行员中，有 42% 死于落水 25 ~ 30 min 后的过冷。1945 ~ 1964 年的 10 年间，美国飞机失事而死亡 720 人，71 人丧生于冷水中。更为悲惨的数据来自第二次世界大战，因事故或战争行动落水，死于冻僵者即达 3 万之众。

由于寒冷水域进行娱乐休闲的人群较少，抗浸服多用于需要在寒冷水域作业的人们，包括渔业工作人员、船员、警员、战斗人员、海上钻井平台作业人员等，尤其是渔业从业人员。意识到冷水导致的伤害致死的严重性后，美国国家职业安全与健康协会规定，商业渔船必须为所有船上工作人员配备至少一件美国海岸警卫队（USCG）认可的抗浸救生服或个人漂浮装置。因为据 USCG 估计，1982 ~ 1987 年，美国商业渔船每年每 100，000 人中就有 47 人死于海中。这使得渔业当时成为美国最危险的工作。美国渔业工作条例规定，对于在海上边界线外作业或乘载量超过 16 人的渔船，需要每人都接受穿戴抗浸服的指导和训练。渔船上配备的抗浸服，至少使得渔业工作人员的死亡率降低了一半。日本政府对在日本北海道等寒冷水域作业的渔业工人也制订了穿抗浸服的强制性要求。

现在，冲浪、潜水、帆船等水上运动日益丰富和广泛，也使得湿式抗浸服在大众运动中得到了广泛应用。即使是在水温 20 ~ 25 ℃的水域上进行各种活动，也需要湿式抗浸服，防止失温导致的腿脚失灵、身体不协调等症状，进一步导致意外溺亡。

1.3　个体水上救生装备概述

水上救生装备是保证在水域活动中落水者生命安全的一种水上防护用品，有个体救生装备和集体救生装备两类。

水上个体救生装备主要包括救生衣和抗浸服两大类。前者主要提供浮力和浮力分布，保证人体安全漂浮于水面；后者则防止冷水与人体接触，引起失温，导致寒冷、甚至死亡。

1.3.1　救生衣定义及构成

救生衣，是提供一定的浮力及浮力分布，能够在一定时间内（不大于 5 s）翻转落水人体至口鼻高出水面，安全漂浮于水面待救的一件衣服或装置。

随着个体水上救生装备的发展，救生衣的结构形式呈现多样化，很多救生衣已不是像衣服一样穿在人体上，而是提供浮力的部件集成在网眼背心或其他衣服上面，或者装在袋子里挂于腰部，使用时套在脖子上等。因此，以前常用的"救生衣"这一概念的内涵和外延已经发生分离，已经不能准确体现现有多样化的个体救生装备的结构特点。美国海岸警卫队（the United State Coast Guard）、国际标准组织（International Standard Organization）称其为个人漂浮装置（personal flotation devices），美军军用规范则称为救生具Life Preservers），都不含"衣"这一概念，英国标准（British Standard）称作救生夹克（life jackets）和浮力装备（buoyancy aids），但此夹克实际为背心。为了比较全面地概括各种结构、提供安全漂浮功能的个体水上救生装备，并扩展开发个体救生装备的思路，也有人认为"救生衣"的概念已经不够确切，提出"水上个体救生具"的概念，并将其定义为，随身携带、供个体使用的一种在紧急状况下可以提供浮力以使落水者漂浮在水面上的水上救生工具。但是，这个概念也有些宽泛，根据这个定义，救生圈、救生浮板等装备也涵盖在内。因此，为了方便读者理解，本书中还是统一称作救生衣。关于救生衣的概念和范畴，在世界范围内，也是一个需要规范的问题。在第 9.5 节也会再次解释这个问题。

作为个体水上救生装备，无论何种形式的救生衣，一般应具有如下三种功能，如图 1-4 所示。

（1）安全漂浮功能。救生衣能够提供足够的浮力和合理的浮力分布，使落水人员在水中呈口鼻高出水面、不影响呼吸的安全漂浮姿势，如图 1-5 所

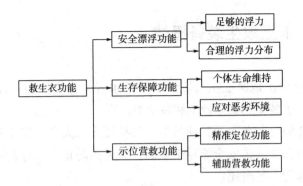

图 1-4　救生衣的基本功能

图 1-5　着充气式救生衣安全漂浮于水面

示；军用救生衣还应该使落水的指战员处于可顺利进行战术技术动作的飘浮姿态；提供固定用裆带、腰带等，避免落水瞬间救生衣因浮力太大而脱离人体。

（2）示位营救功能。救生衣应该提供可营救属具，如示位灯、哨笛等声光示位装置且颜色鲜艳的国际通用警示色如橙黄、橘红等；提供可对付来自水中危险的物品如驱鲨剂等，以及部分延缓生存的属具如淡水等；提供可供捞救的属具，如捞救吊带、集成固定救捞属具等。

（3）生存保障功能。救生衣能够提供足够的淡水，满足落水人员长时间待救必须的维持生命的需求；提供防溅射帽，防止巨大风浪的浪花进入口鼻，导致二次溺水；提供驱鲨剂等，应对危险的海洋动物的袭击。

此外，救生衣还需要具有一定的适体性，使携带方便，长期使用时人体无不舒适感，并且不妨碍使用者的其他活动；在寒冷水域，救生衣还必须具有一定的保暖性能，避免使用者因在水中热量的迅速丧失而导致体温下降过快引起的死亡。

以上功能中，安全漂浮功能是每一种救生衣必须具备的基本功能，而不同用途的救生衣，对其他功能的侧重点有所不同，特殊用途的救生衣还另外有特殊的要求。比如，军用救生衣的包覆材料往往要求具有防火阻燃性能；为能够携带武器，对浮力的要求高，对营救性能的要求更高。而运动用救生衣除了安全漂浮性能外，往往更注重其适体性。

1.3.2　救生衣用浮囊及属具

显然，无论何种形式的救生衣，为了实现以上基本功能，浮囊及附属属具是其基本构成单元，如图1-6所示。

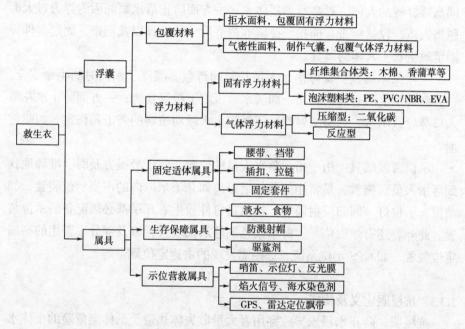

图1-6　救生衣的基本构成图

（1）浮囊。分为固有浮力囊和充气气囊两大类。无论是哪一类，均由提供浮力的浮力材料和包覆材料构成。

浮力材料又分为固有浮力材料和气体浮力材料两类，其中，固有浮力材料是指密度远小于水、拒水的固体类材料，包括聚乙烯、聚醋酸乙烯酯类软质闭孔泡沫塑料、聚氯乙烯/丁腈橡胶类橡塑共混泡沫、木棉、芦苇、灯芯草等纤维集合体材料。气体浮力材料是由压缩气瓶、化合物反应后产生的气体来提供浮力的，比如，二氧化碳、氮气、叠氮化合物等，其中，二氧化碳最为常用且安全。

根据提供浮力的材料不同，包覆材料也分为两种，即包覆固有浮力材料的拒水面料以及包覆气体的气密性面料。其中，前者不要求气密性，只需要具有一定的拒水性能、符合要求的理化性能包括一定的强力、耐候性等；后者需要具有极好的气密性，能够热合或密闭成为一个气囊，且长时间不漏气。两种材料均需要具有服用纺织品的部分性能，比如良好的耐日晒、耐海水、耐汗渍等色牢度，良好的拉伸断裂、撕破性能等强力指标。

（2）附属属具。这是救生衣的另一大组成。可分为三类，固定适体属具、生存保障属具、示位营救属具。

固定适体属具：用于固定救生衣在人体的合适位置，一方面使其适合不同高矮胖瘦的人体，提高号型适体率；一方面防止落水瞬间因为浮力过大而脱离人体。包括腰带、插扣、拉链等调节尺寸的属具以及裆带、固定套件等固定救生衣于人体的属具。

生存保障属具：保障落水人员长时间待救、漂浮于水面时的生命安全。一方面提供生活必需的物质，如淡水、压缩干粮等食物；一方面防止水花溅入口鼻导致溺水，如防溅射帽；还要防止水域动植物的袭击和伤害，如驱鲨剂等。

示位营救属具：用于指示落水人员的位置，便于救援方及时、准确地找到落水人员而施救。最常用的是较近距离如几千米以内的声光示位装置，如哨笛、示位灯、回归反射膜等，这也是每件救生衣几乎都必须配备的示位装置。此外，还有焰火信号、海水染色剂等示位装置，以及部分军警用的高端定位装置，如 GPS 定位系统、远距离发现的雷达定位飘带等。

1.3.3　抗浸服定义及构成

抗浸服，防止水浸入导致穿用者大量散失体热遭受低体温危险的个体水上救生防护装备。该服装的基本作用是阻隔冷水与人体皮肤的直接接触导致的人体热量散失，以维持人体进行正常生理活动所需的体温，从而保证水上作业人员必要的工作时间或延长寒区落水人员生存时间以增加获救机会。因此，抗浸服基本且必需的特点是要防止人体和冷水的直接接触，在水中通常具有一定的抗浸保暖性能，比不穿该类服装更加有效地避免体温快速散失。

世界海洋水温变化一般在 –2 ~ 30 ℃，均低于人体皮肤表面温度和人体核心温度。因此，当人体与低于皮肤温度的水接触时，不可避免存在体温降低现象，导致不同程度的寒冷伤害及身体核心温度小于 35 ℃的低体温（hyperthemia），见第 2.2 相关内容。

和救生衣一样，各国对该类衣服的称谓也有差异，英文名称也经历了多次变化。包括 anti-exposure suit, immersion suit, marine abandonment suit, poopy suit, and survival suit 等。国际标准 ISO 15027 称作 immersion suit，直接翻译应该是"浸入服"，定义是防止穿用者由于水的进入而导致的寒冷伤害。并根据抗浸作用原理，进一步分为 wet suit，即湿式抗浸服；和 dry suit，干式抗浸服。我国的抗浸保温服、绝热防寒服、渔业从业者冬天捕鱼用的防水裤等，都属于干式抗浸服，冲浪、帆船、海浪救生等用的湿式潜水服、水母衣等，都属于湿式抗浸服。

作为寒冷水域用的个体水上救生装备，无论何种形式的抗浸服，一般应具有如下三种功能。

一是防水功能。防止水浸入，避免人体接触导热系数高的水而快速地散失热量，能维持人体进行正常生理活动所需的体温。

二是保暖功能。提供一定的绝热保暖功能。在防止水进入的基础上，进一步增加具有一定克罗值（CLO）的保暖层。

三是安全漂浮待救功能。提供和救生衣一样的水上漂浮、待救功能。

其中，防水功能是抗浸服最本质且核心的功能。保暖功能可以通过单独的保暖层实现，安全漂浮待救功能可以通过与救生衣搭配穿用实现。

因此，与抗浸服的功能相配套，抗浸服的构成也包含三个方面。

首先核心构成，是形成一个密闭的防水层。

其次是提供一定 CLO 的保温层。这个保温层和常规穿用的保温层并没有区别，比如摇粒绒、间隔空气层保暖内衣裤等都可以作为保温层。

最后是形成和救生衣一样的、具有安全漂浮、示位营救、生存保障的水上漂浮层。而这一层，完全可以通过救生衣实现，其各种功能要求及所用材料和属具并没有任何特殊性。

1.3.4　救生衣和抗浸服的关系

作为两大主要的个体水上救生装备，救生衣和抗浸服分别应对水中溺水危害和水中低温伤害，分别提供在水中的安全漂浮及防止体温散失功能。在谈到救生衣的时候，可以不用考虑抗浸服；但是离开救生衣，是无法谈论抗浸服的水上救生功能的。

（1）水上救生中，救生衣的安全漂浮功能是所有其他救生的基础。只有在落水时，使人体在水面保持一个安全的漂浮姿态后，才能够进一步考虑是否会失温、是否能够得到及时救助。因此，抗浸服可以单独提供一定的漂浮功能，也可以与救生衣配套使用。

（2）寒冷水域救生中，只有救生衣提供的安全漂浮功能是不够的。即使是安全漂浮于冷水中，极端的冷水也会在落水的 2 ~ 3 min 内的冷休克阶段致人死亡，进一步在落水后的 30 min 使人体丧失活动功能而致人死亡等。即使长时间漂浮于 20 ℃ 以上的水域，也存在失温死亡的危险。

（3）当抗浸服需要配套救生衣穿用时，或者需要配套防溅射帽、示位灯、哨笛等属具时，这些属具的要求和救生衣的要求是一致的。

（4）穿上抗浸服浸没水中会提供一定的漂浮功能，但是不同于救生衣的安全漂浮姿态。在 1.3.3 中提到抗浸服具有的 3 个功能中，防水、抗浸功能是核心和本质功能。事实上，由于抗浸服多用于寒冷水域，此时环境温度也很低，一方面使用者自身会穿用一定厚度的、轻质的防寒服；另一方面，如果穿用绝热抗浸服，则抗浸服自带轻质、蓬松的保暖层。也就是说，无论是穿用带保温层的绝热抗浸服，还是只穿具有防水功能的抗浸服，最后都会形成一层密闭的防水层包裹一层轻质蓬松的保温层，为人体提供保温、抗浸功能。落水后，由密闭防水层包裹的保温层，事实上构成了一个覆盖在全身的固有浮力囊，将使人体漂浮于水面。如图 1-7 所示。

图 1-7　着抗浸服的人体在水中的漂浮姿态

但是，可以看到着抗浸服漂浮于水面的人体，腿和身体几乎都漂浮于水面，整个人体呈现平躺于水面的姿态。这是由于抗浸服是密闭包裹全身的，因此，其在整个身体的各个部位都能够提供浮力，这种浮力分布和救生衣的完全不同，也因此导致漂浮姿态不同于救生衣标准中要求的后倾待救漂浮姿态。

（5）抗浸服的设计中需要考虑配套救生衣后的浮力分布。由于着穿抗浸服后在实际使用过程中，会或多或少地提供一定的浮力及浮力分布。如果是需要长时间在寒冷水域漂浮待救，则设计过程中的浮力分布，需要参照救生衣的浮力分布设计原则。如果需要考核抗浸服的口出水高度，也需要按照救生衣的考核标准执行。

1.4　个体水上救生装备的历史沿革

1.4.1　救生衣的历史沿革

救生衣的历史可以追溯至公元前。在伦敦大英博物馆的"猎人画廊"中，有一尊公元前 800 年时期的大型浮雕，刻画了亚述王朝的士兵利用吹气的皮囊渡河的场面。吹足气的动物膀胱、麦秆、芦苇、灯芯草救生衣一直是中世纪人类所使用的单人救生器材。公元前 25 年，战地记者曾报道了一种软木救生器材。公元 1757 年，一个名叫 Gelacy 的法国人制成了一件软木救生衣，约 6 年之后，英国人 Wilkinson 也设计制作了一件软木救生衣，这种救生衣后来在英国海军中得到了应用。与此同时，英国人 Cobb 发明了充气救生衣，由牛皮制成，胸前两个气囊，背后一个气囊，各囊间有管子相通。1823 年，Charles Macintosh 在苏格兰首先制造出防水胶布，并用它与 Thomas Hancock 合作制作了一件充气救生衣。1838 年，美国人查尔斯·古德伊尔发明了橡胶硫化的新方法，使胶布性能有了极大的提高，从而为气胀式救生衣的发展提供了重要的物质条件。但由于当时没有机械装置，气胀式救生衣只能用嘴吹气，既费时费力，又不能适应紧急救生的需要，因此第二次世界大战以前没有得到广泛应用。

直到第二次世界大战前，软木救生衣一直占主导地位，其形状与背心相似，胸前与胸后浮力基本相同，落水者在水中呈直立姿势。1851 年，约翰·罗斯·沃德船长在皇家国家救生艇研究所，对自己设计的 8 种不同的软木救生衣进行了第一次人为因素评估，结构同图 1-8（a），可提供 111.2 N（25 磅）的浮力。1852 年，美国首次提出了在载客船只上装载救生衣的法律规定，其后分别是法国（1884 年）、英国（1888 年）、德国（1891 年）和丹麦（1893 年）。浮力由软木、木屑、轻木屑或灯芯草提供。

1880 年代，美国广泛使用的是软木救生衣，如图 1-8（a）所示，该款救生衣在 20 世纪 30 年代之前一直在皇家海军服役，直到第二次世界大战结束前仍被许多志愿救生艇船员使用。图 1-8（b）为泰坦尼克号邮轮未使用过的软木救生衣，里面塞满了块状的软木塞，通过两条绳子将救生衣绑在身

(a)   (b)

图 1-8　软木救生衣

上。第二次世界大战中，1940 年的英国"兰开斯特里亚号"邮轮也装备这种救生衣。这种救生衣非常笨重，当年很多乘客及战士在匆忙逃生时都不幸被救生衣弄伤了下颌，甚至摔断了胳膊，而木棉救生衣直到 1900 年才被使用。

　　19 世纪 20 年代初，Macintosh 发明了用橡胶纤维制作救生衣的技术，但在 20 世纪之前，还是没有可靠的充气救生衣可供使用。第二次世界大战中，各交战国海上死亡人数惊人，严酷的事实引起了战后许多国家对海上救生研究的重视，美英是其中具有代表性的国家。1952 年，英国海军首先研制成功了适合海军用的 5580 型充气式救生衣；与此同时，美国开始研究木棉、泡沫塑料、玻璃纤维等固有浮力救生衣并比较其优缺点，于 20 世纪 50 年代初期也研制成功了充气式救生衣。从此，充气式救生衣得到了广泛发展及应用，软木救生衣由于浮力材料过硬而逐渐被淘汰，木棉和泡沫塑料成了固有浮力救生衣的主导浮力材料。其中早期的木棉救生衣如图 1-9 所示。

图 1-9　木棉救生衣

在 20 世纪 70 年代已大量使用自动充气救生衣，研制了自动充气装置和聚氨酯－锦纶复合气密性面料。在浮力材料方面，采用聚氨酯、聚乙烯、聚乙烯－醋酸乙烯酯等泡沫塑料和木棉、玻璃纤维等纤维集合体两大类材料，研究了浮力材料浮力损失的原因及实验室性能评价方法和指标。

救生衣的功能结构设计、综合救生性能及评价指标的研究始于 20 世纪 70 年代，并提出了救生指数 LSI，研究了救生衣的浮力及浮力分布用于指导改进结构设计。80 年代以后，美国海岸警卫队（USCG）对于救生衣的研究工作主要集中在救生衣落水后的姿态控制和救生衣在动态水流中的漂浮性能评价。

现阶段，美军各军种几乎都配备充气式救生衣，如直升机空勤人员 MK-46C 及 MK-46CV 型双囊充气式救生衣、伞兵 LPU-3/P 型救生衣、陆军地面部队 MK-46GT 型救生衣、舰艇甲板工作人员 MK-46DC 救生衣、海军 MK-1 型救生衣以及通用 MK-5 型救生衣等。各军种充气式救生衣的区别在于气囊有单、双之分，功能有单一和复合之分，属具配备不同，另外，除了甲板人员用救生衣有号型之分外，其余均为统一型号。泡沫塑料作为浮力材料历经了 PVC、PE、EVA 及橡塑共混等几代产品，性能日趋完善，广泛用于各种救生衣。在材料发展的同时，发达国家已经从救生衣的检测评价方法、结构设计、属具研发、用途细化等方面展开了全面的研究，并取得了比较显著的进展。

我国海军在 20 世纪 50 年代使用随舰船配套进口的救生衣，60 年代开始在研究原有救生衣结构性能的基础上进行改进设计，研制装备了 64 型空军海上救生衣和 64-2 型海军救生衣。70 年代，总后军需装备研究所分析比较了木棉、腈纶和棉花集合体的浮力及浮力损失率，以及 PVC 和 PE 泡沫塑料的比重、耐高低温性能、吸水率、浮力及浮力损失率，并确定了木棉作为陆军救生衣的浮体材料；分析比较了氯化丁基胶、丁基—锦纶胶布的平方米克重、热合性能、经纬强力、耐老化性能等，确定了氯丁—锦纶胶布作为救生衣的气密性面料；在此基础上，研制了 77 型陆军救生衣，同时研究了陆军作战用救生衣浮心和浮力分布。在 80 年代初期，研究开发海军舰用新型救生衣，1984 年定型并装备部队 81-2 型充气与填充结合式救生衣，充气囊采用口充气阀作为充气装置；气囊用气密性面料，1995 年前一直为氯化丁基胶—锦纶涂胶布，面料厚重，平方米克重为 370 g/m² 左右，1996 年改用台湾进口的聚氨酯—锦纶复合布，平方米克重在 210 g/m² 左右。21 世纪初，我国救生衣用气密性面料聚氨酯—锦纶复合面料成功实现了国产化。并对救生衣的结构设计、浮力及浮力分布设计、浮力材料、气密性面料、自动充气装置、抗浸面料、相关检测评价装置、评价指标及标准等进行了系列研究。

1.4.2 抗浸服的历史沿革

从很早的时候开始，因纽特人就意识到突然浸入冷水的危险。他们使用称为"spring-pels"的套装，由海豹皮或海豹肠缝合在一起，形成完整的防水覆盖物。1872年，克拉克·梅里曼（Clark S Merriman）发明了类似服装，用于营救轮船乘客。它由橡胶布制成，包括一条橡胶裤和衬衫，腰部用钢带和皮带收紧。救生服中有五个气袋，穿着者可以通过软管用嘴充气。类似于现代的干式抗浸服。穿着该服装，使用者可以仰面漂浮，用双面桨推动自己，双脚向前，且没有水进入。1930年，最早的商业化救生服出现，纽约一家美国救生服公司向商船和捕鱼公司提供所谓的远洋船员安全服，装在一个小盒子里，穿上像锅炉服一样。

关于抗浸服的真正研究，和救生衣一样，也是从第二次世界大战时期开始的。但是又和救生衣不同，救生衣一直都有使用，且早在1852年，美国就以法律的形式规定了船舶必须配备救生衣，只是设计不够科学。而在第二次世界大战之前，抗浸服的使用几乎是空白。

图1-10 1945年加拿大空军飞行员抗浸服

抗浸服的研究可以分为以下几个阶段。

（1）1939～1945年，生理学研究阶段。在第二次世界大战期间，盟军或轴心国的海军都没有穿抗浸服。德国、英国及加拿大优于作战海域温度基本都在15～16℃以下，大部分都在10℃以下，各国都注意到了浸入到冷水中产生的伤亡问题，尤其是德国。1941年，服装保暖量CLO被提出。马特斯和亚历山大利用囚犯开展了臭名昭著的达豪实验，观察到了冷水中人体体温持续下降的症状。1942年，英国出现了皮革式抗浸服。1943年，加拿大皇家海军开始系统评估一些服装的密封、穿戴性及易燃性等，第二次世界大战结束时，加拿大皇家空军为飞行员开发了一套抗浸服（图1-10），但服役时间有限。

（2）1945～1970年，生理学研究的第二个阶段。英国医学研究委员会和皇家海军联手进行了系列试验，并开发了一次性抛弃服、新型充气式5580号救生衣和第一批紧急时穿用的抗浸服。与此同时，皇家空军开发了MK1～MK8系列空军日常穿用型抗浸服。其中MK1～MK6均采用氯丁橡胶/尼龙制成；1951年开发的MK7采用高支高密的Ventile®织物制成。该织物为全棉织物，可以透过身体水分（即水蒸气），当浸入水中时，棉纤维会膨胀以产生防水性。但是，改善织物静水压不足，需要两层织物制成防护服，且价格昂贵。在MK8套装之后，均采用连体结构。

1951年，美国人布拉德纳（Bradner）首次将氯丁橡胶泡沫用于抗浸服；1955年，美国海军对三种抗浸服的8个版本进行测试，结果不理想。1966年，Bogart等人采用人体模型测试了部分产品的浸入CLO，为0.87～1.34CLO。

20世纪60年代后期，美军研制成功了水可以进入的湿式氯丁橡胶抗暴露服，多为寒区飞行员使用。同时，为最需要该类服装的渔业从业人员开发了相关服装。

（3）1970～1980年实用抗浸服试验阶段。到了20世纪70年代，研究者们都意识到低体温的防护需要防止冷水的突然进入，最好采用不进水的干式抗浸服。但是，当时好的水密拉链昂贵，差的不防水，很多服装都会渗漏，可选用的织物只有氯丁橡胶、氯丁橡胶涂层织物及昂贵的Ventile®织物，而且干式抗浸服日常穿不舒服。此时开始考虑湿式抗浸服。

在这十年期间，澳大利亚、加拿大、芬兰、荷兰、挪威、瑞典、英国和美国进行了一系列浸入式救生服实验。海上石油行业也加入进来。1978年，加拿大进行了23种服装的浸入保温性能评估。诸多的实验性研究在此期间开展，并得出了设计抗浸服的指导思想。

（4）20世纪80年代以后。到1980年，整个系列的第二代服装已开始生产和测试，海上石油工业也迫切需要性能良好的抗浸服。研究者们同时开展了风浪等对抗浸服的抗浸保温性能研究。

抗浸服的性能日益完善，评价指标也日益科学。英国Beaufort公司也研制了MK-14空勤人员抗浸服和MK-10抗浸服。英国的MK-10型及美国的MK-5A型抗浸服，分别可提供在0℃水中4h及在4℃水中1.5～2h的保暖救生。另有几种抗浸服预测耐受时间可达5.6h以上。

我国1972年开始研制飞机飞行员在冬季执行海上飞行任务时穿戴的防寒抗浸服。目前，我军除了空军飞行服配备有防寒抗浸飞行服、宇航员配备抗浸防寒救生装备外，其他军兵种均没有配备。目前使用的防寒抗浸服的抗浸材料为涂胶布。这种面料的优点是加工简单，防水性能好，满足了在15℃时、有效防护6h的要求。但是该涂胶布防水不透湿，穿着不舒适；且低温下长时间穿着人体汗汽不能及时排出而形成冷凝水，降低了防寒抗浸服的防寒保暖性能。为了解决这一问题，后来出现了双层结构的抗浸服，外层是防水材料、内层是通风服。但通风服造价高，结构复杂，不利于推广。2006年，我国研发了基于热塑性TPU涂层织物的海军用抗浸服，可以在5℃海水中安全漂浮2h，体温下降不大于2℃。

1.5 个体水上救生装备的发展趋势

技术的进步和细化的专业分工使得救生衣和抗浸服的类型日益丰富、结构款式已开始注重细节设计。个体水上装备类型的多样化为功能的集成和用途的细化提供了可能，而结构的多样化为浮力分布的多样化提供了可能。

以往的救生衣只强调浮力值、注重飘浮功能，而相对忽视了浮力分布，类型和功能单调。但救生功能除了以浮力为必要条件外，还要有适当的浮力分布，以保证落水者能自动翻转到口鼻高出水面、保证不同的水中姿势要求的实现；要有适体性的结构设计，以满足使用者其他活动的要求；要配备性能优良的营救属具，增加救生衣的可营救性能。在抗浸服方面，如何兼顾防水抗浸功能和日常穿用的舒适性；如何兼顾手脚部位的灵活性和防水保温性能；如何优化材料和结构，都是需要深入研究的问题。

从整体而言，无论是救生衣，还是抗浸服，其发展趋势都集中在以下三个方面。

细分化。根据使用范围和对象不同，研制细节存在差异的、适合特定对象的细分化的救生衣和抗浸服。从军用而言，需要针对海、陆、空、两栖作战等，研制配备不同救生衣和抗浸服；从民用而言，需要针对水上作业、内河、远海、船用等，开发针对细分市场的救生衣和抗浸服。根据现有提供浮力的材料和方式发展固有浮力式救生衣、气胀式救生衣和混合式救生衣，以适用于不同情况；根据结构样式发展无领的背心式、单双囊套头式、全身或部分密闭式救生衣等。根据防水层和保温层的有机组合和拆分，发展兼顾舒适性、不同保温等级的抗浸服，以适用于不同使用环境。

通用化。一方面需要根据细分市场进行开发，同时也需要适合多数场合使用的救生衣和抗浸服。比如可同时用于水上娱乐、钓鱼、冲浪等的救生衣；同时用于所有内河、近海域水面用的救生衣；实现可兼顾安全漂浮姿态和防水抗浸功能的抗浸服，取代抗浸服和救生衣的待救组合。

组合化。对救生衣而言，主要体现在功能组合上，如集救生和代偿服功能于一身的空军抗浸救生衣，具有防弹和防碎片功能的特种部队用救生衣。对抗浸服而言，主要体现在保温层和防水层的层次配套组合，通过多个保温层和单一防水层的设计，根据不同浸入 CLO 要求，对防水层和保温层进行不同组合，实现一套服装通过组合方式不同，满足不同保温等级的抗浸需求。

救生衣和抗浸服的发展，同时也要以材料、结构和属具的发展为出发点。

一是在材料方面。救生衣主要考虑浮力材料以及包覆面料。气囊和高发泡倍率泡沫塑料将作为主要的浮力材料，它们将朝着减少存放体积、穿用舒适、减轻重量而浮力增大的方向发展。包覆面料应朝着减轻重量、增加功能的方向发展，如增加阻燃功能、提高表面的光滑度及手感等。

抗浸服主要考虑防水织物及水密拉链方面。根据人体浸没水中承受的最大静水压、风浪及日常工作透湿量的需求，开发合适的防水透湿织物或者发泡橡胶复合材料，最好是智能、快速响应型材料，在水中快速膨胀闭合，脱水后干燥，出现透气孔隙，比如温控水凝胶接枝类高分子。水密拉链朝柔软、轻质方向发展。

二是在结构设计方面。救生衣需要通过结构设计完美浮力分布、提高适体性。即从浮力分布出发对落水人员在水中的姿势进行控制，从工效学的角度对适体性、舒适性以及在水中动作的完成进行设计控制。

抗浸服的结构设计，在兼顾保温性的基础上，还需要借鉴救生衣的浮力分布设计进行，避免在水中呈现不稳定的漂浮姿态。可以采用多层次的保暖配套设计，单独配套保温层，实现一套抗浸服，即可满足不同温度寒冷水域的抗浸需求。

三是在附属属具方面。以保障落水者的生命安全及增加可营救性为目的，改进和研发新型属具，改善现有属具的性能，朝集成化、小型化和功能增强的方向发展，如提高示位灯的光强和使用寿命、减少其重量等。而抗浸服大部分只配备反光膜，如需发展，可借鉴救生衣的配套属具。

此外，救生衣和抗浸服的性能评价及检测、救生理论、浮力设计及分布等，也需要加强基础研究。尤其是需要开发能够尽量模拟人体在水中的各类姿态和刺激响应的水中假人，用以进行在静态水和动态水中的安全漂浮、浸入保温等性能测试研究。

参考文献

［1］葛恒林. 救生衣与水上救生［M］. 北京：人民交通出版社，1988.

［2］National Safe Boating Council. 2019-safe-boating-campaign-research［R］. 2019 Annual Awareness Survey，2019.12.15.

［3］National Safe Boating Council. Recreational boating statistics-2011［R］.

［4］National Safe Boating Council. Recreational boating statistics-2017［R］.

［5］U. S. Coast Guard，Office of Auxiliary and Boating Safety. 2018 recreational boating statistics，Commandant Publication，P16754. 32.

［6］Canadian Red Cross. The flotation report-lifejackets/personal flotation devices and boating fatalities in Canada：20 years of research［R］. www.redcross.ca/training-and-certification/swimming-and-water-safety-tips-and-resources/ drowning-researc，2016.

［7］https：//www. sohu. com/a/144311359_554729.

［8］2018 年中国水上交通安全形势报告［R］. 2018.

［9］交通部综合规划司 2001 年公路水路交通行业发展统计公报.

［10］中国水产流通与加工协会网. 统计资料：各地区渔业乡、村及群众渔业人口、劳动力［R］.

［11］中国水产流通与加工协会网. 统计资料：全国机动渔船增减情况［R］.

［12］Transport Canada，Marine Safety Directorate，Ottawa. Survival in Cold Waters：Staying Alive［R］. Ontario，Canada，2003.01.

［13］马赤克. 海上救生［M］. 吕文超，译. 北京：海洋出版社，1983.

［14］徐翠英. 1951～1975 年期间飞行员个体防护救生装备的发展：飞行员防护救生装备发展系列介绍［J］. 中国个体防护装备，2012（4）：54-56.

［15］朱铮，李珊. 第二次世界大战中飞行员防护救生装备的发展［J］. 中国个体防护装备，2012（5）：54-56.

［16］王雷. 关于强制乡镇客渡船乘客穿着救生衣的立法建议［J］. 珠江水运，2016（13）：53-55.

［17］张峰. 浅论救生衣在内河船舶航行中的应用［J］. 交通节能与环保，2015，11（5）：50-52.

第2章 个体落水救生机理与防护

古往今来的水域事故数不胜数，据统计，落水死亡是不同年龄段人体意外死亡的最主要因素之一。弄清落水人员面临的危险及其伤害机制，探明落水救生机理，对于个体水上救生具的开发至关重要。

2.1 人体在水中受到的危险

船员、渔民、海上石油工人、码头工人、水上执法人员等水上工作人员或近岸工作人员，划水、帆船、冲浪等水上运动人员，水域作战的军人、水上娱乐人员等均存在落水危险。不同身体状态、不同水域、不同气候下的落水人员遭受的威胁生命的因素是不同的，包括溺水、低温冻伤、呛水、干渴脱水、饥饿、重物撞击、水中生物袭击、鸟类攻击等；在战争环境中还存在火器伤、烧伤等伤害。个体遭受的威胁不同，水上救生防护的机理和个体救生具的结构功能也不同。

众所周知，落水后的求生过程中，个体心理素质起着重要作用，特别是长时间等待营救的过程中，会由于饥饿、黑暗等导致昏迷、溺水，出现幻觉、绝望情绪等从而引起死亡。落水后，随着时间的推移，人在水里可能在几分钟内溺水而亡，也可能在几个小时内死于体温过低，在几天中死于脱水，在几周内因饥饿而死亡，还可能成为吃人鲨和其他水中危险动物的牺牲品。

人体在水中遇到的危险，主要包括溺水危险、低水温危险以及其他危险。

（1）溺水危险。溺水是因淹没/浸入在液体中造成呼吸受阻的过程，它是世界各地非故意伤害死亡的第三大原因，占所有与伤害有关死亡的7%，世界各地每年溺水死亡数估计为36万例。世界卫生组织发布的《全球溺水报告》分析了与溺水相关的危险因素，结果表明，年龄是溺水的主要危险因素之一，由于监督过失，儿童的溺水死亡率较高；此外，性别也有一定的规律，由于男性接触水的机会更多，独自游泳、独自游泳前饮酒以及划船等行为的风险更大，因此，男性溺水率较高；接触水的机会增多是溺水的另一个危险因素。低收入国家使用小船从事商业捕鱼或靠捕鱼维持生计的个人，更容易溺水，此外，洪灾、船上作业或旅行等也是危险因素之一。

影视剧所描述的溺水者一般都会使劲扑腾，摇臂大声呼救，吸引周围人的注意，从而得到及时救援。然而，真实的溺水者也许并不会有什么异常，尤其是儿童。他们可能只是竖直浮在水面，不发出任何声音，而在救援者还没注意到之前，早已发生了不可逆的损伤。

（2）水下低温。这是仅次于溺水死亡的落水人员致死因素，也是非常容易被人忽视的原因。

水面温度较地面、空气温度低。以海水为例，海水温度普遍偏低，世界海洋水温变化一般在 $-2 \sim 30\ ℃$，年平均水温 $20\ ℃$ 以上的区域占一半以上。其中，印度洋夏季气温为 $22 \sim 25\ ℃$，冬季 $17 \sim 22\ ℃$，春秋季 $20 \sim 23\ ℃$，表面平均水温只有 $17\ ℃$；太平洋夏季气温为 $25 \sim 27\ ℃$，冬季 $16 \sim 18\ ℃$，春秋季 $18 \sim 21\ ℃$，表面平均水温只有 $19.1\ ℃$；大西洋夏季气温为 $23 \sim 25\ ℃$，冬季 $18 \sim 20\ ℃$，春秋季 $20 \sim 22\ ℃$，表面平均水温只有 $16.9\ ℃$；北冰洋夏季气温为 $8\ ℃$ 以下，冬季 $-20\ ℃$ 以下，春秋季 $-1.5 \sim 2\ ℃$，表面平均水温只有 $1.5\ ℃$。我国海域在上海以北，一年有半年以上时间，海水表面温度低于 $15\ ℃$；渤海海域，一年有 $7 \sim 8$ 个月海水表面的温度低于 $15\ ℃$。在北纬 $45°$ 和南纬 $45°$ 时水温为 $10 \sim 11\ ℃$，在北纬 $60°$ 和南纬 $60°$ 时水温只有 $3 \sim 4\ ℃$。

人体核心温度（即直肠温度）为 $36.5 \sim 37.5\ ℃$，皮肤表面温度约 $33\ ℃$，均高于海水温度。当人体接触到温度低于皮肤温度的海水后，由于水温较低，且水的热传导系数是空气的 25 倍，因此，热量必然通过水传导出去，人体或多或少存在热量损失及不同程度的失温现象，甚至死亡。尤其是在 $15\ ℃$ 以下的寒冷水域中，由于和人体的温差大，热量会快速丧失，人体核心体温会迅速下降。

由于进入冷水导致的死亡，不如溺亡发生得迅速。失温导致的死亡出现在进入冷水的 $2 \sim 3$ min 的冷休克阶段，也会出现在 30 min 后的低体温（hyperthermia）阶段，甚至在已经得到救援后还会出现死亡的救援后崩溃阶段。

（3）其他危险。

①体能流失：物理方面，低温和水域环境对水中活动造成的阻碍促使体

能流失。精神方面，在陌生环境中落水，人一般会处于持续紧张的状态，这会加速体能流失，也会出现抽筋的情况。除此之外，个人身体状况的变化也会给水域活动带来潜在却不能忽视的危害，比如低血糖、心脏病、高血压、醉酒等。

②恶劣水域状况：恶劣海况包括由强风引起的巨浪、造成低可见度的海雾、海面出现海冰、冰山等。对于个体救生而言，6 级及以上强风引起的大浪将导致在静水中稳态漂浮的个体失稳，浪花将无孔不入地袭击个体，海雾将引起携带的营救属具失效或低效，海冰将加速个体体温的降低等。水域内部环境难以预测，藻类植物、锋利的岩石或漩涡暗流都会给人在水域环境中的生存带来极大考验。

③战伤：海域作战的官兵同时面临着落水、兵器伤的威胁，常见的兵器伤来自于子弹或破片、其他火器引起的水上火灾、水下爆炸、敌人直接攻击导致昏迷落水等。战火会随时点燃海面上的油和船体引发火灾和船体爆炸，爆炸的碎片会对人体造成更严重的伤害。此外，落水伤员更容易成为射击目标，被子弹射中致死。这些危险都有可能夺取官兵的生命，必须同时进行防护。

④水中危险动物袭击：海洋中各种具有攻击性的海洋生物同样是导致落水人员死亡的因素，包括来自于鲨鱼、梭子鱼、水母和其他水中生物的袭击，鸟类攻击造成的伤病等。鲨鱼体内具有敏感器官可感知压力与血腥味，会在很短时间内从几百里外准确定位到人员位置，目前，已知 27 种鲨鱼具有主动攻击性，特别在温暖的热带海域，鲨鱼带来的危险更大。再如刺鲀、僧帽水母等剧毒生物，刺入人体毫克量的毒素可直接致死。

⑤漏油导致的危险：失事船漏油，导致幸存者视线模糊不清，并引起刺痛，吞咽了油时引起恶心和呕吐等。船体沉没一般会伴随原油泄漏造成有毒化学试剂涌入大海，漂浮在海面的油被吸入呼吸道和肺，短期内会引发肺炎，还有人类肆意破坏海洋环境造成海水污染、海洋垃圾等，如果不慎吸入会造成呼吸困难，甚至窒息身亡。

⑥心理素质导致的危险：当人处于危难环境中会产生恐慌害怕心理，如浸水造成的肢体麻木、出现幻觉，失去理性，思维混乱，即使受过训练，也可能在惊慌失措下不能实施有效的自救，而且在长时间没有得到救援的情况下，容易胡思乱想，最后心理防线崩溃，放弃自救。

⑦长时间没有救援导致饿死和渴死：长时间等待营救过程中由于饥饿、缺水、恐慌造成的威胁。人的生命是离不开水的，人在缺少淡水的情况下只

能存活 3 天，海水中含有大量的盐，无法饮用，喝海水只会加快体内水分流失，人会出现口渴、脑细胞破裂而加速死亡；此外，人在缺少食物的情况下消化系统会受到损伤，长时间没有进食，无法补充人体所需能量，导致体力不支，在只有淡水的情况下数周内会死亡。

⑧无法定位落水人员致死：落水人员的准确定位是其获得及时有效救援的重要保障。但海风、海浪的存在，极易将落水者带离遇难船只，远离失事地点，若遇到大雾天气，更是增加了搜救难度，定位困难，致使失去获救机会，长时间得不到外援帮助，人的生理及心理需求上都得不到慰藉，只能在无助和绝望中死去。

2.2 溺水死亡机制及防护

导致落水死亡的主要因素是溺水和低体温，也是不同年龄段人体意外死亡的最主要因素之一，其中因水进入口、鼻阻塞呼吸道的溺水，可在几秒钟内引起人体死亡，是最快、最直接的致死原因。

2.2.1 生理机制及原因

溺水是人员落水后导致死亡的最主要原因，也是最快的死亡方式，能在几分钟内导致死亡。无论是由何种方式导致的溺水，如抽筋、落水后紧张、昏迷等，其死亡主要表现为气管内吸入大量水分阻碍呼吸，或因喉头强烈痉挛，引起呼吸道关闭、心跳加快、心肌颤抖、肌肉紧张、昏迷并失去知觉，最后窒息死亡。表 2-1 给出了溺水死亡的生理机制，可见溺水 5 min 以上的存活机会相当少。

表 2-1　溺水死亡的生理机制

阶段	时间	呼吸	心跳	血压	肌肉状态	知觉	恢复机会
一	1 min 内	闭气	加快	160	紧张	昏迷	自动恢复
二	1 min	咳嗽肺部进水呕吐	加快	180	肌肉紧张挣扎	知觉昏迷	可救活
三	1 ~ 2 min	停止	心肌颤抖	80	反应消失	失去知觉	可救活
四	5 ~ 8 min	无	停止	无	无	临床死亡	存活率低
五	15 min	无	无	无	无	生理死亡开始	不可恢复

导致溺死的原因包括以下几个方面。

（1）缺氧。体内缺氧是溺死的主要死亡原因。这是由于水、泥沙充塞口、鼻腔或大量溺液被吸入到呼吸道及肺泡，使呼吸道阻塞或因反射性喉头痉挛造成呼吸道阻塞、窒息而死。这种溺死属于典型性溺死，占溺死的85%～90%。

（2）淡水溺死。在淡水溺死中，大量低渗性溺液穿过毛细血管进入血液循环，血容量极速增加，心跳加快，且血钾浓度增高，发生高钾血症，导致急性心力衰竭或心搏骤停死亡。

（3）海水溺死。与淡水相反，在海水溺死中，由于被吸入肺泡的溺液是高渗性海水，所以，血液循环中的大量水分会迅速进入肺泡（渗出液体可达血浆成分的40%），造成严重的急性肺水肿、心衰及低氧血症而猝死。

（4）迷走神经兴奋。神经敏感体质的人，由于突然受到冷水刺激与极度惊慌，迷走神经兴奋，反射性引起心搏骤停和原发性休克。还有一种情况是，刺激引起的反射性喉痉挛及支气管痉挛使溺水者窒息而死，水分很少进入喉腔或支气管、肺等。这种死亡非常迅速，属于非典型性溺死［水中休克死或称干性溺死（dry drowning）］。

亚健康状态的人，由于患有潜在疾病，当这些人入水后，因冷水刺激，胸腹部受压或在游泳中剧烈运动而增加心脏负荷，导致心肌受损，突然死于水中，这种情况称为水中猝死，属于非典型性溺死。

（5）迟发性溺死。绝大部分溺水死亡为迅速死亡，或经现场抢救后立即好转，不会留下后遗症状。然而，也有极少数案例是溺死者被抢救复苏后，经过一段时间存活后又发生死亡，这种情况称为迟发性溺死（delayed drowning）

2.2.2　过程及症状

由于液体阻塞呼吸道及肺泡，阻碍气体交换，体内缺氧，二氧化碳滞留，而发生窒息缺氧，合并心跳停止称为溺死（drowning），俗称淹死。心脏未停止者称为濒临溺死（near drowning）。

全身淹没水中而溺死者，其溺死经过及症状一般人为地分为6个时期。

（1）前驱期。此期持续时间为0.5～1 min。当人落水后，由于冷水刺激皮肤感觉神经末梢，引起反射性吸气运动，将液体吸入气道引起呛咳，导致呼吸暂停，可引起体内缺氧和二氧化碳滞留，有人称此期为呼吸抑制期。

（2）呼吸困难期。此期持续时间为1～2.5 min。由于缺氧，二氧化碳在体内滞留，刺激呼吸中枢，又开始呼吸，先是出现吸气性呼吸急促，水被大量吸入，因反射存在，引起强烈的呛咳，继而出现痉挛型呼吸急促，此时可从口腔内溢出大量泡沫状液体，有人也称此期为呼吸痉挛期。

（3）失神期。此期大约持续几秒至几十秒钟。意识逐渐丧失，各种反射功能消失，瞳孔散大，大小便失禁。因吸入了大量的溺液至呼吸道深部，出现惊厥性呼吸运动。

（4）呼吸暂停期。此期持续时间 1 min 左右，呼吸运动暂停，意识完全丧失，瞳孔高度散大。

（5）终末呼吸期。此期持续时间为 1 min 左右。此时又发生短暂的数次呼吸运动，继续吸入溺液。

（6）呼吸停止期。呼吸运动完全停止，但心脏仍能微弱跳动，若在此期间及时抢救，可望复苏，否则，心跳永久停止。溺死全过程的时间大约 6 min，但有个体差异，即溺死过程各阶段时间的长短视其年龄、体质、精神状态、个人水性、当地水温、溺液的性质等因素的不同而改变。

2.2.3　溺水防护

水分进入呼吸道有两种途径：一是口部吸入，二是鼻子呛水。因此，落水后防止溺水最重要的防护部位是头部。当落水人员缺乏漂浮救生器材、落水后行为不当或配备的救生漂浮器材浮力分布不当而使得口鼻没入水面时，容易导致溺水。

通过配备浮力分布适当的个体救生具来实现。适当的浮力分布应能保证落水人员无论以何种姿态、何种昏迷程度落水，都能在几秒内自动翻转落水者，以口鼻高出水面、头后倾的仰姿漂浮于水面上，且无论是相对平静的水面，还是在恶劣海况下。

一般认为，只要有足够的浮力就能把人浮起，起到救生的作用。其实，这是绝对错误的。第二次世界大战中，交战国海上死亡的官兵数量惊人，英国海军约有 45000 名海军官兵在海战中丧生，其中溺水而亡和冻死的达 30000 人，占海战伤亡总人数的三分之二。1945 年，以英国海军少将 A.G.Talbot 为首的海上安全委员会经过细致调查，表明除了医学方面的原因之外，英国海军尽管配备了救生具，但由于浮力分布不当导致无意识的落水人员处于口、鼻朝下易呛水和溺水的姿态（图 2–1），结果造成了大量人员溺水而亡，设计不当的救生器材是海战伤亡的主要原因。

研究过程中，人们逐渐意识到浮力分布的重要性，意识到对于口、鼻防

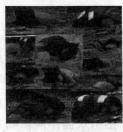 

(a) 设计不当　　　　　　　　　　(b) 设计适当

图 2-1　设计不当和设计适当的救生具

护的重要性，以及动态水和静水中同种救生衣作用的差异。20 世纪 70 年代提出了救生指数 LSI，美国海岸警卫队（USCG）提出了静水中的稳态漂浮理论，通过研究人体着救生具后在静水中的受力情况，计算翻转力矩，科学地设计救生具前后的浮力分布。80 年代以后，USCG 开始研究救生衣落水后的姿态控制以及救生衣在动态水流中的翻转、漂浮性能和动态水中的救生性能评价。

在有强风浪的恶劣海况下，根据静水漂浮理论设计的个体救生具，并不能抵抗动态水的强烈冲击从而保证人体安全漂浮的要求，必须加大个体救生具的浮力及翻转力矩；即使个体救生具的浮力及其分布保证人体呈仰姿漂浮于水面，但剧烈波浪产生的浪花还是会溅入口鼻，导致呼吸道堵塞，在这种情况下，必须配备防溅射帽，如图 2-2 所示。

图 2-2　带有防溅射帽的救生具

2.2.4　其他溺水救助

（1）自我救助。落水后应立即使口鼻浮出水面，以深吸气、浅呼气的方式保证顺畅呼吸，若不慎呛水，应原地踩水，顺势将头埋入水中，稍微憋口气,再在水下深吐气,再抬头换气,逐渐恢复正常的呼吸节奏。此外,还需避免慌乱的挣扎导致手举反向下沉,应张开双臂快速下划、慢速上划,利用水的浮力上浮;发生腿脚抽筋时,保持身体平衡,深吸一口气憋住,用力向前伸直使脚拇指跷起,多次重复该动作直至恢复;在没有任何救生设备时,可脱下长裤,将两裤腿打结系牢,拉好拉链,系好扣子,裤腿朝后,前拉链朝下套于脖颈,然后双手五指并拢,弯曲呈拱形拍击水面使两裤腿充满空气,帮助人体浮起。

（2）他人救助。

①上岸:对于有意识的溺水者,可借助救生圈、长树枝、绳子等进行救助,若无任何救助工具,在自身游泳技术优良、保障自身安全的情况下,可入水从落水者后面托起头部或从后部抓起腋窝拖出,以仰泳的方式将其拖向岸边,避免落水者由于慌张抱缠住施救者,影响施救。对于无意识溺水者,由于其无法配合施救,此时,施救者应双手托腋或以夹胸拖带的方法将溺水者拖离水面。

②控水:溺水者被救离水面后,救助者应当先清理其口鼻内的杂物,使呼吸保持通畅,然后检查其呼吸心跳是否正常,在呼吸心跳都正常的情况下,将溺水者面部朝下置于救助者屈膝的大腿上,排出呼吸道内异物,该过程称为控水,时间一般不超过 1 min。

③人工呼吸:若溺水者有心跳但无呼吸,则需立即进行人工呼吸,以口对口吹气式最为有效。大约 17 次/min。人工呼气一定要在呼吸道畅通的情况下进行,否则做再久也是没用的。一只手压住前额并捏紧双侧鼻孔,另一只手使下颌抬起,使溺水者以头部后屈、下颌上抬的姿势保持顺畅呼吸,然后用口唇包紧伤病者的口唇,平稳吹气,在溺水者胸壁扩张后,即停止吹气,待溺水者胸壁自行回缩后再进行下一轮吹气。循环周期为成人每分钟14～16次,儿童8～12次。每次吹气的时间成人不少于1 s,儿童1～1.5 s。

④胸外心脏按压:若落水者有呼吸但无心跳,则需通过胸外心脏按压恢复心跳,保证血液循环,并同人工呼吸间隔进行,保证供氧量,每 15 次按压后进行一次人工呼吸,每次人工呼吸吹气 2 次。按压速度至少每分钟 100次,节奏要均匀。进行胸外按压时,以掌根施力,双手十指相扣,重叠置于溺水者的胸骨上方与两乳之间,肘部伸直,双肩正对病人胸骨上方,用上身力量,双臂垂直向下用力按,按压深度为成人至少 5 cm,儿童 5 cm 左右,婴儿 4 cm 左右,按压后保持双手在胸部不动,轻轻放松,使溺水者的胸廓回弹,即完成一次按压。

2.3　水中低温伤害及防护

水中低温现象是导致落水死亡的另一个主要因素，也是往往被人们忽视的因素。"泰坦尼克"号撞击冰山发生沉船事件中，1500多名乘客是因为海水的寒冷失温造成溺水死亡，真正溺水死亡的仅占很少的比例。

2.3.1　水中失温原因及影响因素

（1）失温原因。热量总是会从高温到低温的热梯度进行传递。辐射（R）、对流（C）、传导（K）和蒸发（E）是人体与周围环境进行热交换的四个物理过程。当人处于冷水环境中，由于人体直肠核心温度为36.5 ~ 37.5 ℃，表皮温度约33 ℃，远高于海水温度（–2 ~ 30 ℃），会发生以热传导和热对流为主的热交换。又因为水是热的良导体，其导热能力是空气的25倍，体积比热容大约是空气的3500倍（体积比热容为比热乘以密度，相当于给定体积的水的温度升高1 K所需的热量。在37 ℃时，水的体积比热容是空气的3431倍）。体积比热容（S）与比热容（C）的计算如下：

$$S=C/V$$
$$Q=C \cdot m \cdot \Delta t$$

式中：Q为吸收或放出的热量（J）；V为体积（m^3）；m为物体质量（kg）；Δt为温差（K）。

由公式可看出，当人体体积、质量一定时，体积比热容越大，比热容越大，产生的热交换就越多。由此，处于冷水中时体温下降比在空气中快得多。

（2）影响失温速度的因素。

①介质的导热系数和比热：导热系数与比热越大，热交换的速度越快，热量越多。

②热交换的表面积：人体与冷水接触的有效面积。面积越大，热传导越快。因此，完全浸入水中的人体会更快地失温。同时，和空气相比，当人体浸入到水中时，和水的完全接触面积几乎是100%，远高于与空气的接触面积。

③人体与环境之间的温度梯度：温差越大，热交换越快，即水越冷，失温越快。

④人体周围的介质（空气或水）的相对运动：与静态水相比，大风大浪

的流动水域会加速失温。

⑤脂肪、姿势、行为：寒冷环境中，为了使身体温度保持稳定，在静止、运动或发抖时产生的热量（M）必须遵守 $R + C + K + E = M$。若脂肪、姿势行为的调整和颤抖产生的热量小于热交换损失的能量时，就会失温。产热速度快，失温速度就较慢。

⑥身体健康状况：由于个人体质的差异，即使处于相同环境中，热量的损失速度也是不同的，基础代谢能力强，应激反应迅速，可对外界环境变化迅速做出反应，失温速度因个人情况而异。

⑦头部位置：在寒冷环境中，头部遇冷时血管收缩小，对血液的持续流入无太大影响，但头部散热大，如果不加以保护，则可能成为热量散失的主要途径。头部浸入可显著加快深部体温的下降速率和低温症，并会影响思维和判断力。

2.3.2 进入冷水致死的四个阶段

最早人们一度认为海上事故的死因全部为溺死，其实不然，当人体进入到温度低于体温的冷水中时，也会导致死亡。进入冷水致死，不如溺亡那么快速和直接，而是存在四个可能导致死亡的阶段，包括冷休克、功能丧失、低体温（hyperthermia）、救援后崩溃。

（1）冷休克。Tipton 等人认为突然入水，身体和心理没有做好准备，会产生 3 ~ 5 min 的冷休克，会大量地吸气，肺通气量增加四倍，即严重的过度换气。这本身会导致痉挛和溺水。与此同时，心率和血压也大量增加。在没有任何防护的情况下，海浪飞溅进入口鼻也会导致无法控制呼吸和屏气至呼吸困难而死。冷休克始于低于 25 ℃的水温，并在 10 ~ 15 ℃的温度下达到峰值。水温和屏气能力之间存在反比关系，低于 15 ℃的水中的屏气时间为浸没前水平的 25% ~ 50%。屏气后会立即发生心律失常，由于应激激素（即肾上腺素，去甲肾上腺素）的输出增加，突然将冷水浸入脖子使心脏更容易出现心律失常，当脸部浸入水中时，这些心律不齐的频率更高，老年人或潜在心脏疾病的人可能会发生心脏骤停或死亡。这一过程入水即发生且时间很短，往往还未等到过低体温阶段，人就发生猝死。不论是水性好还是强壮的年轻人都会发生意外。

（2）功能丧失。Golden 和 Hervey 指出了浸入冷水中的人可能丧失工作能力。这一阶段发生在浸没后 3 ~ 30 min 的这一阶段。血管收缩，流向四肢的血液减少，一定程度上减小了热损失，但同时由于血流量的减少，损害神经肌肉功能，当温度低于 27 ℃时，肌肉产生力量的能力就会降低，这种情况在 12 ℃的水中仅需 20 min 即可发生。导致落水者无法顺利完成背对海浪、穿救生衣、登救生筏等自救行为。

1999 年，Tipton 等人研究了受试者适应第一阶段冷休克反应后的游泳能力。冷水中，触觉丧失，四肢僵硬，人的游泳能力会大大降低，在 25 ℃的水中游泳不会改变握力，但是在 18 ℃和 10 ℃的水中游泳，其握力分别显著降低了 11% 和 26%。Hayward 等认为体温过低可能是造成在佩戴个人漂浮装置时无法在冷水中游泳的原因，功能丧失前游泳距离为丧失后的两倍多。

该阶段会影响试图通过游泳求生的人，游泳会加快身体冷却速度，且由于最初浸入时，已经开始的呼吸和心血管反应或者冷水与鼻子和嘴的接触会引起"跳水反应"，导致呼吸停止（呼吸暂停），心律减慢（心动过缓），甚至心脏骤停（心搏停止）。因此，在落水后不应轻易游泳自救。

（3）低体温。大约在公元前 450 年，希罗多德在记载波斯将军马尔多纽斯（Mardonius）对雅典进行的海上探险中写道："那些不会游泳的人会因低温而死亡，而其他人会因感冒而死亡"清楚地将溺水与低体温致死区分开来。该阶段发生在浸水 30 min 后，是指核心体温下降到 35 ℃以下。明确该阶段生理响应对预防体温过低、生存设备的设计和生存法则的规定至关重要。失温机理同 2.3.4。

（4）救援后崩溃。在 18 世纪和 19 世纪，詹姆斯·林德（James Lind）提到了救援后崩溃的危险。1875 年，汉堡的外科医生雷因克（Reinke）首次注意到落入运河和港口的水手在获救后 24 h 内死亡的病例。这一阶段一般发生在救援期间或救援后数小时，在溺水者离开水面，如被直升机拉出后落水死亡，或被救援后发生死亡，多达浸没死亡的 20%。水的温度会影响死亡人数，在 10 ℃或更低温度的水中被救出的幸存者中有 17% 在救助后 24 h 内死亡，从 20 ℃以上的水中救出的人员中没有人死亡。在之后的很多海难中均发生过浸泡在冷水中进行救援后的死亡。

2.3.3　低温伤害现象

低温对人体的伤害表现为两个方面：一是皮肤冻痛和冻伤，二是全身低温性反应，其中全身低温性反应将导致最终死亡。全身低温性反应也称低体温（hypothermia），即因低温作用使人体核心体温降至低于 35 ℃。人体体温变化分级及其对身体影响的生理特征见表 2-2，其中，中度、严重及极度失温都属于低体温范畴。

表 2-2　人体体温变化对身体的影响

状态	温度 / ℃	症状	备注
体温正常值	36.5 ~ 37.3	体温低于正常值即为失温	正常
低度失温	35.5 ~ 36	身体发冷，颤抖，心跳加速，尿意，手部动作轻微失调、表面血管收缩	导致运动失调、引起伤害
中度失温	32.2 ~ 35	肌肉不协调，颤抖减慢，步伐蹒跚，无知觉，昏睡，神志不清、语言含糊	全身低温性反应，也称低体温（hypothermia），慢慢导致死亡
严重失温	29.4 ~ 32.2	颤抖停止，身体无法接受指令与行动，视力丧失，甚至混乱至昏迷	
极度失温	低于 29.4	血压降低，瞳孔放大甚至死亡	

　　可见，在核心温度下降不到 2 ℃时，人体也会存在发冷、颤抖等现象，而这将导致水中运动的失误。因此，即使是在炎热夏季较长时间从事潜水、冲浪、帆船等运动，也需要穿湿式潜水服（wet suit，为湿式抗浸服的一种），其首要目的是防止水上运动过程中的人体失温现象发生。

　　如果是在水温低于 15 ℃的水域，如在冬季落入江河湖海或其他冷水中可引起快速冷却型体温过低，体温下降急剧，严重者几小时即可产生致死性低体温。由于水温较低，水的热传导系数是空气的 25 倍，因而落水者的体热很快就会被冷水迅速带走，机体只能通过收缩体表、血管减少血流和肌肉颤抖来产生更多的热量以维持体温。当与冷水接触时间过长时，机体则不能保存或产生足够的热量，核心体温开始下降。当核心体温降至 35 ℃时，会出现疲倦、共济失调、麻木、定向障碍和精神紊乱等症状；当核心体温降至 32 ℃时，落水者将会失去知觉、静脉萎陷、肌肉僵硬、瞳孔扩大、心律失常、心跳减弱，最终死亡。

　　一般情况下，常用人体热损失为 167 kJ/（m² · h）时作为生理临界指标。试验表明，人在 5 ℃水温中平均可耐受时间（耐受时间为从试验开始到受试者要求中止试验，主观上难以耐受的时间）为 45 min，人体热损失平均为 879 kJ/（m² · h）；在 15 ℃水中可平均耐受 58 min，人体热损失平均为 850 kJ/（m² · h）。在上述情况下的热损失均大于生理临界指标。

　　图 2-3 是人体在不同水温下的存活时间与水温的关系示意图。图 2-3 中，曲线 1 以下的区域是人体不会死于低水温的安全存活区间，曲线 1 和曲

线 2 之间的区域是在水中体温快速损失者死亡的存活区间，曲线 2 表示 50%
的落水者在该温度和该浸水时间下将面临死亡，曲线 2 和曲线 3 之间的区域
是体温损失较慢者还可能存活的区间，而当在低水温下浸泡时间高出曲线 3
对应的时间后，99% 的人体将死于低水温。从图 2-3 可以看出，人体浸泡于
13 ~ 15 ℃的水中，在 4 ~ 5 小时内将有 50% 的人面临死亡。

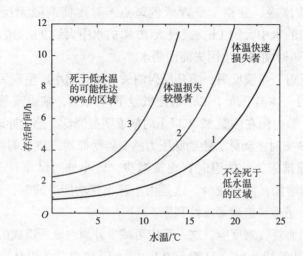

图 2-3　人体在不同水温下的存活时间与水温的关系图

2.3.4　失温过程与症状

当人浸入到温度低于体温的水中时，躯干皮肤神经末梢受到冷水刺激
产生冷刺激响应，水温越低响应越强烈。冷刺激通过感受器经脊髓传入中
枢，反射性引起皮肤血管收缩，从而使中心和体表温差变大。冷刺激经脊髓
传入，沿脊髓丘脑束到达丘脑网状结构系统，整合后到丘脑下部体温调节中
枢，引起交感神经活动加强，去甲肾上腺素释放。从而，使皮肤血管收缩，
血流减少，皮肤和皮下组织的传热减少。与此同时，丘脑整合部位也释放舒
血管信号到达骨骼肌，增加肌肉血流，携带较多氧，以适应肌肉活动增强的
需要；并加速心率，加快血流；促进甲状腺和肾上腺皮质和髓质激素的分
泌，提高代谢水平。当基础代谢产热不够时，机体为增加产热以维持体温，
则会出现以寒战为主的产热形式。所以说，颤抖是一种自发地促使深部体温
升高的反应。但自发的颤抖，只能使体温不再下降或减少下降，不能完全补
偿机体的热损失。而且，在水中，颤抖往往导致外周血管扩张。此外，颤抖
时皮肤的振动可促进对流，加上肌肉血流量增加，使末梢绝热性下降，这又

增加人体的热损失，当基础代谢、颤抖产生的热量和通过人体脂肪、衣物、行为调整保留下的热量少于人体损失的热量时，就产生低度失温。

在冬季落入江河湖海或其他冷水中可引起快速冷却型体温过低，体温下降急剧，低体温时亦可引起多种脏器，如脑、肾、膜腺坏死和出血。严重者几小时即可产生致死性失温。失温的症状主要表现如下。

（1）皮肤冰冷、发钳、呈青紫色斑点。对疼痛刺激无反应，四肢僵硬。浸入 5 ℃的水中大约 1 h，或浸入 10 ℃的水中大约 2 h，或浸入 15 ℃的水中 6 h 或更短时间内发生因失能而溺水。

（2）腱反射、角膜反射、瞳孔反射消失，瞳孔缩小，呈现无意识昏迷状态。研究证明，体温下降 1 ℃，脑耗氧量下降 6.7%，脑血流量减少，脑血管阻力增加。脑电图在体温 32 ℃以下时幅度明显降低，感觉亦减弱。30 ℃，失去意识，28 ℃时主动脉、颈动脉压力感受器受抑制，25 ℃时腱反射消失。

（3）冷感排尿。低体温时肾血流减少，肾小球过滤率在 32 ℃下降到 75%。尿量先增加，而后减少。这是由于肾小管功能受抑制，重吸收减少，致使 Na^+、Cl^- 逃逸，造成等渗性利尿。

（4）外周血管收缩反应。这一反应可减少外周血流所造成的热损失，使深部体温得以保持。但这只能起 0.1 ~ 0.8 隔热单位（CLO）的作用。在 0 ~ 12 ℃时，最初人体外周血管出现收缩，但在 20 ~ 60 min 后却出现一时性的外周血管扩张。这与交感神经对血管收缩能力的降低有关，即出现交替性血管扩张与收缩，亦称路易斯反应或末梢血管紊乱反应。

（5）心率明显减慢，可为 20 ~ 45 次 /min，节律失常，血压下降到测不出。呼吸减慢可至 7 次 /min，体温下降到 32 ℃时心率可降到正常的 83%；30 ℃时降为 67%；28 ℃时降为 58%。如 20 ℃时心脏呈无收缩状态。随着温度下降，心肌摄氧量下降，出现心律不齐、房室传导阻滞，甚至心房纤颤、心室纤颤。心输出量呈进行性下降，在 32 ℃时心输出量可下降至正常的 75%；30 ℃时下降到 55%。外周循环由于冷的刺激，颈动脉窦和主动脉弓压力感受器也发生抑制，血压下降。

（6）血黏度上升，出现明显的酸中毒症状，低体温时出现酸碱平衡的紊乱。随着体温下降，由于呼吸中枢受抑制，CO_2 排出量减少，可致呼吸性酸中毒，如合并肺水肿或肺炎时呼吸性酸中毒更明显。由于低体温时血液灌注量的明显减少，可产生循环性缺氧。代谢从需氧分解转为乏氧或无氧酵解，致使乳酸堆积较多。

（7）心脏骤停。如果深层体温下降至低于 24 ℃时会发生心脏骤停。心脏骤停可由于心源性障碍，致急性循环衰竭，常出现心室纤颤、多发性心肌梗死；也可由外周循环衰竭引起。失温 90 ~ 180 min 或更长时间的产生，这主要由水温和体型决定，热量从身体的流失与表面积成比例：大而胖的人比瘦小的人体温下降得快得多；成人比孩子体温下降慢。

2.3.5　水中低温防护

水的导热能力约为空气的 25 倍，人浸泡在温度低于人体温度的冷水中，体表的温度会快速地流失，严重者会造成人体因失温而丧生。通过具有保暖功能、防止人体和冷水直接接触导致体温散失的抗浸服来实现，或者在较短的营救时间内通过必要的行为防止体热的迅速散发。低水温下，落水者体热丧失的速度取决于水温、防护衣物的多少以及落水者的行为方式。

（1）着穿湿式抗浸服防止失温。即使是在炎热夏季，如果需要较长时间从事潜水、冲浪、帆船等运动，也需要注意防止失温，避免进入水中发生的冷休克、功能丧失等，导致死亡。

需要穿湿式抗浸服（wet suit），如国内俗称的湿式潜水服、水母衣等，都属于该类服装，具有一定的水中保温功能。该衣服紧贴人体，具有弹性，允许部分水浸入，依靠使用者体温将紧贴人体的水层变暖，形成一层温水层，阻挡人体和外界冷水层。

同时，在水中活动时，也可以将衣服的纽扣扣紧或者是拉链拉紧，使衣服内层贴身，减少水在体表的对流作用，以防止体温流失过快。

（2）着穿干式抗浸服防止低体温。在水温低于 15 ℃的冷水域活动，需要穿用干式抗浸服（dry suit）进行失温防护。这类服装基本为全密或半密闭结构，在水中不允许有水浸入而接触人体。

研究表明，干式抗浸服中进入 500 mL 水，服装的浸入 CLO 将降低30%；而且，开阔水域着穿抗浸服测试的浸入 CLO 远低于实验室中获得的浸入 CLO。

因此，需要根据活动水域的水温，选择合适保暖性能的干式抗浸服。

（3）其他防护措施。

①保持头部漂浮在水面上：在没有把握可以自救或短时间内被营救的情况下，落水者应第一时间利用快速充气等相关装置，使头部可以长时间保持在海面之上，减少头部的降温对思维和判断力的影响，并保证顺畅的呼吸，落水者应保持体力，减少运动。如图 2-4（a）所示。

②减少运动：尽量不要进行游泳等运动，以减少体热的散失，减缓体温

下降的速度。当有救生衣时，宜采取两腿并拢，双臂在胸前交叉抱紧、头颈露出水面的姿势，以减少体表暴露于冷水刺激的面积，如图 2-4（b）所示。

③抱团取暖：一旦发生沉船事件或很多人落水情况，在条件允许的情况下，可以采取多人在水中集结的方式，相互拥抱保温，互相鼓励。同时，可使目标扩大，容易被救助者发现，提高在水中求生的机会。若有多人则尽可能抱成一团，如图 2-4（c）所示。

④酒后不要立即下水活动：喝酒会加速失温，酒精能促进血液循环，但在水中活动时，酒精的作用更会加剧体温的丧失。因此，酒后尽量不要立即下水活动。

(a) 保持头部出水　　　　　(b) 减少运动团在一起　　　　　(c) 抱团取暖

图 2-4　入水等待救援的姿势

2.3.6　其他失温救助

对于在水上活动中出现失温现象的人员，可以进行以下救助行为。

（1）迅速将人员捞救出冷水环境，密切观察呼吸、循环功能的变化，防止窒息和二次损伤。

（2）低体温的致死温度界限是 25 ~ 29 ℃。因而，在急救时，首先要给伤病人员复温。可用 38 ~ 41 ℃的温热水浸泡。

（3）采用保暖措施，用毛毯或棉被覆盖身体。给予服用热饮料。

（4）对严重冻僵人员应采取主动复温法，给予温水灌肠、温水洗胃、加温腹膜透析或吸入加温的氧气（或空气）等。目前，多主张快速体心复温，采用加温腹膜透析法。此法能使中心层先恢复，提高内脏温度，安全、迅速、可靠。在复温时要注意防止"虚脱"现象。这一现象是由于外周循环加速，使中心体温突然下降所致。

（5）注意保护外周循环，防止血栓形成。防止细菌、病毒感染，必要时应用抗生素。

（6）低体温并有溺水的伤员的抢救，按溺水救治方法进行。关键在于恢复伤员的呼吸，保护大脑免受缺氧的损害。

2.4　落水人员在水中的系统防护

根据落水者在水中受到的不同危险，为了维持生存必须提供不同的防护措施。在 2.2 和 2.3，着重介绍了针对溺水及低体温这两种主要的落水致死防护措施。

但是，在茫茫水域落水后，仅仅保持口、鼻不进水的溺水防护以及防止人体不失温的抗浸防护，是远远不够的，这只是保持生命的基本防护要求。

事实上，人落水后，首先要保证安全漂浮于水面上，再通过自救或等待外来援助得以脱险，因此，落水后的防护可以分为安全漂浮防护、示位营救、生存保障防护三个主要方面。此外，对于战争条件下以及大型水上钻井平台漏油等特殊环境下的落水救生，则应偏重于多功能防护。

2.4.1　安全漂浮防护

安全漂浮防护是指提供必要的装备使落水人员安全漂浮于水面，包括防止落水者口鼻进水、防止低水温造成的体温过低两个方面。

（1）防止口鼻进水溺死的防护。见 2.2.3。

（2）低水温下的防护。见 2.3.3。

2.4.2　示位营救防护

在广阔海域落水后，如飞行员落入大海、海船失事等情况下，个体将面临长时间等待救援的过程。这个过程中，存在两方面的防护。

（1）示位防护。茫茫水域中，如何使搜救者快速发现落水人员并准确定位落水人员的位置至关重要。落水水域比较广阔时，需要采用各类示位属具，包括哨子引起的声音信号、回归反射膜及信号灯引起的光示位信号、雷达定位飘带等，以便营救者迅速而准确地找到落水者的位置。落水水域较小时，大声呼救、扑腾也是十分必要的。

（2）营救防护。一方面搜救者需要携带可以救捞的工具，比如，充气式救生艇、各类救捞用绳索等；另一方面，落水者穿戴的救生具上，也要提供足够结实和方便的绳带等属具，便于待救人员实施营救方案。

2.4.3　生存保障防护

在漫长的等待营救过程中，为了在水中生存较长时间，必须有延缓生存的属具，包括淡水或使海水能饮用的设备、必要的食物；应对海水中凶猛动物的属具，比如驱鲨剂等。

（1）应对危险海洋生物的袭击。鲨鱼对压力的变化敏感，应避免发出剧烈动作被鲨鱼发现，当附近有鲨鱼出没时，可以使用驱鲨剂，或者可用力拍打水面或大声尖叫，逼其离开，若鲨鱼仍继续逼近，可猛击其鼻、腮、眼等敏感部位。不宜用刀攻击鲨鱼，因为鲨鱼生性凶猛好斗，若不能一次致其死亡，则会带来更凶猛的反击。

（2）补充人体机能防护。配备淡水袋或海水淡水装置、压缩干粮等。人体淡水及能量的补给是除应对凶猛海洋生物等随机危险外，最基本的人体机能保障。淡水可收集露水或雨水获得，但受天气限制太大，现在更倾向于利用太阳能蒸馏器和海水脱盐剂以将海水转换为淡水满足人体生命需要。在海上的第一天可以不喝水，因为此时体内水分足以维持生命体征，这个时候喝水大部分会随着排尿排出，从第二天开始，可少量多次饮水，每次饮水时让水在口腔内转动，再慢慢咽下。对于食物的补给，目前最常用的就是含少量蛋白质的压缩食品。

2.4.4　多功能复合的水上防护

这种多功能复合的水上防护主要针对水域作战的军人、海关缉私人员等可能在水面遭遇各种武器、火器或其他伤害的特种人群。除了面临落水者遭受的各种水中的危险外，还要面临火灾、子弹等的伤害，它们对于个体造成的致命伤害的概率并不亚于落水。因此，在这种场合，必须进行多功能复合防护，比如，通过带防弹插板和气囊的复合救生具来同时防子弹伤害和落水危险；通过对个体救生具的外敷面料进行阻燃处理使其具有防火阻燃功能，避免火灾的伤害。

参考文献

［1］景华. 海上求生中的危险及应对［J］. 科技信息，2012（30）：483-483，485.

［2］马赤克. 海上救生［M］. 吕文超，译. 北京：海洋出版社，1983，22-33.

［3］埃里克·李，肯里思·李. 海上防险和救生［M］. 蒋朴素，翟忠和，译. 北京：国

防工业出版社，1991.

[4] 秦若辉，陈国良，吴耀民.寒区海上落水人员救生的保温方法 [J].海军医学杂志，2002，23（2）：157-158.

[5] Drowning Facts，Public Health Seattle & King Country. 2004，6. http：//drowning-prevention.org/.

[6] 溺水死亡的生理机制. http：//home.kimo.com.tw/mynameoscar/c04.html.

[7] 竞花兰，欧桂生.法医病理学 [M].长春：吉林科学技术出版社，2006.

[8] 葛恒林.救生衣与水上救生 [M].北京：人民交通出版社，1988.

[9] MACESKER B，GAREAU G. ADA328760 New（Tools for Coast Guard Research of the Rough Water Performance of Personal Flotation Devices）（PFDs）[R]. 1997.

[10] 李杰.漫话海上生存 [J].中国民兵，1988.

[11] 陈琛.让生命"浮"出水面：游泳教学与溺水救助的问题研究 [J].少林与太极（中州体育），2016（1）：25-28.

[12] 陈琛.生命安全教育融入游泳教学研究 [D].郑州：郑州大学，2016.

[13] 高捷，陈潮图，王琪图，等.施救溺水者的基本常识 [J].游泳，2014（3）：79-81.

[14] 褚新奇.海上救生难点与对策 [J].海军医学杂志，2002（2）：140-142.

第3章 救生衣的分类及结构

　　根据救生衣的不同使用场合及要求，有轭式、背心式、袋式、腋下式等不同结构及样式。救生衣的结构与其浮力分布息息相关，决定了其救生性能；同时也决定了适体性能。

　　救生衣根据用途、结构和浮力材料的不同有不同的分类方法，但实际上，这几个方面是相互关联和制约的。救生衣的结构决定了浮力分布和适体性能，并影响了属具的配备、浮力材料的选用和提供浮力的方式；不同浮力材料也要求有不同的结构。

3.1　救生衣的分类

　　水上个体救生衣根据其浮力提供方式、用途、结构和浮力材料的不同，有不同的分类方法。

　　（1）按照浮力提供方式分类。可以分为固有浮力式、充气式及复合式三大类救生衣。

图 3-1　作业用救生衣

　　①固有浮力式救生衣：是指通过密度远小于水的固有浮体材料提供浮力的救生衣，如图 3-1 所示，为作业用救生衣，背心式结构，以泡沫塑料作为浮力材料，腰部有固定调节带加以调节。目前，常用的固有浮体材料为各类泡沫塑料、橡塑共混泡沫塑料以及木棉等纤维集合体材料，多见于各类船用救生衣和部分军用救生衣，具有安全、价格相对便宜的优点。

　　②充气式救生衣：又称气胀式救生衣，通过充气气瓶提供气源，使密闭气囊充气后提供浮力。如图 3-2 所示为典型的充气式救

生衣，轭式结构，配备手动自动合一的充气装置，同时配有口充气阀以便于漏气时补足浮力和放气。该类救生衣广泛用于各类军、民用救生衣中，不用时体积小、携带方便，落水后自动或手动等充气提供浮力，翻转人体。

③复合式救生衣：同时具有固有浮力和充气浮力部分的救生衣。如图 3-3 所示为英国海军用 9 型救生衣，套头式结构，由泡沫塑料和气囊共同提供浮力，泡沫塑料提供 58.8 N（6 kgf）基本浮力，通过口充气阀可以补充浮力。这种救生衣多见于军用救生衣，部分用于水上平台作业用。可以通过固有浮力部分提供人体在静水中的基本浮力需求，这部分浮力即使在包覆材料中弹或其他伤害破损情况下依然可以保证人体漂浮浮力需求；通过充气部分提供辅助的、更大的浮力需求，满足恶劣海况或者单兵携行物质所需的浮力需求。

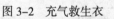

图 3-2　充气救生衣　　　　图 3-3　英国海军用 9 型救生衣

（2）按照用途和使用场合不同分类。救生衣可以分为民用救生衣和军用救生衣两大类。其中，民用救生衣包括船用救生衣、民航用救生衣、儿童救生衣、运动救生衣、钓鱼救生衣、作业用救生衣；军用救生衣又可以分为海军各类舰艇救生衣、海军水上作业救生衣、空军飞行员救生衣、空降兵救生衣、陆军通用救生衣、陆军作战救生衣等。一般而言，军用救生衣的救生性能、适配性能、营救性能等要比民用救生衣要求更高。

（3）按照结构分类。救生衣可以分为背心式、套头式、轭式、连体式、腋下式等。其中，背心式结构见于固有浮力材料填充的固有浮力式救生衣；套头式多见于各类军用充气或固有浮力式救生衣、部分作业用救生衣；轭式，即倒 U 字形结构，主要用于各类充气式救生衣，也是目前最为广泛使用的充气式救生衣结构，一条长长的气囊成倒 U 型套在脖子上；连体式救生衣主要用于寒冷水域用的保暖抗浸救生衣；腋下式比较少见，两个独立的气囊置于腋下，适合于水中需要成直立状态的人员使用；此外，还有些难以归类的，如飞行员弹射座椅用救生衣、宠物用救生衣等。

根据常用浮力材料的不同，可以分为木棉、泡沫塑料、气囊、木棉复合气囊、泡沫塑料复合气囊这几种常见的材料及组合。

各种分类具体见表 3–1。

表 3–1 水上个体救生衣的种类

	类型	具体品种举例
按照浮力提供方式	固有浮力式	泡沫塑料救生衣、木棉救生衣以及大部分船用救生衣等
	充气式	部分军用救生衣和民用救生衣，多为套头或轭式结构
	复合式	固有浮力和充气结合式，多见于部分军用救生衣
按照用途分类	民用救生衣	船用救生衣、民航救生衣、儿童救生衣、运动救生衣、钓鱼救生衣、作业用救生衣
	军用救生衣	海军各类舰艇救生衣、海军水上作业救生衣；空军飞行员救生衣；空降兵救生衣；陆军通用救生衣；陆军作战救生衣
按照结构分类	背心式	多见于固有浮力材料填充的救生衣；分有领、无领两种
	套头式	美、英海军采用单囊套头式；美、法民航采用双囊套头式
	轭式	部分充气式救生衣
	连体式	空军飞行员抗浸服、保暖救生服
	腋下式	伞兵用腋下救生衣
	其他	飞行员弹射座椅用救生衣、宠物用救生衣
按照浮力材料分类	木棉	海军救生衣
	泡沫塑料	工作用救生衣、船用救生衣
	气囊	绝大部分军用救生衣；分口吹、手动、自动充气
	木棉＋气囊	我国海军舰艇救生衣；分口吹、手动、自动充气
	泡沫＋气囊	英国海军用 9 型救生衣；分口吹、手动、自动充气

3.2 充气式救生衣的结构

充气式救生衣通过对密闭的热合气囊充气来提供浮力，气囊应要求有良好的气密性。充气式救生衣通常有如下几种结构形式。

（1）轭式。气囊呈倒 U 字形套在使用者的颈部，有单囊和双囊之分。双囊轭式救生衣的囊和囊之间相互独立，各自配备一套充气装置和口充气阀。

　　轭式救生衣通常类似图 3-2 所示结构。背部无浮力材料，浮力集中于胸前，颈后有部分浮力用以支撑头部，可以保证使用者在水中呈后倾安全漂浮状态；为避免救生衣从身体滑脱，轭式救生衣腰部有可调节紧固带，后颈部也有绳带固定于后腰或者前面囊上有绳带固定于前腰，有的救生衣有一根或两根裆带，如美军用 MK-46 PA 伞兵用救生衣，往往配备有两根裆带，航空用儿童救生衣则配有一根裆带。

　　轭式救生衣的具体造型有两种：一种是无领条状，甚至对折后呈窄条状，但充气后对折部分打开，仍达到足够的浮力，多用于工作用救生衣和军用救生衣；另一种是无领圆弧状，充气后气囊前面下摆部有圆弧形放大，从而使得脖颈部位更适合人体不易滑脱，口鼻不易进水，多用于航空、航海等。

　　（2）套头式。和轭式救生衣一样，有单囊（图 3-2）和双囊（图 3-4）之分。前身气囊长及胸腰部，充气后，胸前气囊呈长方形提供绝大部分浮力，颈后气囊浮力用以支撑头部。由于套头式圆形领部充气后围度小于人体头围，因此，救生衣不易从人体滑脱；为了固定前胸气囊，一般配有腰带加以调节，腰带从气囊上的褶裥穿过。套头式救生衣一般适用于海域状况复杂恶劣的环境或未知水域状况环境，多为远洋货轮船员用以及飞机救生配备用。

图 3-4　航空用双囊救生衣

　　套头式救生衣在未充气时有两种放置方式，一种是直接套在脖子上，遇水后通过自动或手动充气使气囊鼓胀提供浮力；一种是折叠后放在特制的袋子里，挂于腰部，使用时取出套在脖子上。

　　（3）腋下式。一般为双囊结构，左右腋下各一囊，通过腰带固定在人体上，浮力均匀分布在两腋下，使人体在水中呈直立漂浮状态，如我国空军曾用的飞行员用救生衣。未充气时，可折叠置于两腋下，体积小且便于携带。

（4）背心式。将轭式气囊固定在背心上，由背心状织物代替绳带，将气囊固定于使用者身上，有较好的穿着舒适性。救生效果与轭式相同。如美军MK-1型救生衣，以及各国航母用救生衣。

3.3　固有浮力式救生衣的结构

目前，常用的固有浮力式救生衣有两种：木棉救生衣和泡沫塑料救生衣。因木棉和泡沫塑料都是软质材料易于裁制成预制件，常用于适体性要求高的背心式救生衣，也称救生夹克。

（1）木棉救生衣。木棉是絮状纤维材料，通过纤维自身高的中空率和纤维间空隙提供浮力。木棉救生衣是通过木棉纤维填充在包覆面料里制成。常见的款式为背心式样，如我国早期的64型救生背心。一般有两个囊，分布在左右胸，后面无浮力材料。腰部配有固定调节带，部分配备裆带或者通过肩带加以调节。

（2）泡沫塑料救生衣。泡沫塑料因其易加工性能、低廉的价格、优良的闭孔结构和拒水性能、可控的发泡倍率而成为目前应用最为广泛的固有浮力材料。最常见的为背心式样，具体结构有以下几种：小尖领，无袖，背部无浮力材料，腰部有固定调节带，多为作业用救生背心；大而低的袖笼弧线，圆领，两侧可以调节，细的肩带，背部为浮力材料，部分下摆可以收拢，具有良好的适体性，运动用救生衣多为此类；尖领，无袖，前面和两侧皆有浮力材料，且浮力分布被分为大小不同的块状，厚度也不相同，以增加适体性和减少浮力损失，一般配备三至四根固定调节带，部分配有裆带；背部有浮力材料但部分镂空的背心式救生衣，利于通风散热，多为作业时用。

除背心式外，泡沫塑料救生衣还有以下几种式样：轭式，颈后有浮力材料，前面为两直条状，腰部有固定调节带；套头式，泡沫较厚，前面两块，领部一块，底部有固定调节带，有的在胸腰部也有，多用于客船乘客用；夹克式，有领有袖，底边和袖口有松紧带可以收拢，同时具有保暖功能。

3.4 复合式救生衣的结构

这种救生衣一般用于军方，木棉或泡沫塑料产生的固有浮力囊提供 58.8 N（6 kg）以上基本浮力，可以保证一个不负载任何载荷、体重 75 kg 的成人浮于水面，而充气气囊用以补足浮力使人体以最节省体力的姿势等待营救。共有两类结构如下。

（1）木棉囊和气囊共同提供浮力的救生衣。如海军用救生衣即为这种类型。基本结构为背心式，无袖，充气单囊从前胸过肩，背后无浮力材料；遇水充气后前后浮力为 3 : 1，可以自动翻转人体至安全漂浮状态，且头部有依托。一般有腰部调节带，还有裆带加以固定。有口充气、手动充气和自动充气三种方式，可以根据实际要求选用。

（2）泡沫塑料和气囊共同提供浮力的救生衣。有两种结构：一是套头式，用于军队，如英国海军 9 型救生衣，如图 3-3 所示；二是背心式，泡沫塑料填充在胸前和两侧，气囊缝合在肩线上，充当领部，遇水后气囊鼓胀提供浮力支撑头部。

051

3.5 其他结构特点

3.5.1 领部结构

人体的头部比重最大，且口鼻呼吸器官均在头部，理论上讲，只要保证头部浮于水面就可以起到救生的基本作用，所以，领部结构对于绝大多数救生衣而言是至关重要的。救生衣的领部起到两个作用：防止救生衣从头部滑脱，并支持头部浮于水面，如套头式救生衣；颈后有领的救生衣的领部可以支撑头部以避免头部后倾而口鼻进水，使人体以最节省体力的方式等待营救，适合于丧失意识的落水者以及没有自我调整能力的儿童。

领部的浮力提供方式有两种：气囊和固有浮力材料。充气式和复合式救生衣以气囊充当领部，通常呈直条状位于颈后。固有浮力材料救生衣的领部通常填充泡沫，呈大小及弧度不同的圆弧状。

领部的具体造型有以下几种：鸡心领用于背心式和夹克式救生衣；小圆领用于套头式救生衣；大圆领用于运动用救生衣；不提供浮力的小翻领用于保暖救生衣；提供浮力的大翻领用于儿童用救生衣以及在复杂海域状况使用

的救生衣。

3.5.2　绳带结构

救生衣上的绳带用以固定救生衣在人体上，避免因浮力作用而导致滑脱，同时通过调节使其适合不同体型的人体。

救生衣上的绳带共有五种：可调节腰带、肩带、两侧边带、裆带、捞救吊带。几乎所有救生衣都配有腰带，宽窄各异，通过插锁或金属环连接。可调节肩带和可调节两侧边带多用于运动用救生衣，以减少肩部及两侧的束缚利于各种动作。裆带有两种形式，一种是只有一根从前身中部过裆连接到后身中部，宽窄各异，多用于儿童救生衣；一种是两根，从前身两侧过裆连接到后身，用于浮力较大、在气象状况恶劣的海域使用的救生衣或需要携带武器装备的军用集成救生衣。捞救吊带往往缝在救生衣腰部里层，只露出用于起吊的绳环在外面。

除了以上几种，还有由腰带和连接前后腰的过肩带组成的集成固定带具（英文称 harness），可和救生衣配套使用，固定救生衣于人体并提供捞救吊环。

3.6　结构设计与安全漂浮

救生衣的结构设计决定了其安全漂浮姿态及稳定性。

首先，救生衣的前后结构设计需要适当，以确保获得合适的前后浮力分布。

在救生衣的使用之初，特别是在固有浮力救生衣的设计中，由于该类材料很容易让人联想到常规服装的做法，人们通常会在救生衣的前、后片都加上浮力材料。这样容易导致前后浮力分布不合适，后身浮力大于前身，落水后，由于后身浮力大，翻转力矩反而使得人体翻转到口、鼻向下的姿态，加速了着穿救生衣的人体的溺水死亡。

由于只是涉及人体及救生衣在水中的受力分析，现阶段的各类救生衣基本不存在上面的问题。从前面给出的固有浮力式、自动充气式及复合式等类型救生衣来看，可以看到提供浮力的部分绝大部分位于胸前，部分位于颈后，很多情况下后背可以不用任何浮力支撑。但是，在人体需要负担一定质量的携行物的时候，就需要对浮力设计进行适当的计算和调整。具体的浮力分布设计及计算会在第 5 章中进行介绍。

其次，救生衣上的固定用集成属具或绳带类至关重要，是维持稳定、长时间漂浮的关键之一。包括以下几方面设计考虑。

应对波浪影响的防溅射帽设计。波浪使人在水中做垂直运动，在某些情况下，这种运动可能与波浪运动不相一致，人有可能沉入波浪剖面之下。救生衣应具有足够的浮力储备，漂浮者的姿势应能抵抗相对于水面的垂直运动。救生衣露出水面的部分的形状应该像防波堤一样，以防止浪花溅到脸上，进入口、鼻。较好的结构设计是采用防溅射帽，具体在第 8 章进行介绍。

应对弃船跳水时的结构设计。当船只出事，需要弃船时，有时必须从相当高的位置跳入水中。因此，救生衣需要紧紧固定在身体上，比如用裆带、腰带等，一方面不应该对穿着者造成伤害，另一方面也不应该在与水的碰撞中受损。同时，在跳入水面时，人体通常需要先跳脚，双腿并拢，膝盖处微微弯曲，嘴巴紧闭，一只胳膊跨在救生衣上，紧紧抱着身体，另一只手的拇指和食指在深呼吸后及与水碰撞前合上鼻孔。这会避免了在水中撞击碎片、救生衣造成的损伤以及冷水冲击鼻孔时对头部的危险。这要求救生衣前面领口部分的结构设计尽可能简单、不附带多余的凸出、偏硬的部件等，不妨碍必要的动作。

应对冲击、过大浮力等影响的固定绳带结构设计。比如常用的裆带、集成固定件等，在落水的瞬间，可以稳定提供足够的向下的拉力，避免瞬间获得大的向上的浮力作用，使得救生衣脱离人体，或者改变设计之初的浮力分布设想。

参考文献

[1] 肖红，周宏，施楣梧. 国外救生衣的类型和结构特点 [J]. 中国个体防护装备，2003（4）: 17-20.

[2] 肖红，施楣梧. 个体救生具的概念、种类和结构分析 [J]. 中国安全科学学报，2003，13（12）: 39-43.

[3] 肖红. 救生衣的材料、结构与性能. 2005 现代服装纺织高科技发展研讨会 [C]. 北京，2005，3，28-30.

[4] 曹立艳. 救生衣的设计研究 [D]. 石家庄：河北科技大学，2017.

第4章　典型品种的救生衣

前面介绍了水域事故与个体水上救生装备、个体落水救生机理与防护、救生衣的分类和结构特点，对救生衣的功能、结构、分类等进行了较为全面的介绍。本章将针对广泛使用的军用救生衣、民用救生衣、其他类救生衣这几种最为典型的救生衣，结合实物图片，进一步进行详细的介绍。

4.1　军用救生衣

4.1.1　概述

无论是军用还是民用救生衣，都要求能够提供足够的浮力和合理的浮力分布，使落水人员在水中呈安全漂浮姿势；具有一定的适体性，不妨碍使用者的其他活动；提供可营救属具如示位装置和对付来自水中危险的物品如驱鲨剂等。但军用救生衣要保证作战人员在水中承受枪支弹药的重量、能救助负伤的战友；未落水时应便于背负单兵携行具和武器装备进行战技活动、落水后应控制姿态便于完成射击等战技动作；需要有良好的示位、通信、营救属具。

因此，军用救生衣作为单兵防护救生装备，在浮力及其分布、落水人员姿态控制、落水前后的功效性、可靠性等方面均比民用救生衣有更高的技术要求；其技术性能代表了救生衣的最高水平。

同时，由于军兵种、战训任务、战训环境等差异，任何一个国家都很难只采用一种救生衣用于整个军队。在发展过程中，军用救生衣慢慢形成了系列化、通用化及集成化。

（1）系列化。根据海、陆、空、两栖作战等的特点，研制配备不同救生衣，包括海军舰艇用、陆军舟桥部队用、空军飞行员用、伞兵用、海军陆战队用等救生衣；根据作战任务不同，形成渡海登陆作战用、海上作战用等救生衣；根据结构不同，充气式、固有浮力式、复合式三种类型的救生衣均有配备及储备，以适合不同的使用环境和军兵种需求。

（2）通用化。系列化的优点在于针对性更强，但同时也给勤务管理、配发采购等带来诸多不便。此外，带有显著军方色彩的救生衣也不适合用于应急救援、抗洪抢险等非军事行动。因此，配备一种通用化的救生衣，适合军队人员用于水域、近水域的日常作训及应对必须要执行的非军事行动非常必要。该类救生衣多为类似民用的、背心式的固有浮力救生衣，颜色也为醒目的救援色，兼顾成本及通用性。

（3）集成化。为了最大限度地实现单兵负荷的轻量化，多种功能的集成非常必要。针对救生衣而言，在 4.1.7 中介绍的集成了防弹和救生功能为一体的救生衣，以及将各类先进通信及救捞设备集成的伞兵集成救生衣等，都是必不可少的。

军用救生衣中，海军常年工作于水域及近水域，因此，也是所有军种中，救生衣使用最多、技术最为先进的。为庆祝人民海军成立 60 周年和 70 周年，中国海军分别于 2009 年 4 月 23 日及 2019 年 4 月 23 日，在青岛海域举行了盛大的海上阅兵仪式。除我国海军外，两次阅兵均有来自 10 多个国家的 20 艘舰艇汇聚黄海，包括驱逐舰、护卫舰、登陆舰等不同类型舰艇，并接受检阅。海上阅兵不仅让人们对各国军舰大饱眼福，同时也为我们展示了各国海军英姿及其单兵装备，比如，各具特色的各国军用救生衣。因此，本节中，先介绍的海军救生衣，大多数均来自这两次阅兵中展现的救生衣。然后再介绍陆军、空军及伞兵等救生衣。

4.1.2　海军充气救生夹克

从海上阅兵中各国海军救生衣可以看出，国外航母或大型舰艇上的军人往往穿用充气式救生衣。自动充气式救生衣在发达国家海军中普遍装备，且多采用轭型、袋型等结构简单利于佩带和存放的样式。

图 4-1（a）为美军"菲茨杰拉德"号舰艇上的女兵，穿着蓝色夹克式救生衣。其具体结构如图 4-1（b）所示，该救生衣为典型的 MK-1 型夹克式救生衣，主要用于美军航母或大型舰艇甲板上的维修人员。救生衣部分的结构为轭型可充气气囊，类似图 4-1（c）中的气囊结构，气囊为套过脖子的倒 U 字型，内置于夹克面料里层，气囊只是夹克的一部分，集中于前胸门襟两侧及脖子；通过自动或手动充气装置提供浮力，并配有一个口充气阀，适应各种情况下的充气动作；配备的属具包括两个肩部的回归反射膜、右胸口袋内置的示位灯和哨笛、右下口袋内置的海水染色剂等，应该还有必要的集成的捞救吊带等。这种救生夹克有不同的颜色以区分不同舰艇以及同一艘航母

上的不同工作岗位的人员；并有大、中、小号之分。其他发达国家，如英、法、加拿大等国海军的大型舰艇人员，也穿着类似的内置充气囊的夹克式救生衣。

图 4-1（c）为美军甲板勤务人员用 MK-46DC 型救生衣，也为双囊充气式结构，每个囊可以提供不低于 78.5 N（8 kgf）的浮力。气囊材料为聚氨酯涂层或覆膜锦纶面料，外层防护层采用阻燃或高强锦纶面料。总重不大于 1 kg，配备有 400 cm^2 以上的反光膜、灯和哨笛，可以选配防溅射帽。

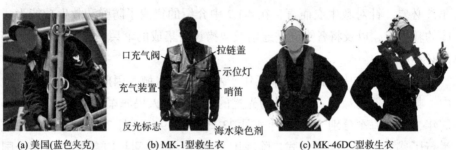

(a) 美国(蓝色夹克)　　(b) MK-1型救生衣　　(c) MK-46DC型救生衣

图 4-1　美海军用救生衣

图 4-2（a）为墨西哥"夸乌特莫克"号风帆训练舰上的海军，身穿黄色充气式救生衣；图 4-2（b）为巴西"加西亚德阿维拉"号舰艇上的海军，身穿和海军制服颜色一致的深蓝色充气式救生衣。这两国海军所穿救生衣和美国海军内置式救生衣均为轭型、自动充气式救生衣，一般结构如图 4-1(c)所示。简单的倒 U 型、通过腰带和后背的固定带固定。

图 4-2（c）为澳大利亚"成功"号舰艇上的女兵，腰间佩戴着装入口袋内的充气式救生衣，具体结构一般如图 4-2（d）所示。单囊充气，平时折叠放入阻燃包内、挂于腰间。落水时可用一只手通过气囊上的提环在 2 s 内套在脖子上，自动充气装置遇水 5 s 内鼓胀充气。

(a) 墨西哥(黄色轭型)　　(b) 巴西(深蓝轭型)　　(c) 澳大利亚(袋式)　　(d) 袋式

图 4-2　其他海军充气式救生衣

　　事实上，图 4-1 和图 4-2 所示几种救生衣，本质上是一样的，都是轭型、自动充气式救生衣，只不过墨西哥和巴西的两种直接以轭型套在脖子上；美国的轭型救生衣则内置于带有颜色的夹克内；澳大利亚的轭型救生衣则放在口袋里，用的时候再取出套上去。

　　自动充气式救生衣的技术关键在于充气气囊所用的气密性面料和自动充气装置。自动充气式救生衣不充气时体积小、穿用方便，在第二次世界大战后得到了迅速发展，但是它一旦破损，就不再具有提供浮力的功能，尤其是实战条件下更是充满风险，但在和平环境下是性能最佳、最理想的救生衣。

4.1.3　海军固有浮力式救生夹克

　　除了充气式救生衣外，部分国家如俄罗斯、韩国、泰国、印度等国海军，阅兵中均装备着固有浮力式救生衣。

　　图 4-3（a）为俄罗斯"瓦良格"号导弹巡洋舰上的海军，身穿橙黄色固有浮力式救生衣，图 4-3（b）为韩国"姜邯赞"号持枪站岗水兵，身穿橘红色固有浮力式救生衣，图 4-3（c）为泰国"达信"号导弹护卫舰海军，穿着橙黄色固有浮力式救生衣。这三国海军救生衣均属于夹克式、固有浮力式救生衣，穿着时体积较大，外观明显。其中俄罗斯和韩国海军救生衣不约而同采用了带领子的结构设计，用以支撑落水后、昏迷状态下自动下沉的头部，也利于长时间漂浮在水面、保持体力等待救援；救生衣整体适体性好、浮力材料柔软、结构流畅；同时，韩国的海军救生衣还配备了裆带，和我海军舰艇救生衣类似，用以固定救生衣、防止落水瞬间救生衣上窜而与身体脱离。泰国的救生衣看起来结构更简单，且两前片是由整块较硬的泡沫填充，导致适体性差，腰部两根黑色腰带用以固定，固定后两前片明显鼓起，是浮力材料不够柔软导致。

(a) 俄罗斯(橙黄色夹克带领式)　　　(b) 韩国(橘红色)　　　(c) 泰国(橙黄色)

图 4-3　各国海军固有浮力式救生衣

固有浮力式救生衣虽然外形较大，但因目前的固有浮力材料多为木棉纤维集合体或软质闭孔泡沫塑料，所以，即使破损后，也能提供适当的浮力，非常适合战时用；且通过浮力材料的改进，可制成结构适体、美观大方、质轻的救生衣。固有浮力式救生衣的技术关键在于固有浮力材料和前后的浮力分布设计。

图4-4分别为芬兰海军及某国军队用救生衣。可见它们和前面的两款救生衣都具有共同的特点：大圆弧领子、前后身均有浮力材料，前面厚后面薄。其中，芬兰的这款救生衣，采用了迷彩面料作为包覆面料，作为战时穿用，具有隐蔽伪装效果。

图4-4　芬兰及某军固有浮力式救生衣

4.1.4　海军复合式救生衣

从前面可知，在军用方面，尽管自动充气式救生衣具有携带方便、穿着美观大方、体积小、结构简洁等优点，但是固有浮力式救生衣在军用中具有不可取代的牢固地位。为了兼顾两种的优缺点，很多国家会采用复合式救生衣作为海军日常训练、作战等用。

海上阅兵中，中国海军官兵均穿着复合式救生衣，如图4-5所示。该救生衣为背心式结构，橙黄色，后面有"中国海军"字样，标识清楚。这是中国海军舰艇人员必备的

图4-5　海军用复合式救生衣

救生装备，图 4-5 即为海上阅兵时海军统一着穿图。

该救生衣为复合式救生衣，通过木棉固有浮力囊和气囊共同提供浮力，提供双重保险，战时和平时皆可用。木棉囊可提供基本浮力，适合于平静的水域和近海水域；通过手动充气装置和口充气装置充气，可使得内置于肩部的气囊充气展开，为头部提供有力的支撑；充气后气囊可提供辅助浮力，和木棉囊一共可提供大于 147 N（15 kgf）以上的浮力，适合于风浪较大的水域或负荷较多时使用。

该救生衣配备有三种声光电示位装置：双音哨笛、回归反射材料和海水电池示位灯，可为救援搜索者提供充分的示位信息。同时，配备了高强锦纶救捞吊带，内置于衣内腰部；配备了裆带，防止救生衣在浮力作用下脱离人体。此外，还有可装 650 mL 淡水的饮水袋、烟火装置供选配。

尽管我军海军救生衣是装备最久、研发力度最大的救生衣品种，但由于属于小众产品，更新换代较慢。我军海军从 20 世纪 60 年代随船进口开始配备救生衣 64-2 型海军救生衣，1984 年更新的复合式 82-2 型救生背心（图 4-6），2003 年更新的如图 4-5 所示的救生衣，基本是 20 年更新一次。救生衣用关键材料，如泡沫塑料或木棉等固有浮力材料、充气装置、海水电池示位灯等，需要及时跟进和改善。

图 4-6　82-2 型海军救生衣

除我国海军外，英国海军也配备有复合式救生衣，如第 3 章中的图 3-3 所示。对于前面提到的韩国及芬兰等国用的固有浮力式救生衣，估计也有配备类似的复合式救生衣。

4.1.5　空军用救生衣

空军救生衣多配备各类机型的飞行员或空勤人员，由于机舱内位置有限，且飞行员往往需要应对跳伞等应急行动，因此，空军用救生衣一般都是充气式救生衣。

美军直升机空勤救生衣配备的 MK-46C 及 MK-46CV 型救生衣如图 4-7 所示。该系列救生衣适合于直升机空勤及飞行人员。其中，MK-46C 总重 0.91 kg，MK-46CV 总重 1.2 kg。均为两个独立气囊，各配备一个手动充气装置（16 g 的 CO_2 气瓶）和口充气阀，分别提供 84.3 N（8.6 kgf）浮

059

力，168.7 N（17.2 kgf）浮力。气囊面料为聚氨酯锦纶涂层面料，外层保护面料为 111.1 tex（1000 旦）Cordura® 锦纶。配备有反光膜、信号灯、哨笛、Nomex 阻燃防护领，以及紧急定位系统、防水弯刀、紧急救生毯、无线电、紧急氧气供应、灯、烟雾弹等救生属具。该系列救生衣具有优良的质量和耐久性能，可以自动扶正落水者，使其处于口高出水的安全漂浮状态，穿用舒适，和头盔、坐舱适配。

图 4-7　直升机空勤用 MK-46C 及 MK-46CV

此外，美国空军也配备部分袋型救生衣，如直升机用袋型救生衣（图 4-8），单囊充气，平时折叠放入阻燃包内、挂于腰间。落水时可用一只手通过气囊上的提环在 2 s 内套在脖子上，自动充气装置遇水 5 s 内鼓胀充气，提供 147.1 N（15 kgf）浮力。

图 4-8　直升机袋型救生衣

4.1.6　陆军用救生衣

陆军常年在内陆地区作训，一般部队并不需要使用救生衣。只有在渡海登陆作战的战时、舟桥部队、需要经过水域作战的地面部队才需要配备救生衣。而且，除了舟桥部队平时使用救生衣较多外，其他陆军兵种的救生衣都存储在仓库。陆军也有航空兵，使用的救生衣和其他空军飞行员等用类似，在此不再介绍。

陆军救生衣多采用固有浮力式，如舟桥部队用和登陆用救生衣。

陆军常年在内陆地区作业，也有部分舟桥部队，需要进行水域作业，包括维修军事设施如桥梁、舟船等；应急救援时，也要进行抗洪抢险等水域任务。因此，也会配备类似如图 4-9 所示的结构简单、价廉物美的固有浮力式救生衣。多为背心式结构，浮力 68.6 ~ 78.5 N（7 ~ 8 kgf）。不同的部队会存在款式结构上的小差异。

图 4-9　舟桥部队用救生衣

陆军登陆用的救生衣，多为用即弃型的救生衣，平时不穿，只是作为战储物资。在作战环境中使用的救生衣（图 4-10），并不太适合采用前述充气式浮力提供方式。显然充气式救生衣一旦受到枪弹、破片等的袭击，或者尖锐物品的勾挂及刺入，气囊破裂，会瞬间丧失全部浮力。因此，在非常明确的战时或其他特殊使用环境下，宜采用固有浮力式救生衣，如图 4-10（a）所示，为某型渡海登陆作战救生衣。该救生衣全部采用多层片状的泡沫塑料叠合制备成固有浮力材料，一面为醒目的国际通用橙黄色，一面为具有一定伪装效果的迷彩色。可以提供 147.1 N（15 kgf）以上的浮力，登陆时即可丢弃。图 4-10（b）为第二次世界大战时日本登陆作战使用的救生衣，也有固有浮力式，一块一块的浮力材料填充构成。

也有部分地面部队采用轭型、袋型等结构简单利于佩带和存放的样式。图 4-11 为美国步兵用救生衣 MK-46GT，两个独立的气囊各提供 80.4 N（8.2 kgf）浮力，配备自动、手动合一的充气装置（16 g CO_2 气瓶）以及口充气阀；外防护层面料为 Cordura® 锦纶面料、气囊面料采用聚氨酯涂层锦纶。这种救生衣和航空用类似，只是气囊颜色采用了军绿色，和迷彩服具有一定的适配性。

(a) 迷彩色

(b) 日军登陆用

(c) 日军泅渡

图 4-10　登陆用救生衣

图 4-11　美国地面部队用救生衣 MK-46GT

4.1.7　其他军用集成救生衣

图 4-12 为美国伞兵用 MK-46 PA 型集成救生衣，轭型充气双囊套在脖子上，共提供 372.7 N（38 kgf）浮力，腰带上有装营救属具和通信装置的口袋，并配备裆带。气囊外包覆面料为防火阻燃面料。

图 4-12　美国伞兵用 MK-46PA 型救生衣

图 4-13 为直升机空勤用 MK-
46 SV 型集成救生衣。以网眼背心作为
基本平台，集成了轭式救生衣、带有
诸多口袋的携形装具带，可装无线电、
紧急氧气供应、烟雾弹等，手枪皮套、
救捞用提升把手索等；口袋和皮套经
由搭扣连接在网眼背心上，可以随意
移动。充气系统为两个独立气囊，共
提供 231.4 N（23.6 kgf）左右浮力；各
配备手动充气装置（29 g CO_2 气瓶）
和口充气阀一个，5 s 内可充足气体，

图 4-13　直升机空勤用集成救生衣

具有自动扶正能力；经由搭扣连接在网眼背心上，通过固定裆带进一步牢牢
固定在身体上。充气囊防护外囊为阻燃材料或高强锦纶面料。配备有海水激
活电池示位灯、哨子；可以选配发光膜，并可以和头盔、送话器等适配。

　　除了伞兵、直升机空勤用集成救生衣外，还有伞兵用腋下救生衣、飞行
员集成用救生衣、飞行员弹射座椅用充气救生衣、供两栖作战用的救生衣以
及多功能救生衣等。图 4-14 作为集成在背心上的飞行员用救生衣，通过前
胸浮囊提供浮力，外观和普通的夹克式背心接近；图 4-14（b）所示为带防
弹插板的轭型救生衣，领部为轭型充气气囊，胸部带软体防弹插板，供特种
部队两栖作战用。

　　目前，军用救生衣往往配备性能优良的营救属具，如海水激活电池示位
灯、高性能反光膜、GPS 定位系统、无线电示位标等，另外，为增加同等条

063

(a) 飞行员用救生衣

(b) 带防弹插板的救生衣

图 4-14　两种集成救生衣

件下的等待营救时间，在战场环境条件下用的救生衣往往配备生存属具如紧急氧气供应系统、淡水存储袋、驱鲨剂等。

4.2 警用救生衣

在近水域及水域进行日常活动的警察都需要穿用救生衣，如拥有漫长海岸线的美国、澳大利亚等国家，都有专门的水警，知名的如美国海岸警卫队（USCG）、我国的边防水警或海警等。不同于军用救生衣，在水域进行日常巡视或工作的警用救生衣多为固有浮力式救生衣，典型的为美国海岸警卫队（USCG）使用的救生衣。如图 4-15 所示，4 种不同类型的救生衣，均为泡沫塑料填充式救生衣，有的肩部为网眼结构、有的带有领子、有的为简单背心式样，同样都具有大的袖窿弧，通过两三根腰带或松紧带进行调节固定；配有反光膜，部分有示位灯和哨子。

图 4-15　USCG 认可的救生衣

海岸警卫队也有自己的飞行员，配备如图 4-16 所示的充气式救生衣，左侧为平时穿着的状态，右侧为充气使用状态。该救生衣为飞行员日常工作

图 4-16　USCG 飞行员用阻燃救生衣

使用,在紧急情况下提供漂浮功能。双囊提供不低于 156.9 N（16 kgf）浮力,具有手动充气系统,自我扶正能力,外层配有阻燃防护面料进行防护。

4.3 民用救生衣

按照科学的划分方法,除了军 / 警用救生衣,余下的所有品类都应该归属民用救生衣范畴。但是,根据使用的需求和使用的广泛程度,本节介绍的民用救生衣包括船用救生衣、民航用救生衣、作业用救生衣、水上运动用救生衣、海关缉私用救生衣等这几大类,其他民用救生衣包括漂浮衣、钓鱼用救生衣、儿童救生衣、宠物救生衣等类型归到 4.4 的其他类里面进行介绍。

4.3.1 船用救生衣

作为水上交通运输工具,船用救生衣是船只上必备的个体救生装备。船只可分为货船和客船两种。中小型货船一般吨位小,而大型远洋货船所经历的水域范围广,气象复杂多变,因此,货船船员一般都配备充气式救生衣,一是存放时体积小,易于穿用;二是相对而言,可以提供更大浮力以抵御风浪;另外,途径寒冷海域的货船,还应配备保暖救生衣。对于客船,无论是内河客船还是沿海航线上航行的客船,一般吨位较大,遇事时下沉速度较慢,且有一定空间存放救生衣,综合考虑成本因素,客船乘客一般配备泡沫救生衣,而船员由于经常活动在水面上,可以考虑配备充气式救生衣。因此,从使用对象而言,船用救生衣可以分为船员用和乘客用两种救生衣。

船员用救生衣可以采用充气式,也有工作用的固有浮力式,如图 4-17 所示。图 4-17（a）所示为日本 F-93 型充气式船用救生衣,有两个气囊,配有自动手动合一的充气装置,遇水后 5 s 内自动充气提供浮力,并能自动翻转人体成安全漂浮姿势。图 4-17（b）所示为我国某型船员用救生衣,简单的背心式样,前后填充低密度聚乙烯物理发泡塑料（EPE）浮力材料,外层为牛津纺拒水面料,配有反光膜和哨子;因为工作时在船附近,且工作人员为清醒状态,因此,工作救生衣可不配备示位灯、提环灯属具。

此外,对于远洋航行船员及寒冷海域,还配备用防寒保暖救生衣以及保暖抗浸服。这种抗浸救生衣在第 10 章进行介绍。

因使用量大且多应急时才使用,多储存在仓库,需要整齐摆放等,乘客用救生衣一般都采用价格便宜的、结构规整设计的固有浮力救生衣,如图

(a) 日本F-93型救生衣　　　　　　(b) 某型船员用救生衣

图 4-17　船员用救生衣

4-18 所示。图 4-18（a）为 SOLAS 认可的经典船上乘客用救生衣，采用大块厚实的泡沫填充，使用时直接套在头上即可；形状极为规整，便于平时码放储存。图 4-18（b）所示为船用儿童救生衣，通过泡沫塑料提供固有浮力，并有领部，以支撑头部重量，使儿童在水中以后倾姿势漂浮。图 4-18（c）为我国船级社（CCS）认可的船上乘客用救生衣，采用 EPE 发泡固有浮力材料，套头式结构，头部有支撑，前身两边展开后都为直线结构且为规则块状泡沫填充，便于折叠；前后两面各设置 2 块面积不少于 $100\ \mathrm{cm}^2$ 反光材料，以及声压级不低于 $100\ \mathrm{dB}$ 的哨笛。远洋航行时，因船舶行使范围广，所遇海域状况情况复杂，船用救生衣一般都配有反光膜、示位灯和哨笛等声光示位装置，还有提环等营救属具，以提高救生衣的可营救性能。

　　可见，船用救生衣一直在不断地优化材料及结构，但是一直秉承着物美价廉、安全可靠、结构规整的设计基本原则。

(a) 经典船用　　　　　(b) 儿童船用　　　　　　　(c) ccs救生衣

图 4-18　几种典型的船上乘客用救生衣

4.3.2　民航用救生衣

民航用救生衣因机舱空间有限，故均为充气式救生衣，配有自动手动合一的充气装置，常温下落水后 5 秒钟内自动充气，必要时通过口充气阀补足浮力；结构多为套头式，单囊或双囊，有腰带可以调节固定以适合不同人体，有两种型号分别供大人和小孩使用。颜色也有两种：红色供机组人员使用，黄色供旅客使用。航空用救生衣一般配备有海水激活电池示位灯、反光膜等，机务人员由于碰上飞机失事的可能性比乘客大，因此，其所用救生衣配备的属具种类应比乘客用的多，且性能要好，如应急无线电示位标。

第 3 章中的图 3-4 为美国联邦航空局（FAA）认可的航空救生衣，和图 4-19 所示的我国航空用救生衣类似。有两个独立气囊，每个气囊配备手动自动合一的充气装置，21 ℃时 2 s 内自动充足气体，一个口充气阀，每一个囊提供 84.3 N（8.6 kgf）浮力，可使无意识的人体处于直立状态。并配有海水激活电池灯，还可以根据需要配备哨笛、镜子和海水染色剂。气囊面料采用阻燃聚氨酯涂层锦纶面料。平时不用时放在一个防火阻燃包内。

图 4-19　航空救生衣

4.3.3　作业用救生衣

作业用救生衣是船舶、海上钻井平台、码头、渔业、水产养殖业等水上工作人员在作业时穿用的救生衣。平时穿用时应不妨碍人员的工作，必须适合人体，便于人体下蹲、弯腰等动作，且具有良好的功效性、穿着舒适。作业用救生衣一般采用无领背心式样，用软质闭孔泡沫塑料作为浮力材料；也有部分轭型充气式救生衣用于作业用。

图 4-20（a）所示为日本作业用救生衣，浮力材料由柔软的薄型片状浮

力材料通过黏合使用，通过肩部系绳将浮力材料固定使浮力集中在胸部；为了避免长时间穿用造成的闷热感，日本开发了一种背部部分镂空的背心式样的救生衣，如图4-20（b）所示，以便于散热和通风，提高穿用舒适性。

图4-20（c）为英国的某款工作用救生衣，浮力材料为柔软的PE泡沫塑料，也为背心式，腰部配有固定调节带。

(a) 日本某型　　　　　(b) 背后部分镂空　　　　　(c) 英国某型

图4-20　作业用救生衣

作业用救生衣的使用者落水都在工作场合附近，不需要长时间等待救援，因此，一般只在肩部配有反光膜，便于落水后被发现，不配有示位灯和哨子。作业用救生衣的结构、款式及属具配置与4.3.1介绍的船上船员工作用救生衣类似。

4.3.4　水上运动用救生衣

水上运动用救生衣广泛用于各种水上运动比赛和水上休闲娱乐。比起其他类救生衣，它对救生衣的适体性要求更高，必须能给人体以最大限度的运动自由，不能妨碍人体的任何活动。从结构而言，运动用救生衣普遍具有大的袖窿弧、宽大的圆领、窄的肩带、短的衣身、下摆可以收拢、腰部有调节带；从材料而言，多为软质易屈曲且耐挠曲的泡沫塑料作为填充材料，其柔软度要求高于其他类救生衣，外覆面料也为手感柔软的高强细旦锦纶，内层衬里为柔软的锦纶面料。

图4-21为两款涉水运动用救生衣，左侧的肩带、两侧腰部连接带可调，网眼口袋可以放置通信设备，可以放短刀的插口，圆而深的领口和低的袖窿弧方便人体的各种动作；右侧的设计则更为流线型，肩部只有简单的肩带固定。

低袖窿　　　　　　热模肩垫

过胶锦纶
外壳

配件袋标签　　　　储物双口袋

图 4-21　运动用救生衣

　　另外一种广泛使用的救生衣是类似独木舟的皮划艇或其他类似小艇上泛舟运动使用的小艇用救生衣，图 4-22 所示。其中（a）为英国 Baltic® 公司生产的经典的小艇用救生衣，用薄型的片状泡沫黏合层压后作为浮力材料填充，缝有腰带和裆带，易于穿脱。（b）为美国生产的一种，结构简单小巧，后背下部分通过弹性材料紧紧固定于腰部。

　　水上运动大多在平静的近海海域或者在相关部门的组织下进行，具有良好的营救设施，而且海域状况温和，所以，一般不配备反光膜、示位灯等示位属具或其他营救生存属具。

(a) 英国Baltic生产　　　　　　　　　(b) 美国Bahia生产

图 4-22　经典的小艇救生衣

4.4　其他类救生衣

　　除了上述主要用途救生衣以外，还有其他类救生衣。如漂浮夹克、保暖漂浮衣、钓鱼用救生衣、儿童救生衣、宠物救生衣等。

4.4.1　漂浮夹克

漂浮夹克是一种平时穿用类似休闲服、意外落水具有较小浮力的救生衣。图 4-23（a）为一种适合在甲板或码头上用的漂浮衣，落水后的漂浮姿态如图 4-23（b）所示。采用极其柔软的泡沫片或多层漂浮系统，提供 50 N左右的基本浮力；配备有气囊的可以通过手动充气开关对内置气囊提供辅助浮力；结构与普通的休闲外套相似，最外层面料为防水材料制成，可具有高达 10 kPa 的静水压及 5000 g/（m² · d）的透湿量；袖口、胸部和肩部缝有反光带，配有风帽和隐藏的裆带。

其中，多层漂浮系统，多为极薄的泡沫塑料片多层叠合而成，比如厚度不大于 0.5 mm 的 PE 泡沫塑料片叠合；也可以采用木棉纤维集合体浮力材料铺成薄薄的絮片获得。

图 4-23（c）为保暖漂浮夹克，适合冬季在近水域或水域工作穿用。由高性能锦纶面料包覆泡沫浮力材料制成，袖口采用氯丁橡胶密封，可防风雨，尽可能减少水和身体的接触；隔热罩可折叠入衣领，腰带可调；配备反光膜及大的口袋。

(a) 经典款　　　　(b) 水中姿态　　　　(c) 保暖漂浮夹克

图 4-23　漂浮夹克

这种保暖漂浮夹克只能够在未落水前提高保暖，落水后，这种开放式结构不可避免地会让人体皮肤接触到水，快速丧失热量。真正在水中的抗浸和保暖还是需要全密闭结构的抗浸服。

4.4.2　钓鱼救生衣

钓鱼用救生衣的结构多为背心式样。图 4-24（a）为常见的钓鱼救生衣，有领部，袖窿弧大，便于钓鱼时抛竿等动作；有四个口袋，可以装鱼饵等小的用具；腰带可调节使其适合人体。浮力材料采用泡沫塑料，露出水面的部位如领部的颜色鲜亮。

图 4-24（b）为美国 Onyx® 公司生产的网格经典运动背心，浮力材料为泡沫；外层为 22.2 tex（200 旦）锦纶防撕裂面料；可调腰带可防止背心上浮或移位；网格设计使肩部和背部达到最大气流流通，长时间穿着也不闷。

图 4-24（c）图为英国 Baltic® 公司设计的一种充气式钓鱼救生衣，落水后拉动充气拉手即可提供浮力。采用防水聚氨酯涂层锦纶面料，配有三个口袋和鱼叉网兜，还有可拆卸风帽。

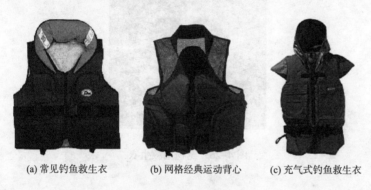

(a) 常见钓鱼救生衣　　(b) 网格经典运动背心　　(c) 充气式钓鱼救生衣

图 4-24　钓鱼救生衣

该类救生衣的最大特点是口袋比较多且容量大，便于垂钓者携带各类用具。

4.4.3　儿童救生衣

儿童救生衣一般具有大的领圈，使得儿童在水中头部有支撑，不致没于水中；配有裆带，避免救生衣从身体上滑脱，并对臀部有一个向上的力，使其在水中成如图 4-25 右图所示的姿势。儿童救生衣颜色鲜艳，易于发现并为儿童所喜欢。

图 4-25　儿童救生衣

4.4.4 宠物用救生衣

为了方便大众在水上运动时也能和宠物一起嬉乐，英、美、日等发达国家开发了宠物用救生衣。宠物用救生衣为固有浮力救生衣，一般用软质改性PVC、PE等泡沫填充，结构如马鞍状，套在动物脊背上，通过固定调节带调节，如图4-26所示。

图 4-26　宠物用救生衣

参考文献

［1］肖红. 从海上阅兵看中外军用救生衣发展现状［J］. 军需研究，2009（4）: 54-56.

第5章 浮力及浮力分布设计

　　救生衣通过翻转无意识落水人体以口、鼻高出水面的安全姿态，漂浮于水中等待救援而增加人体在水中存活的可能。这要求救生衣必须具有两个必备条件：一是足够的浮力；二是合适的浮力分布。本章讨论静水中的浮力及浮力分布设计，这两点不仅是救生衣最重要和基本的功能，也是救生衣结构设计和材料选用的依据。

5.1 科学设计的发展历史及基本要求

5.1.1 发展历史

　　人们对救生衣的认识和改进，是以成千上万人的生命作为代价得到推动前进的。在亚里士多德观察到浮力现象的时候，人们就对物体在水中受到的浮力提出了计算公式，有了明确的定义和认知。自从救生衣作为可以提供漂浮的工具，来协助落水人体漂浮于水面防止溺水开始，救生衣应该具有一定的浮力即被人们所认可。但是，却也没有对浮力值的多少进行科学的研究。

　　1851 年，John Ross Ward 船长为皇家国家救生艇研究所对 8 种不同的软木救生衣进行了第一次人因工效方面的评估，并选择了自己设计的软木救生衣，可以提供 111.2 N（25 磅力）浮力。这种救生衣一直被皇家海军使用到 1930s，直到第二次世界大战结束前仍被许多志愿救生艇船员使用。1852 年，美国首次提出了在载客船只上装载救生衣的法律规定。1912 年，伴随着"泰坦尼克号"沉没事件，才迫使在第一届国际海事组织（IMO）举行的 SOLAS 大会上，制定出了国际救生衣标准，要求浮力 68.9 N（15.5 磅力，7 kgf）。

　　但是，依然没有科学设计的救生衣，也没有人深入思考救生衣设计中的科学性。这导致，各国尽管配备了浮力足够的救生衣，但是在第二次世界大战的海难事故中，还是造成了大量人员溺水而亡。在事故发生后的许多海事调查中，目击者报告说，溺水的受害者通常是脸朝下穿着救生衣的。"俾斯麦"战舰沉没的调研也发现船员穿着救生衣，但是脸朝下死在海中。第二次世界大战期间，海空救援组织越来越多地注意到，即使穿着当时相当高级的充气式救生装置，许多被淹死的飞行员也是脸朝下倒在海面上。这些现象促使 Macintosh 和 Pask 开始了针对一个无意识的人体着救生衣在水中的行为研究。穿着不同的救生衣，Pask 被麻醉后放入游泳池，模拟一个无意识人体穿着救生衣的情况，以评估着救生衣后的漂浮角度、救生衣的自我翻转能力及口鼻高出水面的高度等。他们的发现为现代救生衣的科学设计奠定了基础，1957 年发表了相关研究。后来，又采用碰撞测试用假人进行模拟测试。1960 年，国际海事组织 SOLAS 标准才首次对救生衣的自复正性能提出了要求。

1965 年，Lee 基于成千上万的在第二次世界大战期间溺水或差点溺水的人的真实事件，发表了关于海上求生方面的相关研究，进一步推动了人们对救生衣的科学设计。

5.1.2 基本要求

溺水可在几分钟内导致人体呼吸道堵塞引起死亡，其防护重点是保证易呛水部位口和鼻露出于水面。防止个体溺水的有效手段是使用救生衣，通过其提供的浮力和浮力分布以保证个体在水中的稳态漂浮。因此，救生衣除了提供一定的浮力以保证人体漂浮于水面外，还要具有一定的浮力分布以控制着救生衣的落水人体以口鼻高出水面的稳定姿态漂浮于水面，这样才能有效防止溺水而亡。

救生衣的浮力及漂浮性能是救生衣最为重要的评价指标，其中水中性能主要包括口出水高度、稳态漂浮角等指标。对于民用救生衣，多以待救为目的，根据国际海事组织 IMO 及 ISO 等标准规定，着救生衣的人体必须处于口高出水面 8 ~ 12 cm、身体轴线与垂直方向呈 30°（或 40°）~ 90°的后倾待救姿态，其他国家、地区和行业的多数相关标准，以及我国国标也有类似规定。而对于军用救生衣，根据使用场合和目的的差异，对漂浮姿态的要求显著不同于民用救生衣。比如，舰艇作战人员用救生衣，要求着该救生衣的落水者处于 20°~ 50°的仰卧待救状态；而登陆作战用救生衣则要求落水者处于接近直立的姿态，以便进行射击等战技动作或向前划水游动。

显然，着救生衣的人体在水中的稳态漂浮姿态决定了人体在水中的活动能力，而稳态漂浮状态则决定于救生衣的浮力分布。

5.2　人体在水中安全漂浮的条件

5.2.1　一定的浮力

人体密度通常是在 0.96 ~ 1.05 g/cm³，肺容量的变化导致了人体平均密度的变化。人在深吸气后，其密度可以减少到 0.96 ~ 0.99 g/cm³；在呼气后可以达到 1.02 ~ 1.05 g/cm³。人体密度的变化，取决于以下因素：肺通气量的大小、骨骼的密度、肌肉的密度、脂肪的多少以及内脏器官的密度等。对于固定的个体而言，人体密度的变化主要来源于肺容量的变化，即由于呼吸带来的肺中空气的变化。

因此，净人体（不穿衣服）的浮力取决于人体体型、肺容量以及肺部充满空气的程度。

Mackintosh 和 Pask 的研究表明，一个无意识的人在淡水中轻轻呼吸将会沉没。一项测试中，浸入淡水中大约 10% 的人、浸入盐水中大约 2% 的人，存在浮力不足的现象。而一个穿着衣服、携带一些携行物品（如背囊等）、没有救生衣的情况下，可以在水中漂浮 5 min。

通常而言，浸入到平静的海水中、不做任何游泳动作的人体会出现以下几种情况：

一个中等体型的人，在正常吸气时就可以处于口、鼻刚好离开水面、垂直漂浮的状态；

一个特定重的人，例如，一个胖子，即使当他深深地呼出一口气、排空他的肺部时，他也可以处于口、鼻高出水面的漂浮状态；

一个特定轻的人，例如，一个瘦的人，如果他深吸一口气使他的肺最大限度地膨胀，他也可以使其口、鼻高出水面漂浮；

考虑到最坏的情况，特别重的人，需要一个浮力辅助装置，提供相当于 4.5 升肺活量，就可以保持口、鼻不进水；再增加 1.7L，则可以将头部和颈部的其余部分带离水面。

可见，必须具有一定的浮力。

对于浮力设计而言，除了基本浮力，还需要考虑：浸水的衣服和鞋子等携带物品的重量；肺里可能有水的重量，比如，一个溺水的人在水中重达 4 kg。

5.2.2　合适的姿态

由于身体四肢密度比躯干密度大，脊柱向前弯曲比向后弯曲容易，因此，一个无意识的人体浸入到平静的水中时，往往呈现脸朝下、头部微微弯曲、下巴贴在胸前（下巴贴在胸前的姿态是人在正常环境中的一种自然防御，有助于呼吸）的这么一种漂浮姿态。

同时，密度较大、沉重的胳膊和腿，会分别由肩膀和臀部呈自由状态地耷拉下来；沉重的鞋子会使得腿进一步耷拉；同时，膀胱中的尿、沉重的骨盆结构也使得腿向下耷拉。而肺、胃和肠上部的空气提供浮力，身体因此随着躯干的上 / 中部分漂浮。

通常，在没有救生衣的帮助下，面朝下漂浮的无意识者将被淹死。

浸入水中的无意识女性的姿势取决于体型。其中，有些人和男性一样，呈现脸朝下的漂浮状态；而有些女性，比如，胸部较大、腹部和大腿上有厚厚的脂肪层的女性，可能会呈现脸朝上的漂浮姿态，而浸满水的裙子会使其保持这种稳定的浮态。

任何附着在身体上的浮力辅助都将影响姿势，并且应该有足够的浮力和合适的位置，以确保口、鼻高出水面。

垂直的漂浮姿势对垂直振动的阻力较小，比如，人随着波浪的垂直上、下运动，但是，这会使漂浮的幸存者面临口、鼻周期性浸入水中的风险。

水下爆炸导致受伤的风险也最大。仰姿漂浮使身体面临水下爆炸时的风险最小；但是窒息死亡风险最大。一个昏迷不醒的人、以仰姿浮于水面时，可能会因为舌头向后耷拉窒息而死。

俯姿漂浮的姿势可以避免窒息死亡，但需要确保口、鼻高出水面足够的距离。这将导致救生衣需要很大的浮力，过于笨重而不能穿。

因此，一个介于垂直和仰卧的漂浮姿态较为合适。

5.2.3　漂浮的稳定性

救生衣的浮力应使人在俯姿漂浮时不稳定，在仰姿漂浮时保持稳定。也就是说，在"人—救生衣"这个漂浮系统中，当处于俯姿时，系统的浮心应低于重心，便于翻转人体；而当处于仰姿时，浮心应高于重心，便于稳定漂浮。

一个中等身材的人，其重心在脚底以上（站立）的位置略高于身高的50%，且无论年龄大小，重心都是不变的。身材越矮，重心越低，而身材越高，重心越高。

可通过使救生衣的浮力中心与人的重心之间的距离尽可能大，以获得最大的翻转力矩，使浸没在水中的人仰卧并保持在这个位置。即将救生衣固定在身体上，使其浮力中心尽可能远地位于胸部前方，并尽可能的高。

同时，需要一定的浮力来支撑颈部后部，防止头部下垂到将口、鼻置于水下的程度。这种浮力需求将会降低救生衣的复正力矩，因此，应该采用最小尺寸的浮力囊支撑头部。

从俯姿自动复正无意识人体所需的浮力，比仰姿安全漂浮所需的浮力大。因此，处于仰姿时，救生衣在水中的部分足以提供浮力支持和稳态漂浮。

5.3　静水中的翻转和稳态漂浮理论

5.3.1　影响漂浮姿态的人体因素

一件性能良好的救生衣必须保证增加着救生衣的人在水中存活的可能。对于"救生衣—人—水"这一体系，救生衣、人和水的状况是决定着救生衣的人体稳态漂浮的三个因素。

其中救生衣的浮力和浮力分布是设计对象，水的状况如波浪等将对人体产生各种力的作用。只考虑静态水的环境，即水对人体和救生衣只有浮力作用的影响，因此，人就成了决定救生衣设计的最主要因素。影响人体的质量及其分布、体积及其分布的内因是不可忽视的。如 5.2 所述，这些因素最主要的有：人体的质心和形心、肺容量的变化。其中，人体的质心和形心位置也是人体体型的反映，包括人体脂肪、骨骼等的密度、分布、含量等的反映。

（1）人体的质心和形心。人体在水中排开水的体积决定了其所受的浮力，因此，人体的几何中心即人体形心，是人体所受浮力作用点即浮心；而重心是人体的质量中心。由于人体不是均质体，其各部分的比重不同，四肢特别是大腿比重最大，躯干的比重因为肺内经常都充满气体而最小，因此，其重心和浮心不重合。要使身体成水平姿势，并保持平衡，就必须使重心和浮心互相靠近。当两臂在头后伸直，一定条件下可以使重心与浮心重合，处于同一垂直线上时，身体就会处于平衡状态，如图 5-1 所示。

对于无意识漂浮于水面上的人体而言，其重力作用点和浮力作用点是不同的，要分别考虑。对于直立人体，一般而言，形心位于重心的前方且偏上位置。

（2）肺容量的变化。如 5.2.1 所述，净人体（不穿衣服）的浮力取决于

(a) 平卧于水中　　　　　　　　(b) 平衡状态

图 5-1　平卧于水中和处于平衡状态下的人体

人体体型、肺容量以及肺部充满空气的程度。对于固定的个体而言，人体密度的变化主要来源于肺容量的变化，即由于呼吸带来的肺中空气的变化。

图 5-2 给出了肺容量的组成及不同呼吸状态下成人的平均呼吸的气量范围。可以看出，平静呼吸时，正常成人的潮气量（平静呼吸时每次吸入或呼出的气量）为 400 ～ 500 mL，也就是说人体排开的水体积变化为 400 ～ 500 mL，对于 3.9 ～ 4.9 N（0.4 ～ 0.5 kgf）的浮力变化；正常成人肺活量（在最大吸气后作尽力呼气时所能呼出的气量），男性平均为 3470 mL，即在最大吸气后作尽力呼气时所能呼出的气量，此时对应于 34.0 N（3.47 kgf）的浮力变化。当肺部容气量达到一定条件时，可以使人体密度为 1.00 g/cm^3。

可见当人体稍作深呼吸时，肺部容量变化在 1000 mL 左右，使得人体自身的浮力变化在 9.8 N（1 kgf）左右。而军用救生衣的浮力一般在 78.5 ～ 196.1 N（8 ～ 20 kgf），因此，肺部容量的变化造成的浮力变化为整

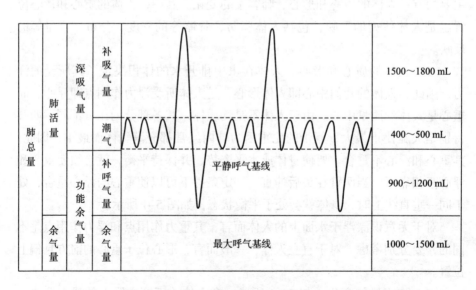

图 5-2　肺容量的组成及大小

件救生衣浮力的 12.5% ~ 5%。因此，肺容量的变化在救生衣的设计及浮力理论计算中是不可忽视的。

绝大多数关于救生衣的标准都规定救生衣必须对无意识的落水者提供有效防护。

5.3.2　救生衣对人体的作用过程

当着救生衣的无意识人体落水后要经历两个过程：一是初始几秒钟内，救生衣应该能自动将落水者浮出水面并翻转一个无意识的落水者到规定的状态，现有标准均规定救生衣应翻转人体到口鼻高出水面且身体后倾一定角度的安全漂浮姿态；二是无论何种救生衣，都要求能长时间保证落水人体处于安全漂浮姿势，以等待被营救或进行必要的动作。

那么，在救生衣的浮力及其分布设计中，就要考虑到两点：一是整件救生衣具有的浮力和浮力分布要提供足够的浮力及翻转力矩，其浮力能将一个头向下的无意识落水者浮出水面，其翻转力矩能将个体在落水后的初始几秒内翻转到规定状态；二是当翻转到稳态漂浮于水面的状态后，救生衣提供的有效浮力及分布应该能保证个体不因其部分动作如吸气和呼气等造成的浮力变化而失去平衡，或救生衣能很快调整有效的浮力及分布并恢复至平衡状态。对于初始落水状态，整件救生衣及个体将全部没入水中，救生衣的整体浮力分布及浮力大小在起作用；对于稳态漂浮状态，救生衣的部分将浮在水面上，并可以就人体的部分动作导致的浮力变化而调整有效的浮力及分布，保证人体的稳态漂浮。

由于翻转目的是使口、鼻高出水面，因此，只考虑救生衣对人体的前后翻转，不考虑左右翻转。事实上，左右翻转会导致不稳，救生衣设计尽量左右对称。不考虑水的黏滞及波浪的倾覆作用，只考虑救生衣在静水中对人体的力矩，涉及翻转和稳态漂浮两方面。

5.3.3　人体状态及受力分析

分析一个携带有其他物品的人体，初始落水和稳态漂浮时的状态（图 5-3）。

（1）初始落水时的人体状态。考虑一个无意识的人体落水后的初始状态：头向前倾；整个人体及救生衣没入水面以下，救生衣的整体浮力及分布起作用；携行的物品全部没入水面下，如果不携带可以不考虑这一部分；不进行呼吸，肺部内存在功能余气量，此时使得人体处于其比重最大值，取 1.05 g/cm^3。

（2）稳态漂浮时的人体状态。考虑救生衣自动翻转人体处于稳态漂浮后的一般姿势：头后倾、口鼻高出水面；具有平衡漂浮角即人体与垂直线的夹角为θ；救生衣只有一部分没入水中，此时救生衣提供有效浮力及浮力分布，保证人体处于稳态漂浮平衡；人体处于可呼吸状态，呼吸时造成肺部容量的变化导致人体浮力变化；携行的物品处于半入水状态。

（3）两种状态下的受力分析：尽管人体处于两种不同状态，但是其在水中将受到同样类型的六个力的作用，如图 5-3 所示，分别如下。

①人体的重力 W：人体在空气中的重量，通过人体质量中心 $CG(\theta)$ 垂直向下作用于人体。

②整个人体产生的浮力 $\rho_w V_T$：通过人体形心 $CV_T(\theta)$ 垂直向上作用于人体；当肺不提供浮力时等于人体重量 W。

③肺部容量的变化 $\rho_w \Delta V_L$：由肺呼吸而产生的浮力变化，从产生零的静浮力到正常呼吸时肺中空气含量，垂直向上或向下作用于肺的浮力变化中心 $C\Delta V_L$。

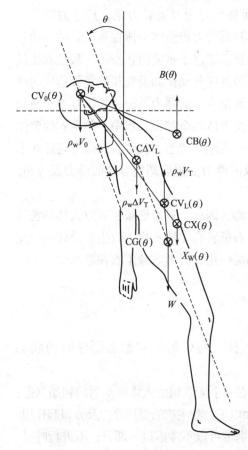

④携带物品的重力 $X_W(\theta)$：携带物品在水中的总重量，通过携行物品的质量中心 $CX(\theta)$ 垂直向下作用于人体。假设携行物品具有规整的形状，其几何中心和质量中心重合，即其所受的浮力作用点和重力作用点重合。

⑤救生衣的浮力 $B(\theta)$：由救生具提供的浮力，通过该装置的有效浮心 $CB(\theta)$ 垂直向上作用于人体。

⑥漂浮过程中的浮力损失 $\rho_w V_0$：归因于漂浮在水面上的人体体积 V_0 造成的浮力损失，通过漂浮体积中心 $CV_0(\theta)$ 垂直向下作用于人体。

上面的六个参数，会由于浮力或浮心的变化而改变或者其位置随平衡漂浮角 θ 而改变。

图 5-3　人体着救生具在水中的受力示意图

5.3.4　翻转及稳态漂浮条件

当一个无意识的头前倾的落水者入水后，首先在浮力作用下将人头浮出水面，此时人体所受的力在垂直方向上处于平衡，用以决定人体所需的浮力大小；然后，由于救生衣的浮力分布造成的水平方向上的力矩作用翻转人体，使得人体头后倾。这两个过程是同时进行的，但在理论分析中，将其独立开来。

根据图 5-3，可以计算对于漂浮于水面上的体积中心 $CV_0(\theta)$ 的转动力矩，从而获得个体以与垂直线成 θ 漂浮于水面上的转动力矩的表达式。

$$M(\theta)=Wd_T(\theta)\sin(\theta-\theta_T)+\rho_w\Delta V_Ld_L(\theta)\sin(\theta-\theta_L)+$$
$$X_Wd_x(\theta)\sin(\theta-\theta_x)-B(\theta)d_B(\theta)\sin(\theta-\theta_B)$$

式中：

θ_T——人体重心和浮心的连线与身体轴线的夹角；

θ_L——连线 $d_L(\theta)$ 与过 $CV_0(\theta)$ 且与身体轴线平行的线的夹角；

θ_B——连线 $d_L(\theta)$ 与过 $CV_0(\theta)$ 且与身体轴线平行的线的夹角；

θ_x——连线 $d_x(\theta)$ 与过 $CV_0(\theta)$ 且与身体轴线平行的线的夹角。

$M(\theta)$——作用于身体轴线与垂直方向成 θ 角度漂浮的人体的整个转动力矩；

$d_T(\theta)$——人体重心和浮心间的距离；

$d_L(\theta)$——肺部中心到飘浮于水面上的人体体积的中心 $CV_0(\theta)$ 的距离；

$d_B(\theta)$——救生衣的浮心与漂浮于水面上的人体体积中心 $CV_0(\theta)$ 的距离；

$d_x(\theta)$——携带物品的重心与漂浮于水面上的人体体积中心 $CV_0(\theta)$ 的距离；

$Wd_T(\theta)\sin(\theta-\theta_T)$——人体的零浮力力矩，即没有穿救生具且肺部不提供浮力的人体以平衡漂浮角 θ 稳态漂浮时的力矩；

$X_Wd_x(\theta)\sin(\theta-\theta_x)$——携带物品产生的力矩，即由携带物品在水中的重力作用于以 θ 稳态漂浮时的人体的力矩；

$\rho_w\Delta V_Ld_L(\theta)\sin(\theta-\theta_L)$——人体肺部产生的力矩，即归因于肺容量从产生零浮力到正常呼吸阶段过程中肺部容量变化而作用于以 θ 稳态漂浮时的人体的力矩；

$B(\theta) d_\mathrm{B}(\theta) \sin(\theta-\theta_\mathrm{B})$ ——救生具产生的力矩，即由救生具的浮力作用
于以 θ 稳态漂浮时的人体的力矩；

从图 5-3 及转动力矩的表达式可知，当：

$M(\theta) > 0$ 时，人体顺时针中翻转；

$M(\theta) = 0$ 时，人体处于平衡状态，不翻转，稳态漂浮；

$M(\theta) < 0$ 时，人体逆时针翻转。

基于救生衣对落水人体的翻转及作用过程，分析了着救生具的人体在水中所受的合力矩，给出了人体在水中翻转和稳态漂浮应满足的力矩条件。基于此，可以知道，具有理想的结构设计的救生具应为绝大部分浮力集中于前胸，而颈后有部分浮力对于头部提供支撑。

为了完善救生衣在水中对人体的姿态控制，还需要考虑水面情况对人体产生的作用力，如在风浪条件下，水对人体产生的强烈的推动力。另外，由于人体是救生衣的穿着对象，不同体型包括身高、体重、脂肪含量、性别等对人体质心和形心的影响需要加以讨论。

5.4　浮力及分布设计

5.4.1　浮力设计

救生衣的浮力应该是人体所需的基本浮力、携带物品所需要的浮力以及肺部进水后需要的浮力之和。

（1）基本浮力。净人体（不穿衣服）的浮力取决于体型、肺容量以及肺部充满空气的程度。基于前文 5.2 和 5.3.1 的描述，大部分人，通过呼气和吸气的调整，是可以漂浮于水面的。即使是一个体重较大的人，当其肺部通过吸气充满空气时，也是可以漂浮于水面的。人体需要的基本浮力很小。

（2）携带物品所需要的浮力。对于民用救生衣，使用者只是穿着服装及鞋靴，只需要注意这部分在水中所需要的浮力即可。也有些特殊用途的救生衣，使用者需要携带不少物品，见表 5-1，为实测的部分携带物品在水中的质量。可以看到，由于浮力的作用，携带物品的重量大幅度降低，部分还会提供多余的浮力。

表 5-1　实测部分物品在水中的质量

名称	数量	质量 /g	水中质量 /g	位置
服装	1	2850	−1550	穿在身上
背包 1 及携行物品	1	10290	6070	双肩背包背于肩后
背包 2 及携行物品	1	5825	2900	双肩背包背于肩后

（3）肺部充满水所需要的浮力。如 5.2.1 所述，一个溺亡、肺部充满水的人在水中质量只有 4 kg。

实际使用过程中，为了满足通用性及绝大部分消费者的需求，救生衣的浮力往往远远大于人体需要的基本浮力。ISO 12402 系列标准中，针对体重大于 70 kg 的人，在不同水域状况下所需要的最小浮力值，规定了 5 种不同浮力要求的救生衣，包括最低的 E 级，50 N 救生具；近岸使用的 D 级，100 N 浮力的救生具；远岸使用的 C 级，150 N 浮力的救生具；远岸、恶劣水域条件下使用的 B 级，275 N 浮力的救生具；以及成人使用的、远洋船只上用的 A 级，275 N 浮力的救生具。同时，ISO 系列标准对于 4 档（50 N/100 N/150 N/275 N）浮力类型、用于不同水域环境的救生衣，对于不同体重的人体着每一类型救生衣所需要的最小浮力也做出了规定，如第 9 章的表 9-1 所示。

图 5-4 为日本防卫厅于 2001 年采用人体试用实验，对 ISO 12402-5 标准规定的救生衣最小浮力 E 级（50 N）进行验证，以确定该救生衣浮力是否够用。

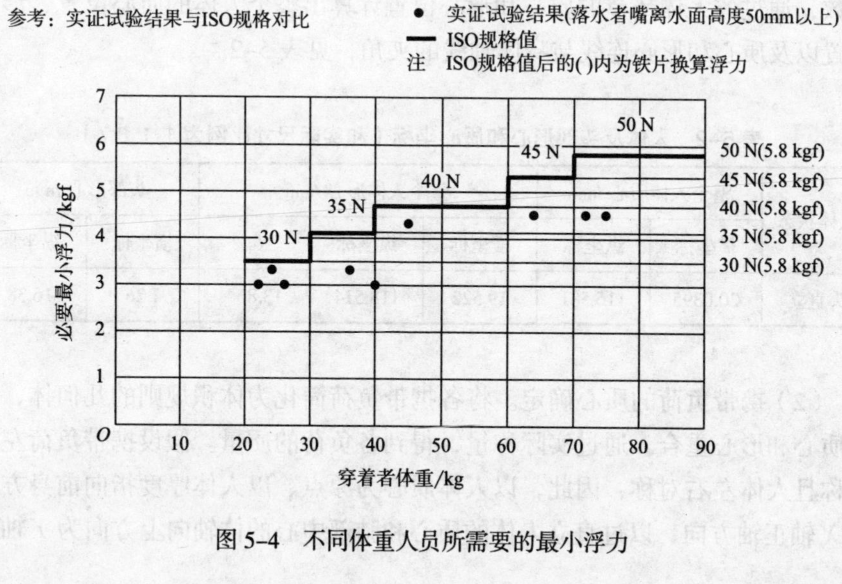

参考：实证试验结果与ISO规格对比　　● 实证试验结果(落水者嘴离水面高度50mm以上)
　　　　　　　　　　　　　　　　　　 ━ ISO规格值
　　　　　　　　　　　　　　　　　　 注　ISO规格值后的( )内为铁片换算浮力

图 5-4　不同体重人员所需要的最小浮力

可见，不同体重的试用人群，50 N（5.8 kgf）的浮力是足够的，而且可以将人体翻转至口高出水面 5 cm 的安全漂浮姿态。图中，一个体重 75 kg 的人，40 N（4.7 kgf）浮力的 E 级救生衣，就可以将其翻转至口高出水面 5 cm 的仰姿。

5.4.2　浮力分布设计

　　5.3 节中的分析给出了人体在静水中翻转和平衡时应满足的力矩条件。可以知道，影响人体—救生衣系统姿态的主要因素为：人体状态，包括人体质量及质心、形状及形心、肺容量变化；携带的负荷，包括负荷形状、质量、形心及质心；救生衣的浮力及浮心。根据这些条件，可以对特定救生衣的浮力分布进行具体的计算。以正常的青年人着救生衣入水后，处于身体直立的漂浮姿势为例，对救生具的浮力分布设计进行计算。

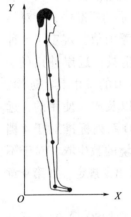

图 5-5　直立状态下的 14 环节模型人体棍棒图

　　（1）人体相关参数的确定。以身高 1.75 m、体重 75 kg 的标准人体来计算相关参数。

　　首先，拍摄得到该标准人体模型照片一张，建立直角坐标系，并根据 14 环节人体模型，即头、躯干、左右上臂、左右前臂、左右手、左右大腿、左右小腿、左右足，标出各环节部分，建立人体棍棒图，如图 5-5 所示。按照 GB/T 17245—2004《中国成年人人体质心》以及参考书中关于青年人的环节参数，通过各人体环节的质心和形心位置计算出整个人体的质心位置、形心位置以及质心和形心连线与身体轴线的夹角，见表 5-2。

表 5-2　人体及头部形心和质心坐标（和实际尺寸比例为 1：8.7）

人体状态	整个人体质心 /mm		整个人体形心 /mm			头部形心 /mm	
	横坐标	纵坐标	横坐标	纵坐标	θ_T	横坐标	纵坐标
头直立	20.0395	116.581	19.522	118.514	13.8°	1.26	16.38

　　（2）携带负荷的质心确定。将各携带负荷简化为体积规则的几何体，即其质心和形心重合。通过实际称量，得到各负荷的质量。假设携带负荷左右对称且人体左右对称，因此，以人体质心为原点、以人体厚度指向前身方向为 X 轴正轴方向、以过直立人体的质心和肺部中心的体轴向上方向为 Y 轴正

轴方向，建立平面直角坐标系，而不考虑左右方向，则各负荷的质心位置和合成后总的质心位置 G 如图 5-6 所示。

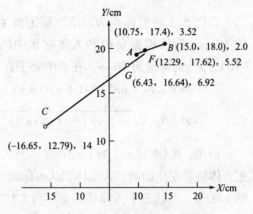

图 5-6　负荷质心合成示意图

（3）其他参数确定。根据救生衣姿态控制的力矩平衡原理，除了人体质心和形心、负荷质心这三个重要参数位置外，还有人体浮于水面部分的头部质心和形心、呼吸时肺部容量的变化以及稳态漂浮时的姿势需要加以确定，才能得出满足条件的救生衣的浮力分布。

①头部的质心和形心：考虑头部为均质球体，头部佩戴的帽子或盔体为左右对称体，因此，头部质心和形心重合，其坐标见表 5-2。

②肺部：初始入水时，人体全部没入水中，不能呼吸，肺部内只有功能余气量，由呼吸产生的浮力变化为零。安全漂浮于水面时，处于正常呼吸状态，肺部容量变化为潮气量，对应于 3.92 ~ 4.90 N（0.4 ~ 0.5 kgf）的浮力变化。肺部的中心从上下位置和前后位置看与人体躯干质心重合，从左右位置而言，偏右。

③稳态漂浮角：着该救生衣入水中后，处于身体直立的漂浮姿势，其稳态漂浮角约为零，即 θ=0。

④当人体直立漂浮时，只考虑其头部浮于水面，其飘浮于水面上的人体体积中心即为人体头部体积中心。根据前面的计算，确定各参数值。

其中 $d_T(\theta)$、$d_l(\theta)$ 根据两点间的距离公式得出，而 θ_T、θ_L 则在已知两点坐标前提下根据其正切值算出，因为身体轴线始终是垂直的，计算中要注意到表 5-2 中的数值和实际数值的比例。负荷的坐标值根据图 5-6 得出，注意到图 5-6 中的值为相对人体质心的位置，而图片计算得到的值即表 5-2 中的数值为按比例缩小后的值。再根据两点间的距离公式得出。则直立漂浮时的各参数见表 5-3。

表 5-3　直立漂浮时的各参数表

W / kg	$d_T(\theta)$ / cm	θ_T / (°)	$\rho_w \Delta V_L$ / kg	$d_l(\theta)$ / cm	θ_L / (°)	$B(\theta)$ / kg	$X_w(\theta)$ / kg	$d_x(\theta)$ / cm	θ_X / (°)
75	1.74	13.8	0.5	43.4	7.8	—	6.92	89.36	16.5

085

以图 5-3 的坐标系为基准，假定救生衣浮心的实际坐标为（x，y），单位为 cm。假设根据负荷和人体在水中的总质量确定该救生衣浮力为 98 N（10 kgf），负荷量为 16 kg，在水中处于直立漂浮状态时，有

$$75 \times 1.74 \times \sin 13.8 + 0.5 \times 43.4 \times \sin 7.8 + 6.92 \times 89.36 \times \sin 16.5$$

$$-B(\theta)\sqrt{(x-1.09)^2+(y-14.25)^2}\sin\left(\arctan\frac{x-1.09}{y-14.25}\right)=0$$

得出，$B(\theta)(x-1.09)=207.36$。当人处于直立漂浮状态时，救生衣会根据人体姿势变化而调节入水体积从而保证人体的稳态漂浮。因 $B(\theta)=10$，得到 $x=21.8$。该状态下人体质心坐标为（17.4，101.4），人体厚 26 cm，质心距前侧人体 13 cm。假设携带的负荷前面厚度达 9 cm，后面最厚厚度达 16 cm，平均约为 12 cm。假设后身浮力为 F（kgf），则救生衣前后浮力合成如图 5-7 所示。

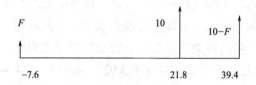

图 5-7　前后浮力合成示意图

根据图 5-7，得出 $F = 3.75$。所以，该救生衣前后身浮力分布为（10-3.75）：3.75=5：3。根据该浮力分布值，确定前后身浮力材料的体积比例，并根据此对救生衣进行工效结构设计。

5.4.3　基于浮力分布的结构设计

从 5.3 的分析以及 5.4 中的实例可知，为了将人体浮出于水面，救生衣的整体浮力必须大于整个人体在水中的重力；其次，为了向后翻转人体，救生衣的浮心应该位于人体重心前方，且越前方翻转力矩越大；最后，为了避免过渡翻转导致头部后倾入水，救生衣在人体背后需要提供部分浮力或者只在头部提供可以支撑其的漂浮物。前后的浮力分布可以通过翻转和稳态漂浮公式计算得出。救生衣前面的浮力要远大于后面的浮力。

基于稳态漂浮条件，理想的救生衣结构为：位于前胸的部分提供绝大部分浮力，颈后有部分浮力支撑的救生衣，如轭型救生具即套于颈部的倒 U 字型和套头型救生具。这样的结构设计，一是利于翻转人体，二是利于稳态漂浮过程中调节有效浮力以便于人体各种动作的进行，且简单实用。

参考文献

［1］葛恒林. 救生衣与水上救生［M］. 北京：人民交通出版社，1988.

［2］肖红，施楣梧. 个体落水救生机理与救生衣的技术性能要求［J］. 中国个体防护装备，2004（4），20-23.

［3］马静安. 游泳理论与教学方法［M］. 北京：北京体育学院出版社，1988.

［4］郑秀瑗. 现代运动生物力学［M］. 北京：国防工业出版社，2002.

［5］李玉刚. 运动训练生物力学基础［M］. 北京：国防工业出版社，2003.

［6］MACINTOSH R R，PASK E A. The testing of lifejackets［J］. British Journal of Industrial Medicine，1957，14：168-176.

［7］LEE E C B. Survival at Sea［M］. CIRM Rome，1965.

［8］LEE E C B，LEE K. Safety and Survival at Sea［M］. Greenhill Books，1989.

［9］肖红，施楣梧. 个体落水救生机理与个体救生具的技术性能要求［C］. 第二届中国国际安全生产论坛论文集，中国北京，2004，9，2-4：284-288.

［10］肖红，施楣梧. 军用救生衣姿态控制理论及其浮力分布设计［J］. 军需研究，2006（1）：3-6.

［11］牛俊. 基于船用救生衣浮力测量不确定度评估分析［J］. 科技风，2017（18）：256，271.

第6章 救生衣的气囊及其材料与部件

充气式救生衣因其存储体积小、遇水充气时间极短、提供浮力大、便于穿戴等优点，已经势不可挡地成为目前最主要的救生衣品种。现代技术的发展，使得气囊可靠性大幅度提高，进一步促进了消费和使用。充气式救生衣由充气气囊提供浮力，气囊由气密性面料、气体浮力材料及充气部件构成，三个部分缺一不可。气囊的气密性至关重要。

6.1 气密性面料

气密性面料通过热合形成气囊，并进一步和充气部件热合后，充入压缩气体而膨胀开来，提供浮力。主要应用于气胀式救生衣和复合式救生衣，它的主要作用在于做成气囊提供浮力。

6.1.1 发展历史

救生衣用气密性面料的发展与充气式救生衣的发展密切相关。早在古时候，人类即采用密闭气囊提供浮力、实现救生和运输功能。例如，黄河上的羊皮筏子即是以完整的羊皮为气囊，将一些肢体断端捆扎密封，留一处作充气口，由人工充气形成密闭浮囊。18世纪中叶，西方曾出现过用整张牛皮制成的充气气囊。但是利用天然的羊皮等材料，难以制造理想的救生装备或运输工具。而且口吹气的方式费时费力，因此，无法得到大量推广。

直到1823年，查尔斯·麦金托什在苏格兰首先制造出防水胶布，并用它与托马斯·汉考克合作制作了一件充气救生衣。1838年，美国人查尔斯·古德伊尔发明了橡胶硫化的新方法，使胶布性能有了极大的提高，从而为气胀式救生衣的发展提供了重要的物质条件。但由于当时没有机械装置，气胀式救生衣只能用嘴吹气，既费时费力，又不能适应紧急救生的需要。因此，第二次世界大战以前没有得到广泛应用。在第二次世界大战中，各交战国海上死亡人数惊人，严酷的事实引起了战后许多国家对海上救生研究的重视，从此，气胀式救生衣的发展进入了黄金时期，救生衣用气密性面料的研究也获得了飞速发展。

伴随气胀式救生衣的发展，救生衣用气密性面料的研究大致经过了三个阶段。

第一阶段，棉布—天然胶时期。20 世纪 50 年代以前，由于航海业发展较慢，救生设备的研究较少，很长一段时间内，所用的面料主要为棉布—天然胶，但这种面料比较厚重，而且耐老化性不好。大约到 50 年代中期，随着合成橡胶的发展，逐渐为棉布—氯丁胶、锦纶—天然胶所代替。

第二阶段，丁基 / 氯丁—锦纶涂层布时期。20 世纪 50 年代末期至 70 年代末，第二次世界大战时落后的救生设备导致的大量溺水死亡使各国政府认识到救生设备的重要性，从而进行了大量的研究，其中英美两国的成就最大。这一阶段研究出了气密性、耐老化性、耐气候性等都比较好而且比较轻薄的丁基—锦纶胶布和氯丁—锦纶胶布。

第三阶段，聚氨酯—锦纶 / 涤纶复合布时期。20 世纪 80 年代以后，随着时代的发展，科技的发展进步，出现了热塑性聚氨酯，用它生产的复合布不需要硫化，工艺简单，采用高频或超声波热封，生产可以自动化并改善生产条件。锦纶织物由于具有强度高、比重小、弹性好、耐磨和耐虫蛀等优点，因此，在个体救生装备上被广泛采用。由于锦纶的热收缩性比较大，尺寸稳定性较差，所以，也有一些西欧国家用耐热性和尺寸稳定性较好的涤纶织物取代锦纶作为复合布的基布。但聚氨酯—锦纶复合布的热合强度高，柔软性好，因此，在气密性救生衣用面料中一直占据主导地位。

我国的救生装备研究一直比较落后，救生衣用气密性面料的研究也经历了三个阶段：20 世纪 60 年代初所采用的面料为棉—天然胶，厚重且不耐老化；70 年代初为丁基胶—维棉和氯化丁基胶—锦纶布代替，但这两种涂层面料都存在面料厚重、柔软性差的缺点，如丁基胶—维棉成品涂层布重达 $470 \sim 510 \ g/m^2$，而且制作救生衣时都是进行人工贴合，生产效率极为低下；90 年代初期开始使用台湾生产的聚氨酯—锦纶布，并引进了塑料热合机，使用热合方法加工救生衣，从而使生产效率获得了极大提高。这种聚氨酯—锦纶布具有热合加工性能好、质量轻薄、柔软性比较好的特点，能够较好地满足救生衣的要求。

6.1.2　构成及特征

救生衣用气密性面料包括三个部分：基布、胶料和膜料。救生衣用气密性面料的结构为基布上面涂覆气密性胶料或热塑性薄膜，如图6-1所示。在此结构中，气密性面料的基布主要提供抗张强力、抗撕裂强力、尺寸稳定性等方面的性能；气密性胶料或热塑性聚氨酯膜在织物表面形成连续的薄膜，提供气密性能，主要包括两方面作用：一是堵塞织物表面的缝隙孔洞，形成气密层；二是完成气囊的自动封边作用。两者共同作用保证了织物在压制成气囊后不漏气。

图6-1　气密性面料的复合结构

6.1.2.1　基布

目前，多采用高强锦纶长丝织物作为救生衣用气囊的基布，也有用涤纶长丝织物的。用于制作气囊的气密性面料基布应具有如下性能。

（1）强力高、耐冲击。面料强力是气囊安全性的保障，也是整个救生衣发挥救生作用的必要保障。半自动式和全自动式救生衣均是通过刺破装二氧化碳钢瓶的密封片，使二氧化碳进入气囊，密封片被刺破后，压缩二氧化碳在高达980 kPa的压力下将气囊在5 s内充胀，这需要气囊用气密性面料具有较高的抗拉伸强力。而气密性面料的强力主要由基布来提供，因此，也就是要求基布的抗拉强力要好。

据织物强力的近似公式：

$$s = \frac{1}{2} p \cdot k \cdot g \qquad (6-1)$$

式中：s为织物经（纬）向强力（N/5 cm）；p为织物经（纬）向密度（根/10 cm）；k为经（纬）纱在织物内的强力利用系数；g为经（纬）纱的单纱强力（N）。

由公式可知，在织物密度和经纬纱的强力利用系数一定的情况下，织物的强力与单纱强力成正比，因此，基布单纱应具有较高的强力。

（2）基布用纱线应该纤度小、延伸性好、具有一定的初始模量。纤度小表明纱线较细，而且重量较轻，可使基布面料比较柔软，从而使复合气密层后的复合面料比较柔软。气囊展开时，气密性面料的耐冲击性能与其延伸性有关，延伸性好，吸收冲击能量就大，而且模具一定的情况下，延伸性大的面料形成的气囊浮力大。

初始模量代表纱线和纤维在受较小力时的抗变形能力，模量高的纤维形成的面料比较硬，柔软性差，模量太低会导致尺寸稳定性不好，反复使用性差。

（3）与复合层的黏合牢度好。由于气密性面料是由基布和复合膜层通过黏合剂复合在一起，要想气密性面料发挥良好的作用，基布与复合膜层的剥离强度要高，在气囊胀起过程中不能出现剥离、龟裂、裂纹等状况。

（4）一定的延伸性能。救生衣用气密性面料要求尺寸稳定性好，在长期反复使用过程中不易发生变形和伸长；当基布面料的屈曲波高较大时，气密性面料压制成气囊充气后面料会具有较高的延伸性，从而提供较大的浮力。

6.1.2.2　胶料和膜料

气密性面料需要通过热合工艺制备成气囊，因此，胶料和膜料也多采用热塑性材料。用于救生衣用气密性面料的胶料或膜料必须有良好的拒水性能，比如，聚氯乙烯树脂、聚四氟乙烯树脂、聚氨酯以及天然橡胶和合成橡胶等。但是，聚氯乙烯柔软度差，且含氯；天然橡胶和合成橡胶较重。这两类涂层成膜材料，如 6.1.1 所述，在 20 世纪 50 年代以前，都曾经用于救生衣气密性面料；而聚四氟乙烯昂贵，缺乏弹性。因此，目前基本采用热塑性聚氨酯作为救生衣用气密性面料的胶料和膜料，兼顾气密性、柔软性。

热塑性聚氨基甲酸酯（TPU, thermoplastic polyurethanes），是一种由低聚物多元醇软段与二异氰酸酯—扩链剂硬段构成的线性嵌段共聚物。TPU 可以被流涎、吹膜、压延或涂层做成薄膜，具有弹性好、强韧、耐磨、耐寒性好、环保无毒的优越特性。TPU 复合面料就是用 TPU 薄膜复合在各种面料上形成一种复合材料，结合两者的特性得到一种新型面料。TPU 复合面料有两种做法，一种为先成膜后贴合，先做成 TPU 薄膜再与面料上胶贴合；另一种为在线复合，即在面料上涂好胶或者不上胶，直接把 TPU 流涎在面料上做成 TPU 复合面料或者夹网布。在线贴合避免了对薄膜的损伤，表面成型美观，并可做出不同纹路，但这种复合方式设备投资大，技术要求高。后贴的过程要对 TPU 薄膜再次加高温、高压，工艺控制不当便会对薄膜产生损伤，甚至细小破孔。

TPU 薄膜具有优良的性能，如耐磨性好、强度高、耐化学品和水解性好、抗菌性好、柔顺性好等特点，但不同的 TPU 原料由于合成原料的比例和合成条件的不同而使其性能之间具有较大的差异，而且 TPU 薄膜的工业化生产与 TPU 原料的可加工性具有密切关系，加工性好是生产 TPU 薄膜产品的一项重要指标。表 6-1 为两种可用的热塑性聚氨酯膜料的性能。聚氨酯膜料属于聚氨酯弹性体，本身的黏性较差，为了增强基布和热塑性聚氨酯膜层的粘接力，在覆膜之前要对面料进行底涂处理，胶黏剂选用聚氨酯，底胶以此胶黏剂粘料为基础，添加丙酮、二甲苯等有机溶剂配制而成。

表 6-1　两种聚氨酯膜的性能表

编号	品种	密度 /（g·cm⁻³）	邵氏硬度 /A	100% 伸长时拉伸强力 /N	压缩率 /%	磨损量 /mm³
M1	聚氨酯	1.13	80	5.0	24	50
M2	聚氨酯	1.15	88	6.0	30	60

图 6-2　气密性面料热合线示意图

制成气囊后热合线处热塑性聚氨酯膜层会先熔融然后在一定压力下重新固结，此时，会导致热合线的两侧边缘处膜料变薄，如图 6-2 所示。因此，需要通过热合处的强力来设计气密性胶料的用量或热塑性聚氨酯薄膜的厚度。

6.1.3　性能要求

气密性面料是充气式救生衣的技术关键之一。两层单面敷有 TPU 等热熔性树脂的织物通过高频热合形成气囊，通过充气将二维平面囊体充盈到三维立体结构，形成浮力。因此，要求气密性面料本身有足够的经纬向拉伸强度、撕裂强度、耐疲劳性能和良好的气密性；热合接缝处必须具备足够的热合强度和气密性，以保证在正常工作压力下无泄漏、在充气过程中存在超压时不破裂。表 6-2 列出了 ISO 所规定的气密性面料的主要性能要求。

表 6-2　气密性面料的性能要求

考核项目	ISO 12402	测试方法
热合强度	≥ 50 N/5 cm；70 ℃淡水历时 336 h 后 ≥ 40 N/5 cm	ISO 2411：1991 5.2.2.1，速度 100 mm/min
拉伸断裂强度	干、湿态下 ≥ 200 N/5 cm	ISO 1421

续表

考核项目	ISO 12402	测试方法
撕裂强度	≥ 35 N	ISO 4674 方法 A1
耐疲劳性能	挠曲 9000 次无破坏	ISO 7854 方法 A
气囊耐压	最大内压 40 kPa；标准大气下保持内压 3.5 kPa×12 h，损失＜0.25 kPa	—

ISO 较全面地考核气密性面料在干、湿态下的热合强力、断裂强力和伸长率、撕裂强力、耐弯折性能、面密度、耐光色牢度、耐磨色牢度和耐海水色牢度。上述项目中，除湿态下热合强力、断裂强力和断裂伸长率外，均采用织物的通用测试方法。湿态下的黏合强力测试须经过 70℃淡水中 336 h 的预处理；湿态下的断裂强力和伸长率测试则须经过浸入室温淡水 24 h 的预处理。

聚氨酯—锦纶气密性面料具有良好的气密性能、经纬强力、热合强力、色牢度等力学和化学性能，生产时不需要硫化，胶膜含量低，采用高频或超声波热封，工艺简单，可以实现自动化生产并改善生产条件。也有用涤纶面料作为基布的。表 6-3 给出了某种救生衣用聚氨酯复合锦纶的气密性面料的基本性能要求。

表 6-3　气密性面料主要理化性能要求

项目		性能指标	检测方法
质量 / (g·m^{-2})		210±8	GB/T 4669—2008
顶破强力 /N		≥ 1000	GB/T 19976—2005
断裂强力 /N	经	≥ 1000	GB/T 3923.1—1997 FZ/T 75007—1995
	纬	≥ 900	
断裂强力（老化后）/N	经	≥ 800	
	纬	≥ 700	
撕裂强力 /N	经	≥ 40	GB/T 3917.3—1997
	纬	≥ 35	
弯曲长度 /cm	经	≤ 4.0	GB/T 18318—2001
	纬	≤ 4.0	

续表

项目		性能指标	检测方法
热合强力 /N	经	≥ 180	GB/T 3923.1—1997
	纬	≥ 220	FZ/T 75007—1995
热合强力（老化后）/N	经	≥ 160	GB/T 3923.1—1997
	纬	≥ 200	FZ/T 75007—1995
粘连性能		无粘连	FZ/T 01063—2008
静水压 /kPa		≥ 120	FZ/T 01004—2008
耐海水色牢度 / 级		≥ 3–4	GB/T 5714—1997
耐光色牢度 / 级		≥ 4	GB/T 8427—1998

基于各国标准对比分析及表 6-3 所示的指标，可见气密性面料的热合性能是最为关键的性能之一。此外，在设计过程中，顶破性能也要着重关注。

6.1.4 顶破性能

气密性面料需要具有较高的抗张强度、抗撕裂强度，而且应该尽可能轻而柔软。

救生衣气囊在工作状态，气囊内部受到气体的张力，气密性织物受到法向压力，这个法向压力分解到织物切平面以后，使织物的经向和纬向受到双轴向的张力。织物经纬向的抗张强度受纱线模量、纱线强力、纱线断裂伸长率、纱线线密度、织缩、捻度、纱线在织物中的弯曲状态等因素的影响，这些因素不仅会影响织物经纬向的抗张强度，也会影响织物受法向作用力后的伸长和变形。

因此，可以通过织物的顶破强度来表征其抗张强度，顶破强度反映了织物在多方向受力时的强伸特征，与气密性面料工作时的受力情况比较相似，可以作为气密性面料工作状态时的耐压性能衡量指标。按照 GB/T 19976—2005《纺织品顶破强力的测试钢球法》获得织物的顶破强力。采用一定直径（通常选用 38 mm）的钢球，向上顶平面织物，织物由平面状态慢慢变为半圆形状态，类似如图 6-3 所示，织物被顶破的力为顶破强力。

面料的顶破强度与经纬向强伸性能都受经纬密

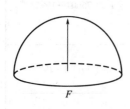

F

图 6-3　顶破强力示意图

度、面料用复丝的强伸性能、纤度、织造缩率等因素的影响。选择有代表性的气密性面料及基布材料，见表 6–4。

表 6–4　部分气密性面料及基布规格

编号	组织结构	经纬密根 /10 cm		复丝线密度 /tex	复丝根数 / 根	覆膜与否	平方米重 / (g·m⁻²)	原料
		经	纬					
1#	平纹	252	239	27.8	48	否	148.80	锦纶 6
2#	平纹	298	270	15.3	35	否	95.50	锦纶 6
3#	平纹	311	318	15.3	38	否	103.40	锦纶 6
4#	平纹	370	334	10.0	24	否	74.60	锦纶 6
5#	平纹	218	218	27.8	48	否	129.30	锦纶 6
6#	平纹	260	228	27.8	48	否	143.00	锦纶 6
7#	2/1 经左斜纹	326	322	15.3	35	否	104.20	锦纶 6
8#	2/1 经左斜纹	338	311	16.9	35	否	106.90	锦纶 6
9#	平纹	649	404	—	35	是	279.00	锦纶 6
10#	平纹	341	298	—	40	是	301.16	锦纶 6
11#	平纹	338	305	—	38	是	440.88	锦纶 6
12#	2/1 经左斜纹	358	308	—	35	是	250.10	锦纶 6
13#	2/1 经左斜纹	368	308	—	35	是	282.36	锦纶 6

各面料用复丝强力、织物断裂强力、顶破强力等见表 6–5。其中，断裂强力按照 GB/T 3923.1—2013《织物断裂强力和断裂伸长率的测定条样法》进行。

表 6–5　部分气密性面料的性能指标

编号	复丝强力 / (cN·dtex⁻¹)	复丝伸长率 / %	断裂强度 /N		断裂伸长率 /%		顶破强度 / N	顶破高度 / mm
			经	纬	经	纬		
1#	6.51	35.2	2068	2031	34.8	41.5	1428	21.4
2#	6.23	34.1	1321	1318	33.8	34.6	926	22.6
3#	5.45	33.1	1234	1172	36.2	28.4	1028	22.8
4#	5.65	34.4	977	856	35.1	35.7	804	20.8
5#	6.57	32.1	1784	1448	34.9	32.3	1330	21.6

续表

编号	复丝强力 / (cN · dtex^{-1})	复丝伸长率 / %	断裂强度 /N		断裂伸长率 /%		顶破强度 / N	顶破高度 / mm
			经	纬	经	纬		
6#	6.06	31.1	2041	1948	39.6	32.5	1550	21.6
7#	6.08	36.3	1345	1394	29.3	36.2	1064	18.5
8#	3.69	59.4	1009	917	50.0	54.9	1034	22.3
9#	—	—	918	563	34.9	31.3	660	19.3
10#			1187	891	28.5	29.7	882	19.5
11#			1168	686	31.5	32.5	807	19.1
12#			1061	768	35.8	51.2	868	20.8
13#	—	—	939	758	29.8	48.8	778	18.6

由表 6-5 中的数据，求取织物的断裂强度与顶破强度的相关系数，得织物经向断裂强力和顶破强力的相关系数为 0.941，织物纬向断裂强力和顶破强力的相关系数为 0.887，为正相关，也就是说，织物的断裂强度越大，其顶破强度也越大，如面料 8 # 、9 # 、10 # ，其经向断裂强度比较接近，随着纬向断裂强度的增加，顶破强度也获得提高，12 # 和 13 # 亦如此；当经纬向断裂强力比较接近时，面料具有较高的顶破强度，如面料 3 # 和 8#，其顶破强度远远高出其他经纬密相差比较大的面料，这从表 6-5 可以明显看出。织物的经纬向断裂强力是测试织物受到单轴向的力作用时织物的变形和承载负荷情况，而织物的顶破强力则是用以表征织物表面受到多方向的作用力时的变形和承载情况。当织物受到顶力时（图 6-3），理想情况下，面料各方向拉伸应力应相同，显然拉伸应力越高，所能承受的顶力越大，当面料的经纬向强力增大时，织物的顶破强力也获得提高。

图 6-4 为气密性面料的断裂强度和顶破强度的散点图。织物的断裂强度越大，其顶破强度也越大。经向断裂强度比较接近的面料，随着纬向断裂强度的增加，顶破强度也提高。经、纬向断裂强力比较接近时，面料具有较高顶破强度，远远高出其他经纬密相差比较大的面料。织物的经纬向断裂强力反映的是织物受到单轴向的力作用时，织物的变形和承载负荷情况；而织物的顶破强力则是用以表征织物表面受到多方向的作用力时，织物的变形和承载负荷情况。当织物受到充气过程中的冲击力时，理想情况下，面料在各个方向的受拉伸应力应当相同。显然，各方向的拉伸应力越高、越均衡，所能

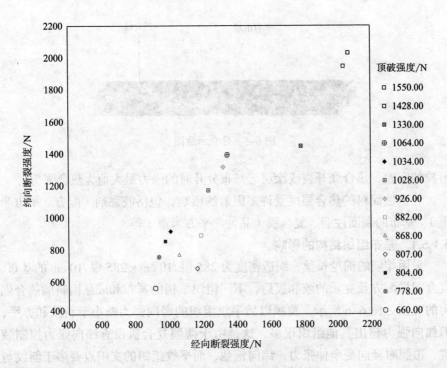

图6-4　断裂强度与顶破强度散点图

承受的冲击顶力越大。当面料的经、纬向强力增大且相当时，织物的顶破强力也获得提高且均衡。

6.1.5　热合性能

气密性面料的热合性能通过测试热合强力来表征。热合强力是指规定条件下，两个被热合的面料在热合线处开裂或涂层与基布分开时的负荷。热合强力和顶破强力是气密性面料最为重要的指标之一。其中，顶破强力决定了气囊初始充气时能够承受的气压；热合强力对于气囊的气密性具有重要作用，是救生衣安全漂浮性的重要评价指标。

复合聚氨酯膜的面料、涂敷热塑性胶的面料都可以两两热合。在离布边15 cm处裁取12 cm×15 cm的待测长方形试样各1条（可以为覆膜面料和涂胶面料的任一两两组合），试样长度方向与样品经向平行，将试样复合面相对叠合在一起，在距试样长度方向一端2 cm处用线形加热体将其热合，所用电流0.5 A，压力4.4MPa（45 kgf/cm²）。热合线宽度大约为3 mm。在沿宽度方向离边缘1 cm处将制得的样品裁成宽2.5 cm，长15 cm的长条（图6-5），然后将试条的两自由端夹于强力仪的夹具上，使热合线处于两夹具之间，进

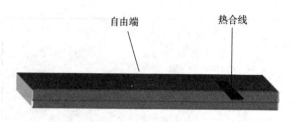

图 6-5　热合示意图

行拉伸实验，热合线开裂或涂层与基布分开时的强力最大值为热合强力。

气密性面料的热合强度受许多因素的影响，包括胶黏剂（配方、平方米重）、基布的表面性能、复合膜（品种、平方米重）等。

6.1.5.1　基布组织结构的影响

采用相同的锦纶长丝，织造密度为 285 根 /10 cm × 285 根 /10 cm 的基布，复合同样配方及克重的胶和膜后，不同组织结构的基布和成品面料的热合强力的关系如图 6-6 所示。覆膜以后平纹组织的经向强力略小于斜纹和方平，但纬向强力超出其他组织很多，这是由于薄膜复合机没有纬向张力控制装置，覆膜时经向受牵伸张力，纬向松弛，而平纹组织的交织点要多于斜纹与方平组织，因此，平纹组织对于薄膜所起的纬向支撑作用大于其他组织。织物的组织不同，热合强力也不同，同种面料经纬向的热合强力基本相同，平纹组织的热合强力大于斜纹，斜纹组织大于方平组织，这是由于平纹组织的交织点多，机械嵌和作用优于其他组织。同时，不同组织结构的气密性面料压成气囊后所能提供的浮力关系为：平纹 > 2/1 斜纹 > 2/2 斜纹 > 2/2 方平，这说明相同情况下，平纹组织能够提供更多的浮力。气密性面料基布的组织选用平纹较好。

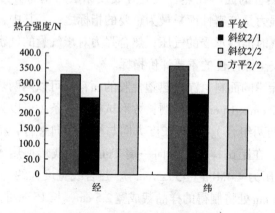

图 6-6　组织结构与热合强力

6.1.5.2　聚氨酯膜重的影响

聚氨酯膜层的厚度对于保障气密性面料的气密性能，保证救生衣的安全性具有重要作用。生产上常用每平方米聚氨酯膜料的重量来衡量聚氨酯膜层的厚度，聚氨酯膜料对于气密性面料性能的影响结果见表6-6。热合强度随膜重的增加而显著增加，面料涂覆不同重量的聚氨酯对于经纬密影响不大。随膜重增加，经向断裂强力略有上升，纬向断裂强力略有下降，膜重增加对经纬向断裂伸长的影响不大。

表 6-6　膜重对气密性面料性能的影响

复合布编号	膜重 / $(g \cdot m^{-2})$	热合强度 /N		断裂强力 /N		断裂伸长率 /%		经纬密 / $[根 \cdot (10\,cm)^{-1}]$	
		经	纬	经	纬	经	纬	经	纬
F1	50	215	229	942	762	37.5	32.5	325	302
F2	70	270	270	1020	720	40.0	31.0	326	300
F3	80	278	283	989	737	38.5	37.5	327	301

6.1.5.3　底胶重量的影响

聚氨酯膜料本身不具有黏结性，为了增强基布和热塑性聚氨酯膜层的粘接力，在覆膜之前要对基布面料进行底涂处理，底胶的用量对于聚氨酯膜与基布的粘接牢度具有重要影响。对底胶的平方米重对于复合面料性能的影响进行研究，结果见表6-7。可以看出，热合强度随底胶重的增加而提高，复合面料的强伸性随底胶质量的增加而降低，底胶重对于复合面料经纬密的影响差别不大。

表 6-7　底胶重与面料复合性能的关系

编号	热合强度 /N（经 × 纬）	断裂强度 /N（经 × 纬）	断裂伸长率 /%（经 × 纬）	经纬密 /$[根 \cdot (10\,cm)^{-1}]$（经 × 纬）	底胶重 / $(g \cdot m^{-2})$
F3	278 × 256	987 × 737	38.5 × 32.5	327 × 301	21
F4	210 × 185	976 × 943	41.0 × 39.8	324 × 301	15

6.1.5.4　底胶配方的影响

底胶的主要成分为聚氨酯胶料，其次是稀释剂、固化剂、偶联剂、增塑剂、防老剂等助剂。底胶配方的不同会使底胶的浸润性具有明显的不同，影响膜料与基布的黏合强度，并会影响复合面料的手感。表 6-8 为不同配方的底胶对热合强度及手感的影响。其中涂胶布手感的评价采用主观评定法，分值越高表示柔软性越好。可见，底胶配方对气密性面料热合强度、涂胶布柔软性影响显著。

表 6-8　底胶配方与热合强度、手感的关系

编号	热合强度 /N（经 × 纬）	涂胶布手感	底胶配方
F5	269 × 254	3.0	D1
F7	263 × 276	3.5	D2
F18	357 × 325	4.5	D3

6.2　气体浮力材料

6.2.1　气体浮力材料

作为救生衣使用的气源，要求安全、无毒、不燃、可快速膨胀；一般温度条件下有良好的可压缩性能；在使用温度范围内压力波动小、重量轻、价格便宜。虽然有研究者尝试用叠氮化合物做产生氮气的气源，但叠氮化合物有剧毒，并需要有类似于电雷管的发火引爆启动装置。有人用乙炔和水接触产生气体，但易燃易产生局部高温。相比之下，压缩气体是比较实用的气源。表 6-9 列出了在常温常压下产生 0.8 cm^3 气体的常见气体经压缩后的重量、体积和 21 ℃下的压缩压强等技术参数。可以看出，在常压常温下产生同样体积的气体所需的压缩气体中，丁烷、氯甲烷、氯乙烯、氟利昂 22 需要的压强较低，但丁烷、氯甲烷、氯乙烯均易燃易爆；氯乙烯和氟利昂 22 有毒，均不适合于救生衣使用；乙烷虽然可以达到很低的体积、很轻的重量，但乙烷极易燃烧，二氧化碳虽然需要较高的压缩压强、对容器的耐压强度有比较高的要求，但满足安全、无毒、不燃的要求；体积和重量比较小；二氧化碳来源丰富、价格便宜。现有的气体技术已经可以实现所需的压缩压强。

表 6-9　常用压缩气体的技术参数及相关性能

气体名称	重量 /g	体积 /cm³	压强 /kPa	相关性能
丁烷	77	128	124	易燃

气体名称	重量 /g	体积 /cm³	压强 /kPa	相关性能
氯甲烷	65	29	407	易燃
氯乙烯	80	87	234	易燃、有毒
氟利昂22	114	95	83	不燃、有毒
乙烷	39	29	3.7×10^3	易燃
二氧化碳	57	71	5.8×10^3	无毒、不可燃、价格便宜

6.2.2 充装量和气瓶

压缩气体必须封装在气瓶内，需要确定气体的充装量并设计气瓶尺寸。

6.2.2.1 充装量

气体的充装量由气囊所提供的浮力大小决定。假设一个充气气囊需要提供 78.4 N（8 kgf）浮力。由阿基米德定律可知，气囊的排水量应为 8×10^3 cm³（水的密度取 1.00 g/cm³）。因为每摩尔理想气体在标准状态（273.15 K、1.013×10^5 Pa）下具有 22.4×10^3 cm³ 体积，故 CO_2 的质量 m 应该为：

$$m = \frac{8}{22.4} \times 44 = 15.7 \ (\text{g}) \tag{6-2}$$

考虑到温度的变化、水的压力、气瓶本身占据的体积以及可能发生的轻微漏气等损失，可将 CO_2 用量增加 8%。故取 CO_2 的充装量为 17 g，并允许相差 1 g。

压缩状态下，气体浮力材料必须存储在气瓶内。压缩气瓶的容积、工作压力、充气过程中的工艺压强、气瓶及密封垫片的耐压强度、密封垫片刺穿力压缩气瓶的主要设计参数和关键性能指标。

6.2.2.2 气瓶

（1）气瓶内容积的确定。根据理想气体状态方程，在常压下达到 8000 cm³（基于 8 kgf 浮力气囊计算获得）体积的 CO_2 气体，高压下的压力和体积呈现为如下关系，见表6-10。

表6-10 CO_2 气体不同压强下的体积

压强 P/MPa	20	30	40	50	60
体积 V/cm³	40.52	27.01	20.26	16.21	13.51

从救生衣使用的便利性考虑，压缩气瓶的体积越小越好。但体积越小，气瓶内压越高，材料要求、加工难度和生产费用相应上升。根据压力容器加工设备的性能，初步确定气瓶的基本设计容积为 17 cm³，基本设计压力为 47.7 MPa。

根据国家劳动总局关于《气瓶安全监察规程》的规定，气瓶充装率为 65%，故须将气瓶容积 V 扩大为：

$$V=\frac{17}{0.65}=26.15（\text{cm}^3）\qquad(6-3)$$

根据该容积值设计气瓶结构如图 6-7 所示。

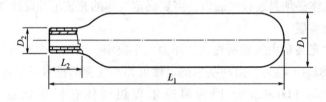

图 6-7　气瓶的设计尺寸图

其中气瓶总长 $L_1=102$ mm，外径 $D_1=25.4$ mm，$D_2=12.7$ mm，$L_2=20$ mm，壁厚 3 mm。气瓶有效容积（26.2 ± 0.1）cm³。当气瓶容积为 26.2 cm³ 时，其 0℃下的压缩气体压强为 30.9 MPa。

（2）气瓶的耐压强度设计。气瓶的耐压强度是气瓶选材的基本依据。兼顾材料的加工性能和价格，可选用国产铬锰合金无缝钢管为基本材料，并采取局部加热滚压方式进行局部增强。由此，材料、结构设计及加工方式生产的气瓶，其临界压强达到 61.2 MPa，是基本设计压力 47.7 MPa 的 1.28 倍。完全可抵御因温度上升、充装量误差、充装过程中的工艺超载等原因导致的压缩气体内压上升，有足够的保险系数。

（3）密封垫片的耐压强度及刺穿力。密封垫片要求既能承受压缩气体的内压、又可在人的手臂拉力作用下由刺针刺穿密封垫片，顺利释放气体。因此，其耐压强度和刺穿力是关键技术参数。密封垫片的材料选择应着眼于剪切强度低、硬度低、拉伸强度适中的材料、与气瓶基本材料不锈钢易于紧密结合和一体化加工的材料。多选用紫铜为密封材料，在厚度为 0.5 mm 的条件下，耐压强度也达到了气瓶主体的耐压强度，即 61.2 MPa；而穿刺力达到 60 N 时，即可被刺针顺利刺穿。

6.3　充气装置

充气装置包括自动充气装置、手动充气装置及口充气装置。其中，手动和自动充气装置往往合二为一，以保证自动充气失效时，直接采用手拉充气，如图6-8（a）所示为常见的救生衣气囊用手/自一体化充气装置。图6-8（b）为带有三种充气装置的气囊，其中，圈住的胶管部分即为口充气装置。

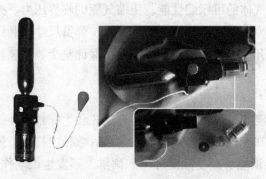
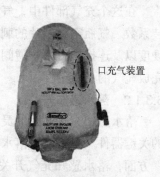

口充气装置

（a）手/自一体充气装置　　　　　　　（b）带有三种充气装置的气囊

图6-8　充气装置

6.3.1　自动充气装置

自动充气装置由气源（压缩气瓶）、落水感知充气开关、救生衣气囊的连接装置这三部分组成。自动充气装置的可靠性是该系统的关键。

6.3.1.1　作用原理

自动充气装置的作用原理如图6-9所示。当人员落水后，自动充气机构

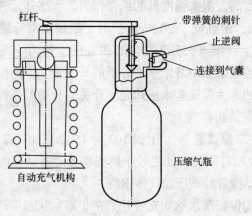

图6-9　自动充气装置充气原理示意图

中的落水感知充气部件遇水强力迅速下降，在弹簧的反弹力作用下破裂，内置于弹簧空腔部分的立柱被弹出，带动杠杆系统对带有弹簧的刺针施力，迫使刺针刺破装有压缩气体的压缩钢瓶的密封垫片。刺针的头端开有通气槽，并且还有弹簧迫使刺针迅速复位。压缩钢瓶一旦被刺针刺破，已被压缩成液态的 CO_2 立即气化、进入气腔，在气压作用下打开与气囊相连的止逆阀进入气囊，当气腔内压低于止逆阀开启压力时，止逆阀自行关闭，充气完成。

在这个充气部件中，气源气体的可压缩性能、压缩气瓶的临界压力、充装系数、气瓶密封垫片的刺穿力、落水感知开关的干湿强、弹簧尺寸和刺针硬度以及连接装置中止逆阀的开启压力和单向开启性能是保证整个装置顺利完成充气的必要条件。

6.3.1.2 落水感知开关

落水感知充气开关的灵敏度和可靠性是决定自动充气式救生衣救生性能的关键器件。一方面，落水感知充气开关必须能够在落水后数秒内打开；另一方面，落水感知充气开关必须能够经受潮湿环境和雨淋，不发生误动作。早期的落水感知充气开关多为按照落水通电原理设计的，需要用电池作为电源，存在电池易失效、灵敏度和可靠性不易兼顾的问题。

（1）以高干强低湿强的纸张作为落水感知元件。落水感知充气开关可以压缩弹簧储能，以高干强低湿强的材料为落水感知元件，控制弹簧能量释放、落水后由弹簧带动撞针打开压缩气体钢瓶。材料的高干强低湿强特性保证落水感知充气开关的灵敏度；外壳的防雨水渗入结构和保护套保证该落水感知充气开关不在非落水状态发生误动作。整个开关由金属支架和控制杆、弹簧、纸张和塑料外壳组成。

采用干态强度高、湿态强度低的纸张作为落水感知元件。通常，纸张的干强高于 60 N/cm，湿强低于 20 N/cm；由于纸张是由纤维素以氢键结合方式形成的，干态下纤维素大分子之间有很强的次价力、湿态下氢键迅速破坏，故只要适当控制纸张中纤维素大分子的分子量和取向度，即可达到高干强、低湿强的目的。为保证落水感知充气开关的长期可靠性，还需要对纸张施加 0.2% ~ 0.4% 的防霉剂。

采用具有一定弹簧常数（比如 100 ~ 150 N/mm）的弹簧，预先压缩 5 ~ 10 mm，用控制杆限位，使之处于储能状态。所储存的能量以适当的方式释放后应能带动撞针冲破压缩气体钢瓶。

用合理的机构保证落水感知充气开关在非落水状态不动作、在落水后使弹簧及时释放。落水感知充气开关动作机构如图 6-10 所示，弹簧被压缩后

受控制杆限位、控制杆受中间开槽的立柱限位、立柱由高干强低湿强卷成的
圈环限位，防止立柱的两个部分分离。如图中控制杆与立柱内侧的受力分析
所示，较大的弹簧推力通过图示机构可由较小的纸圈约束力来平衡，即在非
落水状态，干强较大的纸张完全可以使弹簧处于压缩状态；而当纸张接触到
水、强度下降到原强度的百分之几时，纸圈断裂，立柱受控制杆侧向分力的
作用而分离，弹簧推动控制杆，再通过杠杆机构使撞针撞击压缩气体钢瓶，
达到开启钢瓶的目的（图 6-10）。显然，改变控制杆与立柱的尺寸、改变两
者的接触状态，可以调整立柱在相同弹簧推力下的侧向分力的大小，达到兼
顾弹簧推力、纸张强度和落水启动时间的目的。因为目前能够生产的纸张干
态强度尚不能很高，为在非落水状态可靠地对弹簧限位，必须用较厚的纸
圈；而较厚的纸圈必将导致落水后纸圈降强速度慢、开关不能迅速启动，达
不到及时救生的目的。适当设计控制杆与立柱的接触状态，可在纸张干强不
太高、纸圈厚度不太厚的情况下保证非落水状态下，有良好的稳定性，即使
在潮湿环境下纸圈的强度仍可与弹簧推力可靠地保持平衡，而在落水后能及
时启动开关。

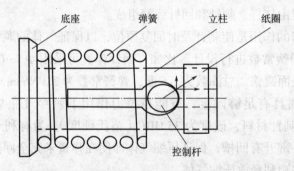

图 6-10　落水感知充气开关动作机构示意图

　　落水感知充气开关的塑料外壳采用百叶窗等结构的防雨结构，并将该开
关安装于救生衣下摆的内侧，可保证在正常使用中不受雨淋，但不影响落水
后开关进水通畅。

　　（2）以具有一定强度的粉体块作为落水感知元件。这是目前民用充气式
救生衣大量使用的落水感知元件，如图 6-11（a）所示为装配好的内置了白
色粉体块的落水感知元件。将其放入如图 6-11（b）所示的带白色塑料外壳、
内置弹簧的部件后，进一步连接如图 6-9 所示的杠杆、刺针及气瓶系统，就
形成了自动充气装置。没有遇到水前，结块的粉体具有一定的强度，可以
限制弹簧运动；落水后，内部疏松多孔的结构使得水立即进入粉体，粉体块

迅速垮塌，被限位的弹簧弹出，弹簧弹出伸长释放的能量带动杠杆、刺针系统，刺穿压缩气瓶。

这种元件有不同的装配方式，如图 6-11（c）所示，图中 3 对应的即为粉体块，按照顺序组装后，具有和图 6-11（a）一样的功能。

(a) 粉体块感知元件   (b) 组装示意图   (c) 另一粉体块感知元件

图 6-11　落水感知元件

粉体可以采用结构疏松、支链可调节的淀粉类。

6.3.1.3　启动及连接装置

启动装置由杠杆、刺针和回针弹簧组成。

回针弹簧的作用是使刺针及时回复原位，以保证气体的顺利释放。需要对其直径、弹簧常数进行设计。比如，回针弹簧可采用 $\Phi = 0.7$ mm 的钢丝绕制而成，表面镀铬，总圈数为 6.6 圈，弹簧常数为 2.3 N/mm。

刺针必须具有足够硬度，方能在拉力作用下刺穿气瓶垫片。可采用 45 Cr 钢作为刺针材料，硬度为 35 HRC（洛氏硬度）。为有利于压缩气体的释放，刺针头部开有凹槽，保证压缩气体即使在弹簧未完全回到原位的情况下，仍然能够顺利释放压缩气体。

兼顾强度、重量和加工性能，连接装置中金属部件可采用铝镁合金。

连接装置中的关键部件是止逆阀。止逆阀的开启压力必须小于压缩气体内压，方能使得气体进入气囊，而单向开启性能是气囊不漏气的重要保证。

止逆阀部件采用铝青铜，耐腐蚀性好，需要具有单向开启性能。比如，当止逆阀顺向加压 220 kPa 时止逆阀开启，开启压力远远小于压缩气体内压；逆向加压 20 ~ 80 kPa 时无泄漏情况发生。说明其单向开启性能可满足使用要求。

6.3.1.4　性能特点

以高干强低湿强的纸张或粉体环作为充气感知元件、通过弹簧运动带动刺针刺穿压缩气瓶的自动充气装置的优点如下。

（1）灵敏度高、可靠性强。落水后能够在 5 s 内启动开关，见表 6–11；在高湿环境下也不发生误动作。

（2）长期稳定性好。影响该机构长期稳定性的核心部件是纸张，而经防霉处理的纸张的力学性能在 5 ～ 10 年内无明显变化。机构在设计时，对纸圈的强度适当留有余地，可保证该开关具有 10 年的使用寿命，满足一般使用要求。

（3）各种零件材料易得、加工便利、价格低廉。

（4）落水感知充气开关的体积小，可与多种压缩气体钢瓶或其他气源配套使用。

表 6–11　自动充气装置遇水起爆时间

试验次数	1	2	3	4	5	6	7	8	9	10	11	12	13	14	15
时间 /s	3.0	3.5	3.5	3.9	2.7	2.0	4.5	2.9	2.2	6.0	2.6	3.3	2.9	5.3	2.0
试验次数	16	17	18	19	20	21	22	23	24	25	26	27	28	29	30
时间 /s	3.6	5.5	2.5	3.8	2.4	2.5	3.6	3.3	2.4	3.2	3.0	3.0	3.0	3.0	3.4

6.3.2　手动充气装置

和自动充气装置一样，手动充气装置也由气源（压缩气瓶）、启动装置和连接件组成。多安置于救生衣气囊右片，靠近右手的袖窿弧，便于操作。除了启动装置，连接部件、气源及气瓶设计等，均和自动充气系统中的一样。

（1）作用原理。其作用原理如图 6–12 手动装置充气原理示意图所示。

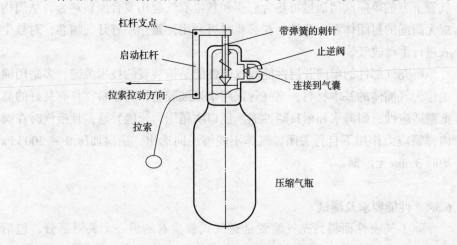

图 6–12　手动装置充气原理示意图

杠杆支点　带弹簧的刺针　启动杠杆　止逆阀　连接到气囊　拉索拉动方向　拉索　压缩气瓶

当人员落水后，向下拉动拉索，使下拉的力通过拉臂杠杆系统对带有弹簧的刺针施力，迫使刺针刺破压缩钢瓶的密封垫片。刺针的头端开有通气槽，并且还有弹簧迫使刺针迅速复位。压缩钢瓶一旦被刺针刺破，已被压缩成液态的 CO_2 立即气化，进入气腔，在气压作用下打开与气囊相连的止逆阀进入气囊，当气腔内压低于止逆阀开启压力时，止逆阀自行关闭，充气完成。

在这个充气部件中，气源气体的可压缩性能、压缩气瓶的临界压力、充装系数、气瓶密封垫片的刺穿力、机械启动装置中弹簧尺寸和刺针硬度以及连接装置中止逆阀的开启压力和单向开启性能是保证整个装置顺利完成充气的必要条件。

（2）手动式启动装置。手动式启动装置由拉索、拉臂、刺针和回针弹簧组成。

拉手可采用 ABS 树脂等树脂，绳索采用高强锦纶丝或涤纶丝编织而成；拉臂为 1 Cr 不锈钢。需要承受一定强力如 200 N 的拉索拉力而不引起各部件的损伤或失效。

回针弹簧和刺针都同自动充气装置。

6.3.3 口充气装置

为防止手动式充气部件因右手受伤条件下无法操作、充气部件意外故障及在气囊轻微漏气状况下补足浮力，增加充气式救生衣的安全性、可靠性，一般在救生衣左前片上部配备口充气部件。口充气部件上有一定长度（如长25 cm）的充气管，可以方便地含到口中进行吹气，如图 6-8（b）所示；充气管下方的单向阀门通过可热合底座和救生衣气囊用复合面料热合，从而构成无泄漏的封闭体系。此外，在必要时可利用弹簧作用打开气嘴芯，对救生衣进行手动放气。

口充气部件的单向开启性能和气密性能是该装置的技术关键。多采用锦纶作为气嘴体的基本材料，充气管采用聚氨酯胶管作为原料，具有良好的高低温适应性、耐海水和耐日晒性能。经口吹稍用力皆能导通，且换气时在阀内弹簧应力作用下自行关闭，气体不能够逆向逸出；逆向加压 0 ~ 200 kPa历时 3 min 无泄漏。

6.3.4 性能要求及测试

除了气密性面料，充气装置是充气式救生衣的另一个关键部分，包括自动 / 手动 / 口充气部件、气瓶、启动系统和连接部分。1995 年制定的 JIS

F1206 标准和 1984 年制订的我国国家标准 GB 4303、GB 4304 均不涉及充气式救生衣；IMO 规范虽然有充气式救生衣，但仅侧重于整体救生性能，故无对充气部件制订相关技术要求。ISO、BS、MIL、JT 标准中涉及的充气部件性能要求列于表 6–12。

表 6–12 充气部件性能要求

	ISO、BS	MIL	JT
口充气管	单向开启压力为 1 ~ 3 kPa；最小气流量 85 L/min；阀荷载不低于 90 N	172 kPa × 10 s；拉伸强力 ≥ 340 N；阀荷载不低于 222 N	—
充气头载荷	220 N	—	—
气瓶	内压 ≤ 54 MPa；65 ℃下 96 h 无损坏；CO_2 最大充装名义质量 ≤ 气瓶容积的 75%	—	CO_2 瓶储气 25 ~ 30 g，含 7% N_2，存放 1 年后储气量 > 85%；N_2 瓶储气 26 ~ 29 g，有效存放期 3 年
启动系统	自动充气时间 ≤ 5 s；口充气时间 ≤ 1 min；手动充气启动力 ≥ 20N 且 ≤ 120N	自动充气时间 ≤ 5 s	电源有效存放期 1 年 自动充气时间 ≤ 5 s

可以看出，ISO、BS 对充气系统四个部分都有细致具体的性能要求，而我国标准在口充气管和充气头载荷方面尚为空白，在气瓶的有效期方面可以看出技术水平很低。MIL 对气瓶有专门的标准来加以规定，但在单独的救生衣的标准里并没有写明具体性能要求。对于口充气管，MIL 和 ISO 的性能要求是不同的，ISO 侧重于管中气体流通情况及管和阀间的黏着力，而 MIL 则对管的抗拉能力和承受压力能力有要求。

上述标准中，只有 ISO、BS 和 MIL 对口充气管性能规定了测试方法。

ISO 有两项测试。一是口充气管气流测试，将口充气管垂直放置并和压力计平行相连，另一端和气流计相连，充气至压力为 7 kPa，待稳定后，用气流计测试流通充气管的气流量。该法检测了口充气管导通气流的能力。二是口充气阀的安全性能测试，通过旋转破坏管和阀间的结合状态，检测用 90 N 的力能否从管中拔出阀。MIL 的检测方法与 ISO 相同。但 MIL 还规定在 172 kPa 压力下测试口充气管是否漏气。此外，ISO 和 BS 标准还要检测口充气速率。

自动充气装置遇水后能快速引发充气动作。为保证充气装置不因湿度高、雨淋等原因引起误动作，IMO、ISO 和 BS 规定了相似的测试方法。用两个喷嘴对穿在假人身上的救生衣进行喷射，其中一个喷嘴在救生衣上方 50 cm，与假人垂线呈 15°角；一个沿水平方向，距救生衣 50 cm。两喷嘴喷射角为 30°、喷孔直径为 1.5 mm，面积为 50 mm^2，喷嘴水压为 0.3 ~ 0.4 kPa；空气温度为 20 ℃，水流量为 600 L/h，水温为（12 ± 3）℃。用上喷嘴对救生衣前后左右各喷射 10 min，其间水平喷嘴喷射救生衣前侧和左右侧共 10 次，每次 3 s。若起爆充气则说明救生衣自动充气装置易发生误动作。我国标准 JT 346 规定对充气装置单独进行测试，将其固定于距地面约 1 m 的位置，入水孔方向向下，水以与垂线成 45°角方向淋向入水孔，时间为 2 ~ 5 s。

IMO、ISO 和 BS 还规定了检测充气装置连接牢度的试验方法。将充气式救生衣穿在假人上，用 220 N 的力作用于充气装置连接件靠近气囊的部位，并不断改变力的方向，应能在 5 min 内不出现损坏，并保持原气压 30 min。MIL 和 GB 对此没有要求。此外，ISO、BS 规定还需检测自动充气速率。

手动充气所需的启动力，各标准只规定了力值要求而无具体测试方法。

6.4　气囊

按照设计气囊形状，制作压合用磨具；将气密性面料进行裁剪，在气密性面料上预留的位置热合上手 / 自动充气装置、口充气装置；进一步放在模具上沿边缘进行热合；并装上压缩气瓶，就构成了一个独立的、可提供浮力的气囊，如图 6-13 所示。

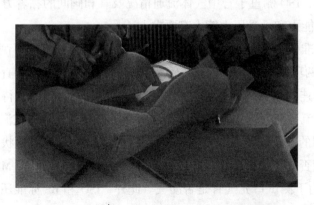

图 6-13　正在充气检测气密性的完整气囊

整个工艺流程如下：材料检验—气密性面料裁剪—热合口充气管、手 /
自动充气用止逆阀—热合气囊—检验气囊气压—缝制—锁眼、钉扣—组装充
气装置、气瓶—检验气密性—晾干—包装。

将完整的气囊制作完毕后，需要对完整的气囊进行充气、气密性及充气
保持下实验。表 6–13 为不同标准规定的气囊的耐压性能。

表 6–13　不同标准规定的气囊耐压性能

考核项目	ISO、BS	MIL	JIS	GB、JT
最大内压	最大内压 40 kPa	34kPa×5 min	26.7 kPa×10 min	最大内压 13.3 kPa
内压损失率	标准大气下保持内压 3.5 kPa×12 h，损失 < 0.25 kPa	24 h 后损失不大于 2.7 kPa	13.2 kPa×24 h，损失 < 3.9 kPa	6.67 kPa×24 h，损失 < 0.34 kPa

气囊气密性是决定充气式救生衣安全性和浮力保持性的关键。气密性测
试包含两个方面。

（1）气囊在工作压力下的压力保持性。采用充气加压、测量内压的检测
方法。MIL 24778 规定充气至 13.8 kPa，15 min 后对气囊进行气压测试并调
整至初始压力，再保持 4 h 后检测内压；IMO 规定充气至气体从过压阀中溢
出或达到所规定的设计压力，历时 12 h 内压降低不得超过 10%；JIS 规定充
气至 13.2 kPa 保持 24 h、检测内压。我国 JT 346 规定充气至 6.67 kPa，24 h
后检测内压，降低不得超过 5%。可见，我国气密性面料的技术水平较低。

（2）气囊在充气过程中承受冲击压力或充气超压时的耐受性。采用充气
加压、保持一定时间观察是否破坏的检测方法。通常要求气囊能承受 1 倍以
上的过载能力。ISO、BS 要求气囊能承受 40 kPa 内压，MIL 24778 规定内压
达 34.5 kPa 并保持 5 min；JIS 要求充气至 26.7 kPa 保持 10 min；IMO 规定经
手动充气的气囊再用一个充满气体的气瓶充气，可保持该充气压 30 min。我
国 JT 346 要求充气至 13.3 kPa 并至少保持 1 min。

测试合格、满足标准性能要求的气囊可以进一步制备完整的充气式或复
合式救生衣。目前，我国救生衣标准体系进行了更新，于 2017 年全部等同
采用了 ISO 12402 救生衣系列标准，且取消了交通部 JT 系列救生衣标准。因
此，前述表格里面涉及的国标 GB 和 JT 标准指标，仅作为阶段性技术水平的
参考。

参考文献

［1］杨晓燕. 救生衣用气密性面料研究［D］. 北京：北京服装学院，2003.

［2］肖红，施楣梧，王西亭. 水上个体救生具性能要求的比较研究［J］. 中国安全科学学报，2004，14（3）：68-71.

［3］杨国甫，张荣. 飞行员救生服装主体材料的自然曝晒试验［J］. 纺织检测与标准，2015，1（2）：4-7.

［4］彭桂林. 耐高压漂浮救生气囊的结构设计及节流降温分析研究［J］. 低温与超导，2017，45（9）：84-87.

第7章 固有浮力囊及其材料

和气囊相比，固有浮力囊由固有浮力材料提供浮力，广泛用于各类固有浮力及复合式救生具中。相对而言，固有浮力救生具体积较大，但是和充气式救生衣相比，即使包覆面料破损，依然具有基本浮力保障，特别是在军用救生具中受到重视。此外，该类救生具可以十分柔软，可做成类似普通服装的漂浮衣等救生具，具有不可替代性。

固有浮力囊比气囊简单，由固有浮力材料和包覆面料构成。其中，固有浮力材料是指密度小于水的疏水轻质材料，包括以木棉为主的纤维集合体浮力材料和软质闭孔泡沫塑料两种。固有浮力材料以填充的方式包裹于外层材料之内，能提供相当高的浮力，价格便宜，安全可靠。不足之处是固有体积较大，使用和存放不方便。其中泡沫浮力材料填充的救生具广泛用于近岸救生和各种船只，而木棉纤维集合体填充的救生具则用于军方及高级别救生具中。包覆面料则多为高强度的纯涤纶或锦纶面料，进行拒水整理获得。

7.1 固有浮力材料概述

7.1.1 发展历史

人类最早使用的贴身漂浮材料即为固有浮力材料，如采用麦秆、芦苇、灯芯草等天然纤维集合体提供浮力。公元前 25 年，战地记者报道了一种软木制成的救生器具。1757 年，法国人 Gelacy 制成了以软木作为浮力材料的救生衣。约 6 年之后，英国人 Wilkinson 也设计制作了软木救生具，这种救生具后来在英国海军中得到应用。直到第二次世界大战期间，软木仍然是主要的浮力材料。软木救生具的形状与背心相似，胸前与背后的浮力基本相同，落水者在水中呈直立姿势。第二次世界大战中，各交战国海上死亡人数惊人，严酷的事实引起了战后许多国家对海上救生研究的重视。各国不仅加大了对充气式救生具的研发，同时也加大了对固有浮力材料的寻求和研究。软木由于过于刚硬、穿着不舒服而逐渐被淘汰，高中空度、质轻拒水的天然纤维木棉纤维集合体和低密度软质闭孔泡沫塑料成为了固有浮力材料的主导品种。此外，香蒲纤维（cattail）、牛奶草（milkweeds）也作为木棉纤维的替代品加以使用。

关于木棉纤维集合体浮力材料的研究主要集中于军方。早在1946年，美国海岸警卫队就对木棉、玻璃纤维、cattail、milkweeds等天然纤维集合体进行了浮力实验，并得出木棉是其中最佳的浮力材料；1982年，又对木棉和PVC、PE等泡沫塑料填充的救生衣进行了实际试穿实验，证明泡沫塑料救生衣在穿用中的破损和废弃的主要原因是老化，而木棉救生衣则不存在老化问题。1977年，我国军方也对木棉纤维和泡沫塑料的浮力、浮力损失率及压缩性能进行了研究，并决定选用木棉作为军用救生衣的浮力材料。近年来，有关木棉纤维混合材料的浮力及保持性、压缩性能等也有少量研究。而关于木棉纤维本身的结构和性能研究、木棉纤维集合体浮力材料的结构和性能研究、木棉和其他纤维复合的成型方式及对浮力性能的影响等研究，鲜见研发报道。

近20年来，泡沫塑料随着高分子材料科学和技术的发展得到了改进，由初期使用的聚氯乙烯（PVC）、聚苯乙烯（PS）等质地偏硬的泡沫发展为聚乙烯（PE）、聚乙烯—醋酸乙烯酯（EVA）、丁腈橡胶（NBR）改性的聚氯乙烯（PVC）等软质闭孔泡沫塑料或橡塑共混材料。

以尽可能轻的质量、尽可能稳定的结构和易携带性能，提供尽可能大的浮力，是个体救生具用浮力材料研发和改进的方向。

7.1.2 分类及特征

浮力材料共有两大类：一类是固有浮力材料，广义的固有浮力材料指密度低于水、可漂浮于水面的各种材料，而可供救生具使用的固有浮力材料要求有较大的单位质量浮力、较好的拒水性和耐压缩性，以保证浮力大而耐久；另一类是气体浮力材料，必须有气密性外囊包裹，形成浮囊，才能使用，如第6章所述。

其中，木棉纤维、香蒲纤维等是呈絮状的纤维集合体浮力材料，依靠纤维自身的低密度和纤维之间的空隙达到较小的体积质量，以提供较大的浮力；而软木和泡沫塑料属于片状浮力材料，依靠材料闭合的表面和内部互不连通的大量孔洞来提供浮力。这也是目前固有浮力材料的两大类别。显然，质轻、拒水、耐压缩、手感柔软是固有浮力材料应达到的理想特性。

固有浮力材料以填充的方式包裹于外层材料之内，能提供相当高的浮力，价格便宜，安全可靠；不足之处是固有体积较大，使用和存放不方便。其中泡沫救生具广泛用于近岸救生和各种船只，而木棉纤维集合体填充的救生具则用于军方。

由气体密封于气密性面料中形成气囊提供浮力的充气式救生具，具有不用时体积小、便于携带、提供浮力大等优点，适合用于空间狭小的使用场所，如航空用救生衣均为此类。但其致命缺点是一旦气囊破裂，浮力将完全损失，导致救生失效。对于在枪林弹雨的战场环境下使用的救生具而言，使用气囊提供浮力有很大的风险。这也是研究者不断改进固有浮力材料的原因之一。

依靠轻质拒水固有浮力材料及气囊共同提供浮力，则同时兼具了两者的优缺点，也多为军方所选用。

7.1.3　性能要求

常用的固有浮力材料有木棉絮状材料和泡沫塑料两大类，且泡沫塑料的使用更加广泛。根据各种标准规定的性能要求见表 7-1。

表 7-1　固有浮力材料性能要求

标准	性能要求
ISO 12402	压缩性能：能承受正常穿用中的压缩和运动而不会造成永久浮力损失，在淡水、空气中分别反复压缩 500 次后，浮力损失不超过 10% 耐热性能：高低温循环 10 次后，体积变化率 ≤ 5% 抗拉强度不低于 140 kPa 此外，还有密度、耐油、耐压缩变形及浮力保持系数等要求
IMO MSC81（70）	泡沫浮材：耐 -30 ~ 65 ℃高低温 10 个循环；浸水 7 天浮力损失率 ≤ 5%，经过柴油浸泡的浮力损失率不大于 16%
GB 4303	耐 -30 ~ 65 ℃高低温循环 10 次，浮力材料结构没有变化 浸入水中 1 天和 7 天后，淡水中浮力损失率不大于 5%；经过柴油浸泡的浮力损失率不大于 10%；抗拉强度不低于 140 kPa，在高低温 10 个循环及柴油 24 h 浸泡后强度损失不大于 25%

ISO 对两类固有浮力材料规定了同样的性能要求，并根据具体使用情况规定了干态和湿态下的压缩性能及材料的耐热性能。

从使用要求看，救生具的固有浮力材料首先要求有柔软的手感、良好的适体性，以便使用者乐于穿用；其次是要求有良好的压缩弹性回复率，以保证救生具在使用过程中经受反复挤压后，仍有足够的浮力。因此，从材料力学角度看，应该考核固有浮力材料的压缩模量和压缩功回复率等力学指标。目前，从浮力材料品种的角度看，英、美、日等国多采用薄的片状浮材通过黏合剂适度黏合来提高泡沫的柔软度，但这些进展在现有标准中尚未充分体现出来，只有部分标准如 MIL 对黏合剂性能有规定。

在性能测试方面，内容包括密度、浮力、压缩性、热稳定性、浮力保持系数、拉断强度、耐油、冷挠性、压缩变形、厚度等。

热稳定性测试的温度范围与救生衣整体的热温度性测试相同。IMO、ISO均规定进行高低温循环测试，但 IMO 要求浮力损失率 < 5%、外观与结构无损；ISO 以体积损失率为判断依据。GB 的热稳定性规定 65 ℃、8 h 后无发黏，–30 ℃、8 h 后无龟裂，需要经受 10 个温度循环；同时，规定了浸入水中 1 天和 7 天后，淡水中浮力损失率不大于 5%；经过柴油浸泡的浮力损失率不大于 10%。

IMO 规定将试样浸入在 1.25 m 深的淡水下历时 7 天，检测 1 天及 7 天浸水后的浮力损失率。GB 4303—2008 则完全采纳了 IMO 海安会 MSC.81（70）和 MSC.200（80）决议的相关规定。ISO 规定固有浮力材料在淡水中以 500 kPa 压强循环加压 4 次，测初始浮力；在淡水中，用金属平板慢慢加压至 50 kPa，循环压缩 500 次，检测是否有破坏，在 23 ℃、50% RH 下干燥 7 天，在空气循环压缩 500 次，平衡 3 天后，测最终浮力，浮力损失率应 ≤ 10%。

特别具体而详细的测试方法可以参考相关标准。

7.2 纤维集合体固有浮力材料

7.2.1 基本性能要求

纤维集合体浮力材料依靠纤维之间的缝隙和纤维自身的中腔达到较小的体积密度从而提供一定的浮力倍数。纤维集合体浮力材料最大的优点是手感柔软适体，长期穿用舒服，便于人体弯腰、曲体等各种活动。比较而言，用纤维集合体制成的救生具具有如下优点。

（1）有高的浮力倍数即单位质量浮力材料所提供的浮力，如木棉纤维集合体的浮力倍数可达 25 ~ 36。

（2）舒适贴体，手感柔软。

（3）较好的压缩弹性回复率和抗压缩性能。

（4）较优的抗老化性能。

（5）包覆外囊破裂后，由于材料自身的不可浸润性能，浮力损失率小，安全可靠。

（6）价格低廉。

因此，纤维集合体浮力材料，尤其是木棉纤维集合体浮力材料，以其舒适贴体性能和安全可靠性能而超越其他浮力材料，成为我国及其他各国海军官兵日常穿用的首选救生具。

根据 ISO 12402-8 Personal flotation device-Part 8: Additional items，safety requirements and test methods 规定，纤维集合体浮力材料应具有以下性能。

一是足够大的浮力。浮力测试方法为将浮力材料浸入水下 5 cm 后根据阿基米德定律测定。

二是足够小的浮力损失率。浮力损失率是指浸入水中 24 h 后的残存浮力与初始浮力的差占初始浮力的百分数，用以衡量其浮力保持性。一般要求 24 h 浮力损失率不大于 5%。

三是一定的抗压缩性能。一般要求经过一定的反复压缩后，其浮力损失率不大于 10%，即相当于体积损失率不大于 10%。

此外，浮力材料还应具有一定的耐化学品性能、耐候性、耐老化、热稳定性能等。

为了有效比较不同浮力材料提供浮力的能力，可采用浮力倍数，即单位质量浮力材料所提供的浮力这一个评价指标。研究表明，浮力材料的浮力倍数应在 20 以上，方能适应救生具的使用要求。

显然，浮力和浮力损失率是评价浮力材料的最主要和基本的指标，这两个指标与纤维本身的物理化学性能和纤维集合体的结构参数紧密相关，特别与抵御水的浸润能力紧密相关。

7.2.2　浮力的影响因素

纤维集合体浮力材料通过一定水压下具有的较小体积质量，来提供较大浮力。纤维集合体体积质量的大小，影响其浮力及浮力保持性。

根据阿基米德浮力定律，物体在水中的浮力等于其所排开的水的重力，而救生浮力材料的承载力是浮力材料的浮力与重力之差。通常以浮力倍数来衡量不同浮力材料承载力的大小。浮力倍数越大，单位质量浮力材料所能提供的承载力越大，浮力材料提供浮力的能力越强。纤维集合体凭借纤维内部的孔隙（如木棉）和纤维之间的缝隙孔洞获得较小的体积质量，从而在水中产生较大的排水量提供较大的浮力倍数。因此，选用体积质量小的纤维集合体，可以获得较大的浮力倍数。

但是，随纤维集合体体积质量的减少，将导致两方面的问题：一是当纤维有隔水材料包裹时，纤维集合体在水中受到水的压力后易被压缩，使其在水中的体积质量增大，浮力保持性差；二是当包裹材料受损、纤维接触水时，因纤维集合体具有较大的孔隙率，特别是纤维集合体的孔隙有较大尺寸时，即使纤维表面的拒水性良好且水与纤维具有较大的接触角，也会因水的压力大于缝隙孔洞所形成的毛细管附加压力，导致水渗入纤维的缝隙孔洞之中，降低纤维集合体的实际排水量，导致浮力的大量损失。这两方面的问题，前者取决于纤维集合体在一定水压下的压缩变形程度及定压下的蠕变性能；后者取决于纤维之间的缝隙孔洞及水对纤维及集合体的浸润性能。

同理，随着纤维集合体体积质量的增加，在有外囊包覆条件下，其抗压缩能力提高，外囊破裂时由于纤维间孔隙减少导致其抵御水压的能力提高，这将有利于提高浮力材料的浮力保持性；但是，体积质量的增加导致在提供同样浮力的条件下纤维质量增加，从而降低浮力倍数。因此，对于纤维集合体浮力材料而言，合适的体积质量对其提供浮力的能力至关重要。

纤维集合体是由大量单纤维通过一定的聚集密度、排列方式形成的具有一定空间几何结构的集合体，其性能一方面决定于单纤维的性能，另一方面决定于纤维集合体的聚集结构。因此，影响纤维集合体浮力材料性能的因素有：单纤维结构与性能，如单纤维密度、细度、长度、卷曲程度、纤维的弯曲和压缩变形性能、纤维的浸润性能、耐热性能、耐酸碱性能等；纤维集合体的结构与性能，如纤维聚集方式、聚集密度、孔隙结构、浸润性能和压缩性能等。

7.3　木棉纤维集合体浮力材料

木棉纤维以其巨大的中腔和较小的体积质量、优良的拒水性能、丰富而价廉的原材料而成为目前几乎是唯一使用的纤维集合体浮力材料。

7.3.1　木棉的植物学分类

木棉属被子植物门、双子叶植物纲、锦葵目、木棉科植物。木棉科约有20

属，180种，广布热带地区，主产热带美洲。中国原产1属2种，加上引种栽培，我国现有木棉科植物共有7属9种，见表7-2。其中异木棉是典型的观花乔木、不结果。结果且果实内具有绵毛的共有6种。目前应用的木棉纤维主要指木棉属的木棉种、长果木棉种和吉贝属的吉贝种这3种植物果实内的绵毛。

木棉种是我国木棉科植物中的主要品种，落叶大乔木，高达20～40 m，树干粗、长有扁圆形皮刺，叶为掌状复叶，小叶5～7片；花红色或橙红色，早春先叶开放，单生于枝顶叶腋，花瓣5片，花期3～4月。夏季长椭圆形的蒴果成熟后，裂为5瓣，露出木棉絮。种子粒数多，光滑，倒卵形，藏于絮内。长果木棉种开黄色或橙黄色花。与木棉种相比，蒴果长、花丝比木棉多且纤细，上下等粗。

吉贝种是速生落叶乔木，主要产于印度尼西亚、尼日利亚、美国等，典型品种为爪哇木棉，我国海南、云南、广西等地有引进栽培。可高达30 m，叶为指状复叶，小叶5～9枚；花白色，先于叶或与叶同时开放，多数簇生于上部叶腋间，花期3～4月。长圆形的蒴果成熟后，裂为5瓣，露出木棉絮，种子粒数多，圆形，光滑，藏于絮内。

我国南方收取木棉纤维制作被褥的历史，可以追溯到晋代。但自宋、元以后，随一年生草本棉的传播推广，木棉已不是获取纤维的主要植物。但木棉枝干伟岸挺拔、花色鲜红似火，且成长较快，适合于作为行道树种植。目前，广州市内栽有32万棵木棉；木棉花是广州市和高雄市的市花。

表 7-2 我国现有的木棉科植物

属别	种名	学名	别名	原产地	在我国的分布	有否绵毛
木棉属	木棉	Bombax malabaricum（Gossampinus malabarica）	英雄树、攀枝花、斑芝树、英雄树	中国	广布我国亚热带地区	有
	长果木棉	Bombax insignis（Gossampinus insignis）	无	中国	云南西部至南部	
异木棉属	异木棉	Chorisia speciosa St.	美人树	南美洲	海南省	无
瓜栗属	瓜栗	Pachira macrocarpa Walp	发财树、马拉巴栗	中美洲	广东、海南、云南等省	有
	水瓜栗	P.insignis Sav.	野瓜栗	美洲	广东省	

属别	种名	学名	别名	原产地	在我国的分布	有否绵毛
吉贝属	吉贝	Ceiba Pentandra Gaeritn	爪哇木棉、美洲木棉	美洲	云南、广西、广东、海南等省/自治区	有
猴面包属	猴面包树	Adansonia digitata Linn	无	非洲	福建、广东、云南等省	无
轻木属	轻木	Ochroma lagopus Swartz	百色木	美洲	云南、广东、海南等省	有
榴莲属	榴莲	Durio zibethinus Murr.	无	印尼	海南省	无

我国的木棉纤维主要来自木棉属的木棉种。一株成年期的木棉树可产 $5\sim8\,kg$ 的木棉纤维，目前包括我国在内的木棉纤维的全球年产量约为 $19.5\times10^4\,t$。

由于锦葵目下的锦葵科棉属植物与木棉科植物所产纤维的相似性以及历史文献的地域局限性，木棉这一名称的指义在文献中尚存在多种歧义：①我国古代文献如康熙著的《木棉赋》等中称一年生草本棉（俗称棉花）为"木绵"或"木棉"；②在古籍中也称另一种灌木状的多年生树棉如《后汉书》中的梧桐木为"木棉"；③古籍中的"吉贝"多指树棉，而现代植物学所称"吉贝"是植物学名称 Ceiba 的拉丁文音译。木棉和草本棉、树棉的最大区别是在近代和现代纺纱设备条件下，木棉纤维不能纺纱，只能用作絮填材料；而草本棉和树棉的纤维能够纺纱织布。另外，还有些相近的概念易混淆：如日文中的"木绵"实指草棉或普通棉纤维；日文中的"虎木绵"是高湿模量黏胶纤维 Polynosic 的日本商品名（即我国的强力黏胶纤维）。

此外，木棉纤维在英文中也有多种名称，典型的有 kapok（东南亚）、tree cotton、java cotton（印度尼西亚）、silk cotton（英国）等，其中最典型的两种 kapok 品种是 Indian kapok 和 java kapok。

7.3.2 结构与性能

7.3.2.1 形态结构

木棉纤维属单细胞纤维，与棉纤维相同。但棉纤维是种子纤维，由种子的表皮细胞生长而成，纤维附着于种子上。而木棉纤维是果实纤维，附着于木棉蒴果壳体内壁，由内壁细胞发育、生长而成。木棉纤维在蒴果壳体内壁的附着力小，分离容易。开裂的木棉果实以及从木棉蒴果中取出的和分离出种子后的木棉分别如图 7-1 所示。木棉纤维的初步加工比较方便，不需要像棉花那样须经过轧棉加工，只要手工将木棉种子剔出或装入箩筐中筛动，木棉种子即自行沉底，所获得的木棉纤维可以直接用作填充料或手工纺纱。

(a) 开裂的木棉果实　　　　(b) 从蒴果中取出的木棉絮　　　(c) 分解出种子后的木棉纤维

图 7-1　木棉树及其纤维

木棉纤维有白、黄和黄棕色 3 类色泽。木棉纤维长 8 ~ 32 mm、直径为 20 ~ 45 μm。纵向外观呈圆柱型，表面光滑，不显转曲；截面为圆形或椭圆形，中段较粗，根端钝圆，梢端较细，两端封闭，细胞中充空气。纤维的中空度高达 80% ~ 90%，胞壁薄，接近透明。截面细胞破裂后，纤维呈扁带状。

木棉纤维的纵向外观和横截面结构如图 7-2 所示。可以看出，木棉纤维纵向易折，而横截面尺寸差异较大，纤维壁厚 1 ~ 2 μm。

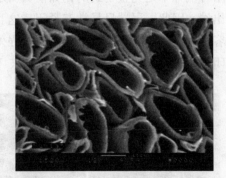

(a) 纵向形态　　　　　　　　　　　　　(b) 横截面

图 7-2　木棉纤维的电镜照片

图 7-3 为冷冻断裂制样获得的木棉纤维放大的横截面和纵向形态照片。由图 7-3（a）可知自然状态下木棉纤维的横截面结构，胞壁在 0.74 μm 左右，但波动在 0.63 ~ 1.25 μm，中腔直径达 15 μm，中空度高达 97%。因

此，木棉是迄今为止中空度最高的中空纤维，化学纤维目前的中空度也只能达 40%。图 7-3（b）为放大的横截面胞壁。胞壁断面上有呈层状排列的大小不一的孔洞，最大尺度为 300 ~ 400 nm。这种孔洞在采用切片方法制样时并不存在，所以，孔洞是由于胞壁存在着纤维素大分子相对紧密排列的微纤和相对疏松的无定型区，断裂时由原纤抽拔形成。从图 7-3（c）可知，纤维纵向表面有微小凸痕，但不均匀，也没有如棉纤维一样的转曲。木棉纤维不存在类似于棉纤维次生胞壁纤维素淀积过程。

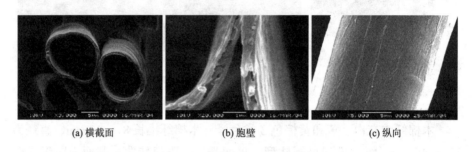

(a) 横截面　　　　　　　(b) 胞壁　　　　　　　(c) 纵向

图 7-3　木棉纤维截面和纵向形态

图 7-4 给出了木棉纤维头尾端照片。图 7-4（a）显示，木棉纤维的头端逐渐变细；图 7-4（b）显示了同一根木棉纤维的呈球状的尾端，为在果荚上的附着端；图 7-4（c）则为图 7-4（b）附着端的放大电镜照片，可见其附着端并不是完整密封的，如箭头所示，头端可见裂纹，很可能是中腔的露出端，因此，尾端只是常态紧闭，这和传统的叙述不同。成熟的木棉纤维很容易脱落果荚，不像棉纤维需要较强外力从种子分离，所以其附着端总是紧闭的。这导致外部物质难以通过未破坏的木棉纤维的两端进入到其中腔内。

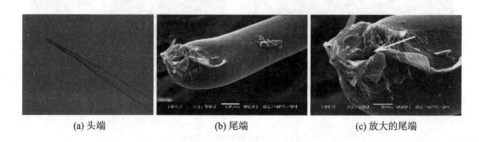

(a) 头端　　　　　　　(b) 尾端　　　　　　　(c) 放大的尾端

图 7-4　木棉纤维头端形态

这些图片明确了木棉纤维薄壁大中空、两端封闭的典型形态结构，其中，头端逐渐变细，尾端较粗、呈自然紧闭状态，外部物质难以通过未破坏的木棉纤维的两端进入到其中腔内。这是木棉纤维作为不可替代的浮力材料的结构基础。

7.3.2.2 基本理化性能

木棉纤维主要由纤维素和木质素组成。其结晶度为 35.9%，双折射率为 0.017，均低于棉纤维，且结构较棉纤维疏松。同等条件下，纤维胞壁孔隙尺寸较棉纤维大，孔隙率较棉纤维高。木质素的存在提高了木棉纤维的耐热性能，使得其开始分解温度为 2964 ℃，和棉纤维相当，但在 354 ℃时木棉纤维基本停止分解，而棉纤维的分解则继续进行。且木棉纤维内部水分含量高于棉纤维，导致了其回潮率高于棉纤维。木棉纤维的基本理化性能见表 7-3。

表 7-3　木棉纤维的基本理化性能表

性能	指标	性能	指标
线密度 /dtex	0.9 ~ 3.2	长度 /mm	8 ~ 34
密度 /（g·cm⁻³）	0.3	断裂长度 /km	8 ~ 13
断裂伸长率 /%	1.5–3.0	回潮率 /%	10.00 ~ 10.73
压缩模量（kPa）（絮状集合体在 10 kPa 压强下）	43.63	相对扭转刚度 /（cN·cm²·tex⁻²）	71.5×10^{-4}
光学性能	平均折射率为 1.71761，耐光好	化学性能	耐酸碱性好，常温下弱酸和强碱均没有影响

木棉纤维的薄壁大中空结构和细胞未破裂时的气囊结构使木棉纤维具有较高的抗扭刚度和抗压性能；表面较多的腊质使纤维光滑、不吸水、不易缠结，且具有一定的防虫效果；单纤维密度为 0.30 g/cm³，远远小于水，导致其纤维块体在水中可承受相当于自身 20 ~ 36 倍的负载重量而不致下沉。因长度较短、强度低、抱合力差、缺乏弹性，故难以单独纺纱，但可以与棉纤维混纺。

木棉纤维极轻的单纤维密度、吸油超拒水的性能，是作为浮力材料的性能基础。

7.3.3　超拒水性能

图 7-5 给出了木棉和黏胶单纤维对水的浸润曲线。显然，就木棉与黏胶纤维比较而言，木棉纤维初始接触蒸馏水时的力值几乎近于零，具有良好的不可浸润性能；而黏胶纤维初始接触蒸馏水时的力值变化明显，且远远大于

液面闭合时的力值变化，具有良好的可浸润性能。

表 7-4 给出了木棉和黏胶纤维的具体实验数据。通过计算得到的木棉纤维接触角约为 157°，远远大于涤纶和其他现有纤维的接触角，而黏胶纤维的接触角约为 45°。

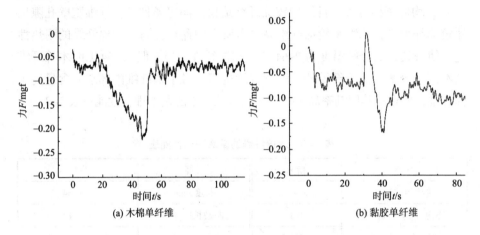

(a) 木棉单纤维 (b) 黏胶单纤维

图 7-5 木棉、黏胶单纤维的浸润曲线

表 7-4 木棉和黏胶纤维的实验数据

纤维	F_{AB}（mgf）	F_{CD}（mgf）	θ（°）
黏胶纤维	0.09	0.03	45
木棉纤维	0.02	0.13	157

注 F_{AB} 为初始接触蒸馏水时的力值变化，F_{CD} 为液面闭合时力值变化；1 mgf=9.8 × 10^{-4} cN。

图 7-6 给出了用静滴法测试的木棉单纤维及其集合体、黏胶纤维接触角的示意图。可见，木棉纤维拒水性能极好，液滴几乎站立于单纤维上。这是瞬间拍摄记录图片，由于液滴和单纤维接触面积小，难以支撑液滴重量，液

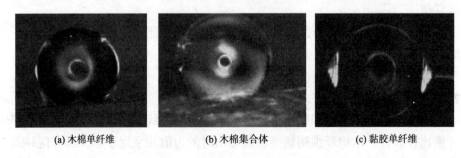

(a) 木棉单纤维 (b) 木棉集合体 (c) 黏胶单纤维

图 7-6 木棉单纤维及集合体、黏胶单纤维的接触角

滴大多有滚落趋势或直接滚落，而很难出现如同黏胶纤维般的悬滴，即液滴穿过纤维并紧紧黏附包裹于纤维上。

对于木棉纤维，通过直接测量角度的方法，获得蒸馏水和木棉纤维的接触角约 150°；对于黏胶纤维，通过测量纤维沿长度方向的轴线和悬滴切线所形成的角度，计算其接触角约为 51°。

7.3.4　压缩性能

7.3.4.1　木棉纤维集合体在一定压强下的体积质量

图 7-7 给出了不同初始体积质量下的木棉纤维集合体在不同压强下保持 10 min 后的体积质量。显然，在本实验中的不同初始体积质量下，木棉纤维集合体在较大的固定压强下压缩后的体积质量趋于一致，且随着压强的增加，其体积质量增加，但是达到很大的压强之后，体积质量将趋于一个极限值，就和典型的压缩曲线一样。

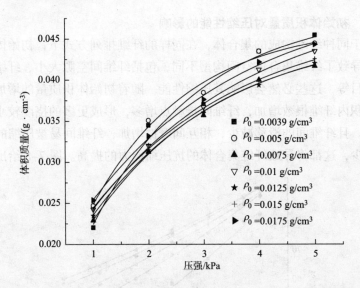

图 7-7　不同初始体积质量的木棉纤维集合体在不同压强下的体积质量

如果木棉纤维集合体在某一固定的压强条件下使用，当初始体积质量小于该压强下的最终体积质量，木棉纤维集合体将被压缩至该体积质量；当初始体积质量大于该压强下的最终体积质量时，不考虑蠕变，则木棉纤维集合体不再被压缩，但受包裹物的限制也不发生膨胀，保持原有的体积质量。

对浮力材料而言，过小的初始填充体积质量没有意义。因为浮力材料在使用过程中要承受水压作用，当较小初始填充体积质量的木棉纤维集合体进入水中后，首先会被水压压缩到某一较大的体积质量。各国相关标准规定浮力材料的浮力测试在水下 5 cm 处进行，相当于在 0.5 kPa 下进行测试。事实上，在军用救生衣的实际使用过程中，会发生从 6 米高甲板跳下等使用条件，冲击压强远远大于 0.5 kPa。而过大的初始填充体积质量将损失其能提供的浮力倍数，尽管此时的抗浸润性能好，但并不合适。

表 7-5 给出了不同压强下，木棉纤维集合体具有的合适的体积质量。可以看出，在 5 kPa 的压强下，木棉纤维集合体的合适的体积质量为 0.043 g/cm^3。

表 7-5　木棉纤维集合体在不同压强下相对应的体积质量

压强 /kPa	1	2	3	4	5
对应体积质量 / (g · cm^{-3})	0.024	0.032	0.037	0.041	0.043
极差 / (g · cm^{-3})	0.003	0.004	0.003	0.004	0.003

7.3.4.2　初始体积质量对压缩性能的影响

对于同种纤维构成的集合体，在同样的纤维排列方式下，初始体积质量的差异导致了纤维集合体空间构型不同，包括纤维间空隙大小、纤维间的接触点数目等，这些必然会影响其压缩性能。随着初始体积质量的增加，导致单位体积内纤维根数增加，纤维间接触点增多，形成更多的挠度较小的简支梁结构。且纤维间的滑移减少，相互间摩擦增加，纤维间易被压缩的空隙也大大减少，这都将导致纤维集合体的抗压缩能力的提高。图 7-8 给出了不同

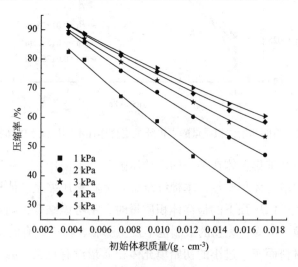

图 7-8　不同初始体积质量下的木棉纤维集合体在不同压强下的压缩率

压强下木棉纤维集合体的压缩率与其初始体积质量的关系。显然，在同样的压强下，随纤维集合体初始体积质量的增加，压缩率逐渐降低，集合体的抗压缩性能提高。

图 7-9 给出了同样初始体积质量下木棉纤维集合体在不同压强下的压缩率。在同样初始体积质量下，随着压强的增加，纤维集合体的压缩率增加。当在不同的初始体积质量下，纤维集合体的体积质量越大，随压强的增加，压缩率的变化也就越大。比如，在 0.0039 g/cm³ 的初始体积质量下，压强为 1 ~ 5 kPa 时，压缩率增加量为 9%；而在 0.0175 g/cm³ 的初始体积质量下，压强为 1 ~ 5 kPa 时，压缩率增加量为 29.5%。

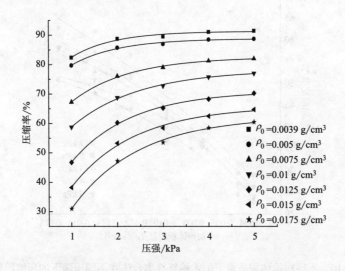

图 7-9　一定初始体积质量下的木棉纤维集合体在不同压强下的压缩率

压缩回复率也将受到集合体初始体积质量的影响。对于同种纤维构成的集合体，较小的初始体积质量意味着单位体积内纤维根数的减小，纤维间接触点少，形成的几何结构不稳固，纤维之间容易发生较大的不可逆的滑移。同时，纤维集合体空间存在较多较大的孔隙，当受到压缩时，其空间构型容易发生不可逆的压缩。因此，在同样压强下，较小的初始体积质量将达到较大的压缩率和较小的压缩回复率。

图 7-10 给出了不同初始体积质量下的木棉纤维集合体在不同压强下的压缩回复率。在同样的压强下，随着集合体初始体积质量的增加，压缩回复率也增加。在同样的初始体积质量下，随着压强的增加，集合体的压缩回复率也降低。

　　显然，对于同种纤维构成的集合体，通过提高初始体积质量，可以提高其抗压缩性能和压缩回复率，这对于其他纤维材料同样适用。

　　从上述四组曲线（图7-7～图7-10）可知，木棉纤维集合体是一个可压缩性较大，可回复性较弱的纤维集合体。如果不能有效地提高其抗压缩性和压缩回弹性，尽管其静态指标和提供浮力的能力极优，但在实际使用中会产生偏颇和设计余量不足，而影响使用的安全性与可靠性。因此，在保证不可浸润性能的前提下，对于木棉纤维集合体浮力材料设计，应该采用冗余设计，或者提高其压缩回弹性能。

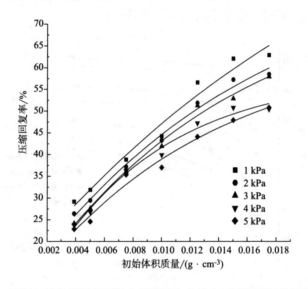

图7-10　不同初始体积质量下的木棉纤维集合体在不同压强下的压缩回复率

7.3.4.3　木棉纤维集合体的蠕变性能

　　纤维集合体的蠕变性能将影响长时间存储和使用条件下纤维集合体浮力材料提供浮力的能力。图7-11给出了不同压缩时间下木棉纤维集合体的压缩率和回复率。其随时间变化的规律和大多数纺织纤维材料一样，随受压时间的增加，压缩率呈指数关系增加，而回复率呈指数关系下降。因此，长期的存储条件势必增加木棉纤维集合体的压缩率，降低其回复性能，导致体积质量的增加，从而导致浮力倍数减少。长时间压缩条件下，导致体积质量增加的同时，弹性回复率也减少，这和同样压缩时间下体积质量和回复率的关系是不同的。长时间的压缩，使得纤维集合体由较小的体积质量变成较大的体积质量，并使得改变的结构在长时间压缩下变得相对稳定。纤维之间在长时间压缩下可以回复的滑移被重新固定在新的位置而不能回复到原始状态，这导致了压缩时间变长，尽管体积质量增加、纤维间孔隙减少，但回复率同时降低。而在短时间的压缩条件下，体积质量的增加使得纤维间接触点增多，纤维间摩擦增加，不容易滑移，或者部分滑移在没有完全固定在新的位置前由于压力的去除又回复到原始位置，导致随着体积质量的增加而回复率增加。

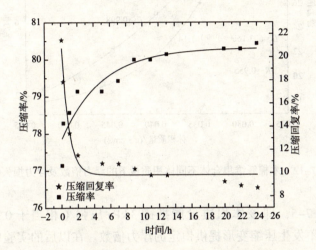

图 7–11　不同时间下木棉纤维的压缩率和压缩回复率

7.3.5　浮力性能

7.3.5.1　使用的适用体积质量

假定纤维集合体表面不黏附水，水的密度以 1 g/cm³ 计算，纤维集合体浮力材料提供的浮力倍数是该集合体在一定应用压强下具有的体积质量的倒数。显然，过小和过大的体积质量对于纤维集合体浮力材料都是不适用的。图 7–12 给出了木棉纤维集合体在不同体积质量下的浮力倍数及浮力损失率。随木棉纤维集合体体积质量的增加，其所提供的浮力倍数和浮力损失率均呈指数规律减少。其中，浮力损失率的指数关系回归方程为：$L_b=603.16e^{(-\rho/0.008)}+1.14$，相关率为 0.955；浮力倍数的指数关系回归方程为：$F_b=81.49e^{(-\rho/0.023)}+10.12$，相关率为 0.998。

根据救生具用浮力材料浮力倍数应大于 20，浮力损失率小于 5% 的原则，并结合浮力损失率的回归方程和浮力倍数的理想值，计算得到木棉纤维集合体作为浮力材料的最佳体积质量范围为 0.038 ~ 0.05 g/cm³。因为浮力倍数越大越好，所以，理论上，在此范围内的最小体积质量为最佳，故 0.038 g/cm³ 为最佳值。

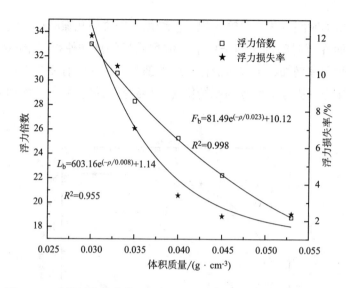

图 7-12 木棉纤维集合体不同体积质量下的浮力倍数及浮力损失率

根据表 7-5，即该体积质量能抵御 3 kPa 压强（相当于 0.3 m 深的水压）而保持不发生压缩变形提供恒定的浮力倍数。在以后的实验中，取 0.04 g/cm³ 的体积质量作为研究其他浮力材料的浮力性能评价的参考。同时，根据前面木棉纤维的压缩实验所示，过小的体积质量是毫无意义的。因为在水压作用下体积质量有一个极限值，比如，当放入初始体积质量为 0.02 g/cm³ 的木棉纤维集合体时，5 min 后根据浮力计算得到其体积质量为 0.03 g/cm³，即在水压作用下，木棉被压缩至较大体积质量。

7.3.5.2 在浸水不同时间后的质量增加率

由于木棉纤维具有优良的拒水性能，因此，其集合体在浸水后的质量变化可以反映水对木棉集合体的浸润性能。图 7-13 给出了不同体积质量下，木棉纤维集合体在浸水不同时间后的质量增加率。浸入水中 5 min 时，随体积质量的增加，质量增加率相当小，且没有明显的规律。这表明木棉纤维拒水性能良好，在 2 kPa 压强（实验时，木棉纤维集合体入水深度为 0.2 m）下，水不可能进入到木棉纤维集合体的毛细管中，即使在 0.01 g/cm³ 的小体积质量下。水只是黏附于集合体表面毛细孔隙较大的部分纤维上，并由于纤维集合体表面的不均匀性，导致了实验数据的不规律性。

但是，进入水中 24 h 后，木棉纤维集合体的质量增加率呈显著增加，且随体积质量的增加而显著减少。在 0.02 g/cm³ 的体积质量下，进水 24 h 后的质量增加率为 79.6%，比进水 5 min 后高出 67.6%；在 0.045 g/cm³ 的体积质量下，进水 24 h 后的质量增加率为 45.2%，比进水 5 min 后高出 42.0%。尽管如此，根据实验观察，水依然没有进入到纤维集合体的毛细管中，而是部分液态水黏附于纤维集合体表面，即集合体内部并没有液态水出现，但内部纤维感觉潮湿，这是由于木棉纤维较大回潮率导致的。在标准大气条件下，棉纤维回潮率为 8.5%，吸收 6% ~ 8% 的气态水分子；在 100% 相对湿度下，棉纤维吸收自重 25% ~ 27% 的湿气；而木棉纤维在标准大气条件下，回潮率为 10.8% 左右，根据本章实验，在 100% 相对湿度下，木棉纤维将吸收自重 45% ~ 55% 的气态水分子。显然，木棉纤维对湿态环境比较敏感，这对于浮力材料而言是不利的。同时，尽管 24 h 后集合体质量有所增加，但根据图 7-13 的浮力实验数据，可以得知其浮力损失依然较小，原因在于木棉纤维提供了远远高于自重的浮力倍数。但可以肯定，如果木棉纤维集合体长期置于水中，尽管其拒水性能良好，也将导致浮力的大量损失。因此，在实际使用中，木棉纤维是有拒水性外囊包覆的。

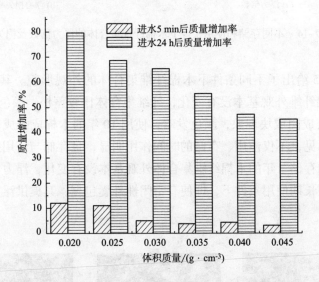

图 7-13　木棉纤维集合体浸水不同时间下的质量增加率

7.3.5.3　不同使用和存储条件下的浮力行为

由于压缩、温湿度及时间的作用，木棉纤维集合体材料的浮力倍数及浮力损失率都将发生变化，不同存储和使用条件下木棉纤维集合体的实验结果如图 7-14 所示，值得注意的是木棉的存储及使用都是在有拒水性外囊包裹的条件下。尽管有外囊包裹，木棉纤维集合体在长期使用和存储后，浮力倍数有所降低，浮力损失率增加，特别是使用过 5 年和 7 年的木棉纤维，浮力损失率分别为 4.71% 和 4.65%。虽然这依然在可使用范围内，但比较危险。对新的木棉纤维集合体来说，相同体积质量下的浮力损失率均在 3% 以内。

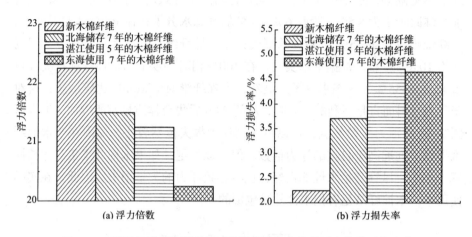

图 7-14　不同存储和使用条件下木棉纤维集合体的浮力倍数及损失率

图 7-15 给出了不同条件下木棉纤维集合体的外观形貌。其中，存储 7 年后，木棉纤维外观基本没有变化，纤维集合体比较蓬松，颜色白；使用 5 年的木棉有成团成块现象，颜色发暗；使用 10 年的木棉成团成块严重，颜色发黑。可见，不仅使用、存储的时间作用明显，且存储与使用条件也有明显影响，如存储 7 年的木棉纤维集合体外观基本没有变化，浮力性能也相对较好；而在长期使用条件下，即使有密闭性外囊包裹，其提供浮力的能力也大大降低。

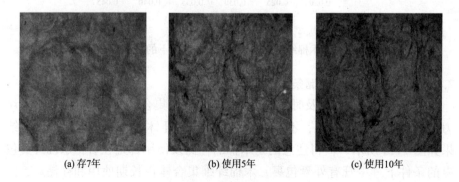

(a) 存7年　　　　　　(b) 使用5年　　　　　　(c) 使用10年

图 7-15　木棉外观形貌

7.4 木棉复合纤维集合体浮力材料

如前所述，作为浮力材料应具有的基本要素是：密度低于水；在一定压力下，水不能浸润并渗入到纤维集合体内部。对于纤维集合体而言，除了单纤维自身密度和浸润性能外，体积质量是决定纤维集合体密度和浸润性能的关键因素。对于两种组分混合的纤维集合体浮力材料，混合比例、混入纤维细度是影响体积质量的要素。为了指导混合比例的选用，建立纤维集合体浮力材料的理论模型，分析各影响因素和相关材料性能将对于选材具有指导意义。

7.4.1 理论模型
7.4.1.1 单一纤维浮力材料理论模型研究

经开松的纤维通常呈单纤维状态。装入包裹材料后纤维基本呈无规则的分布状态。在外界压力的作用下，各处的纤维密集程度相对一致。由纤维集合体的缝隙孔洞形成的毛细管的总表面积，可以看作是每根纤维的表面积之和；毛细管的平均半径可简化在集合体的总体积内，当纤维之间的缝隙孔洞以圆柱形描述时的平均半径。

假设纤维集合体中的纤维呈平行排列，纤维之间均留有空隙，纤维截面为圆形，纤维直径均匀；且只考虑由于外界压强大于集合体内毛细管附加压强下液态水进入纤维缝隙孔洞造成的浸润而引起的浮力损失，不考虑因水对纤维的浸润而造成的浮力损失，即水和纤维的接触角 $\theta > 90°$。

设纤维集合体总质量为 m（g），名义体积质量为 δ（g/cm^3）；纤维线密度为 Tt（tex），纤维密度为 δ_f（g/cm^3），纤维半径为 r_f（μm）；纤维集合体内纤维之间孔隙的表面积为 S（cm^2），毛细管平均半径（即平均孔隙半径）为 $\bar{r}$（μm）。

假定纤维集合体外围纤维和纤维两端面的表面积对集合体总表面积的贡献可以忽略不计，则纤维集合体的总表面积 S_f 即为孔隙的总表面积 S。则纤维间孔隙总体积 V_0 为集合体体积与纤维体积之差：

$$V_0 = \frac{m}{\delta} - \frac{m}{\delta_f} \tag{7-1}$$

根据纤维总体积和纤维总表面积的关系可以得出纤维总表面积，即孔隙总表面积为：

$$S = \frac{2 \times \dfrac{m}{\delta_f}}{r_f \times 10^{-4}} = \frac{2 \times \dfrac{m}{\delta_f}}{\sqrt{\dfrac{10^5 Tt}{\pi \delta_f}} \times 10^{-4}} \qquad (7\text{-}2)$$

纤维集合体中纤维之间毛细管的平均半径 $\bar{r}$（μm）为：

$$\bar{r} = \frac{2V_0}{S} \times 10^{-4} = \frac{\delta_t - \delta}{\delta} \times \sqrt{\frac{10^5 Tt}{\pi \delta_f}} \qquad (7\text{-}3)$$

根据 Laplace 方程，圆形毛细管的附加压力为：

$$P = -\frac{2\sigma\cos\theta}{r} \times 10^{-8} \qquad (7\text{-}4)$$

式中：P 为附加压力（Pa）；σ 为液气界面张力（N/cm）；θ 为液体与固体表面的接触角，这里 $\theta > 90°$；r 为毛细管半径。水的表面张力为 7.275×10^{-4} N/cm。

当水压大于纤维集合体纤维之间毛细管附加压力时，水将渗入毛细管，驱逐其中的空气，导致集合体浮力的大量降低。纤维集合体在水中所受静水压力与集合体入水深度有关。设纤维集合体所受静水压为 P_w（Pa）。当 $P_w \leqslant P$ 时没有足够的附加压力导致液态水进入到集合体的缝隙孔洞之间。此时，作为浮力材料的纤维集合体密度满足下述关系式（7-5）时，才能保证在水不进入集合体纤维之间的孔隙，从而具有湿态下的浮力保持性。

$$\delta \geqslant \frac{\delta_f}{1 - \dfrac{2\sigma\cos\theta}{P_w} 10^{-8} \times \sqrt{\dfrac{\pi\delta_f}{10^5 Tt}}} \qquad (7\text{-}5)$$

由关系式（7-5）可以看出，作为浮力材料的纤维集合体，在外覆材料破损时应具有的密度由集合体所受的压强 P_w、纤维的线密度 Tt、纤维密度 δ_f、水的表面张力 σ 及水与纤维的接触角 θ 这五个参数决定。

对于同一种纤维集合体，参数 Tt、σ、θ 是恒定的，而 P_w 由纤维集合体的入水深度决定，与实际使用情况相关。

根据参考文献以及本文关于木棉纤维的研究，未变形的木棉纤维具有的各项参数取值见表 7-6。当水深为 0.05 m 时，根据理论计算公式（7-5），不考虑木棉纤维的压缩，其具有的理论最小体积质量为 0.073 g/cm³。显然，这比根据实验回归方程确立的最小体积质量（0.038 g/cm³）大，尽管在同一个数量级，但要高出 1 倍。

表 7-6 木棉纤维相关参数

线密度 Tt/tex	密度 $\delta_k/$ (g·cm^{-3})	接触角 $\theta/$ (°)	半径 r_k/μm
0.07	0.30	157	14.82

根据本文研究和文献表明，木棉纤维中空度高达 97%，壁厚 1.0 μm，中空直径达 15 ~ 20 μm。这样高中空度的纤维在一定压强下必然产生压缩变形，导致纤维被压扁、体积减小从而密度增加，即 δ_f 是压强的函数，应该大于其未被压缩时的 0.30 g/cm^3。此时，对于同一种纤维集合体，其密度只由一个变量来决定其取值范围，即水压。

同时，由于纤维排列方向、纤维细度不均匀、纤维集合体表面积等被忽略的影响，导致了理论值和实验值的差异。为了便于以后的理论分析和计算，根据在同样水深条件下实验获得的体积质量应该与理论计算得到的体积质量相等的原则，根据实验值对理论公式加以修正，修正系数 k=0.038/0.073=0.52，即

$$\delta \geqslant 0.52 \times \cfrac{\delta_f}{1 - \cfrac{2\sigma\cos\theta}{P_w} 10^{-8} \times \sqrt{\cfrac{\pi\delta_f}{10^5 \text{Tt}}}} \tag{7-6}$$

公式（7-6）给出了密度取值范围的下限值。在不同水深条件下，木棉纤维集合体具有的最小体积质量理论值和水深关系如图 7-16 所示。可见，随着水深的增加，木棉纤维集合体具有的最小体积质量也随之增加。

当水深为 0.05 m 时，经过修正后的理论最小体积质量为 0.038 g/cm^3。通常而言，浮力材料的浮力倍数须在 20 以上，才能同时保证制成的个体救生装备重量轻并能提供足够浮力以使个体漂浮在水面。因此，相应的最大集合体密度为 0.050 g/cm^3。

图 7-17 给出了由不同密度的单纤维构成的纤维集合体浮力材料，根据公式（7-6），计算得到的不同水深下应具有的最小初始体积质量。显然，随着单纤维密度的增加，同样水压下，纤维集合体浮力材料所具有的最小初始体积质量也增加；随着水深的增加，为了抵抗水压作用，纤维集合体所具有的最小初始体积质量也增加。

7.4.1.2 两种纤维复合浮力材料理论模型

考虑两种纤维复合的浮力材料，假定：两种纤维分散均匀，即一个毛细管由两种纤维共同形成，不是由一种纤维单独形成。纤维集合体总质量

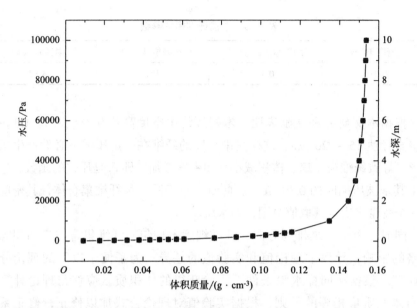

图 7-16　不同水深和水压下木棉纤维集合体浮力材料具有的理论最小值

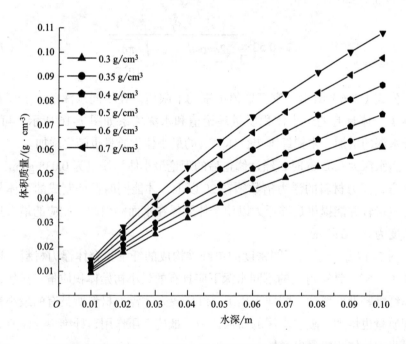

图 7-17　不同密度的单纤维集合体浮力材料在不同水深处应具有的最小体积质量

为 m（g），体积质量为 δ（g/cm^3），纤维集合体内纤维之间的孔隙表面积为 S（cm^2）；其中一种纤维线密度为 T_1（tex），纤维密度为 δ_1（g/cm^3），其在集合体中所占质量百分比为 $x\%$，其在集合体中的总表面积为 S_1（cm^2），与水的接触角为 θ_1；另一种纤维线密度为 T_2（tex），纤维密度为 δ_2（g/cm^3），其在集合体中的总表面积为 S_2（cm^2），与水的接触角为 θ_2，且 $\theta_2 > \theta_1$。集合体中毛细管平均半径（即平均孔隙半径）为 $\bar{r}$（μm）。

因此，纤维间孔隙总体积为：

$$V_0 = \frac{m}{\delta} - \frac{m \times (1-x\%)}{\delta_1} - \frac{m \times x\%}{\delta_2} \tag{7-7}$$

孔隙总表面积为：

$$S = \frac{2 \times \dfrac{m \times (1-x\%)}{\delta_1}}{\sqrt{\dfrac{10^5 T_2}{\pi \delta_2} \times 10^{-4}}} + \frac{2 \times \dfrac{m \times x\%}{\delta_2}}{\sqrt{\dfrac{10^5 T_1}{\pi \delta_1} \times 10^{-4}}} \tag{7-8}$$

纤维集合体中纤维之间毛细管的平均半径 $\bar{r}$（μm）为：

$$\bar{r} = \frac{2V_0}{S} \times 10^{-4} = \frac{\dfrac{1}{\delta} - \dfrac{1-x\%}{\delta_2} - \dfrac{x\%}{\delta_1}}{\sqrt{\pi} \left(\dfrac{1-x\%}{\sqrt{10^5 T_2 \delta_2}} + \dfrac{x\%}{\sqrt{10^5 T_1 \delta_1}} \right)} \tag{7-9}$$

根据 Laplace 方程，由不同纤维构成的毛细管，在毛细管半径一致的条件下，当水和纤维的接触角均大于 90° 时，水进入到由接触角大的纤维构成的毛细管内需要的附加压强要大于水进入到由接触角小的纤维构成的毛细管。这和芯吸优先效应是一致的。因此，对于由接触角不同的两种纤维构成的毛细管，外加压强必须要先克服弯曲液面附加在接触角大的纤维上的压强，液体才能由毛细管进入到纤维集合体的缝隙孔洞中。对于由两种纤维构成的毛细管，在计算中，取较大的接触角值。本文中，取 $\theta = \theta_2$。

结合公式（7-4）并考虑到修正系数，得：

$$\delta \geqslant 0.52 \times \cfrac{1}{\dfrac{1-x\%}{\delta_2} + \dfrac{x\%}{\delta_1} - \dfrac{2\sigma\cos\theta}{P_w} 10^8 \sqrt{\pi} \left(\dfrac{1-x\%}{\sqrt{10^5 T_2 \delta_2}} + \dfrac{x\%}{\sqrt{10^5 T_1 \delta_1}} \right)} \tag{7-10}$$

结合表 7-6 和表 7-7，考虑 0.05 m 水深处的木棉纤维和涤纶的复合浮力材料，得到不同体积质量下所对应的涤纶应具有的最大理论含量，如图 7-18 所示。

表7-7 拟采用作复合浮力材料的不同细度和中空率的涤纶相关参数

线密度 Tt/tex	实体密度 / (g·cm^{-3})	中空率 /%	单纤密度 δt/ (g·cm^{-3})	接触角 θ/ (°)
0.667	1.38	33	0.92	129
0.887	1.38	34.3	0.91	129
1.667	1.38	33	0.92	129

根据图7-18，显然，随着加入纤维线密度的增加，在同样的体积质量下，加入量减少；随着体积质量的增加，可加入的涤纶含量也增加。当复合材料体积质量为 0.05 g/cm^3 时，即满足浮力材料所具有的浮力倍数的条件下，细度为 6.67 dtex、8.87 dtex、16.67 dtex 的理论最大加入量分别为 30.4%、29.5%、27.8%。这些数据将作为设计复合浮力材料时添加涤纶含量的参考。

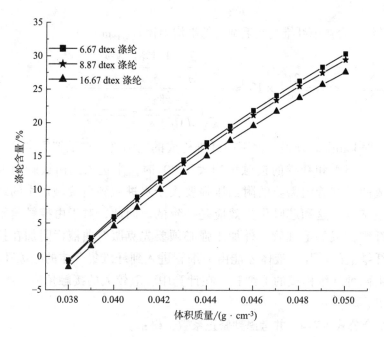

图7-18 木棉/涤纶复合浮力材料在不同体积质量下涤纶的最大理论含量

7.4.2 木棉/三维卷曲中空涤纶复合

中空纤维是横截面沿轴向具有空腔的化学纤维的简称，是一种重要的异形纤维，它通过不同的方式在纤维截面内沿轴向形成空腔，从而获得不同于纤维本体的优良性能。可降低纤维密度、一定程度上提高纤维刚度和硬挺度，可提高纤维的抗弯性能和耐磨性能。具有三维卷曲的中空涤纶有良好的膨松性和弹性使其成为优良的填充材料，经过有机硅整理后将使纤维更光滑，尤其是多孔纤维，当纤维受力时，中空纤维各孔之间的支撑结构分担压力，相对比单孔结构有更高的抗压缩性和压缩回弹性，是枕芯、睡袋、靠垫和高级软体玩具等的理想填料。涤纶的密度为 1.38 g/cm^3，当它的中空度达到 28% 以上时，它的密度就小于水的密度。现有的中空涤纶中空度很容易达到 30% 以上，具备了作为浮力材料的基本条件。本文拟采用三维卷曲中空涤纶与木棉纤维进行复合，以改善纯木棉纤维集合体作为浮力材料的不足与缺陷。

7.4.2.1　压缩性能比较分析

采用细度为 8.87 dtex 的三维卷曲中空涤纶纤维集合体和木棉纤维集合体进行压缩性能的比较分析。有文献报道按照 FZ/T 50009.4—1998《三维卷曲涤纶短纤维蓬松性、压缩弹性实验方法》测试得到纯木棉纤维集合体和纯三维卷曲中空涤纶纤维集合体的压缩性能见表 7-8，其中重负荷下的压强为 4.9 kPa（相当于水深 0.5 m）。研究表明，纯涤纶纤维集合体在这个压缩条件下，压缩弹性回复率高出纯木棉纤维 16.45%，而压缩率同时高出木棉纤维集合体 6.79%。

表 7-8　纯木棉和纯涤纶纤维集合体的压缩性能

纤维品种	轻压厚度 H_0/cm	重压厚度 H_1/cm	卸重压后轻压厚度 H_2/cm	压缩率 C/%	压缩弹性回复率 R/%
纯涤纶	12.31	5.21	10.13	57.60	69.30
纯木棉	10.51	5.17	8.04	50.81	52.85

从表 7-8 中的初始高度可以看出，该文献并没有保证两种纤维集合体的初始体积质量的一致性。根据前面的分析，对于纤维集合体而言，体积质量对于其压缩性能至关重要。为了研究两种纤维集合体在相同体积质量的压缩性能，根据 FZ/T 01051.2—1998 规定的连续压缩获得压缩—回复曲线，得到同样体积质量下两种纤维集合体的压缩性能，其中压缩率如图 7-19 所示，压缩回复率如图 7-20 所示。

根据图 7-19，显然，无论是对于木棉纤维集合体，还是三维卷曲中空涤纶纤维集合体，压缩率均随体积质量的增加而减少，这和 7.3.4.2 的结论是一致的。在同样体积质量下，涤纶纤维集合体更容易被压缩，这来自两方面的原因。一是同样体积质量下，由于涤纶比重大，其纤维集合体包含的单纤维数目要远小于木棉纤维集合体包含的单纤维数目，导致了纤维间接触点少，空间结构容易变形；二是涤纶的卷曲导了其单纤维沿轴向和横向均比木棉单纤维容易被压缩。

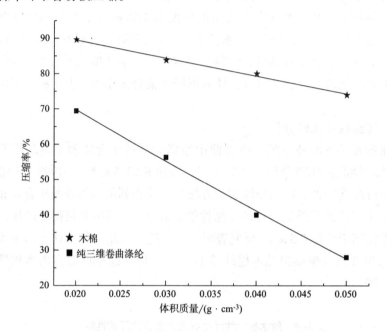

图 7-19　不同体积质量下纯木棉和纯三维卷曲涤纶纤维集合体的压缩率

但是，涤纶和木棉纤维集合体的压缩回复率则显著不同，如图 7-20 所示。在 $0.02 \sim 0.05 \ g/cm^3$ 体积质量范围内，木棉的压缩回复率随体积质量的增加而减少，即在这个体积质量范围内，木棉集合体发生的不可逆压缩多，这和 7.3.4.2 中体积质量小于 $0.02 \ g/cm^3$ 条件下的规律不同。这种不同源自两个方面：一是实验方法的不同，在 7.3.4.2 中采用的是静态压缩，而本节采用的是连续压缩方法；二是实验中应用的最大压强不同，在 7.3.4.2 中应用压强最大为 5 kPa，本节中最大压强为 15 kPa。由于本节中木棉纤维和涤纶采用同样的压缩条件，因此，用以比较两者的回复性能是适用的。

涤纶纤维集合体在 $0.02 \sim 0.05 \ g/cm^3$ 体积质量范围内，压缩回复率随体积质量的增加而增加，且当体积质量大于 $0.03 \ g/cm^3$ 时涤纶纤维集合体的回复率越来越高于木棉。显然，在纤维集合体浮力材料最合适的体积质量范围 $0.038 \sim 0.05 \ g/cm^3$ 内，纯涤纶纤维集合体将提供更高的压缩回复率。

根据两种纤维集合体在静态压缩和连续动态压缩条件下的压缩性能比较

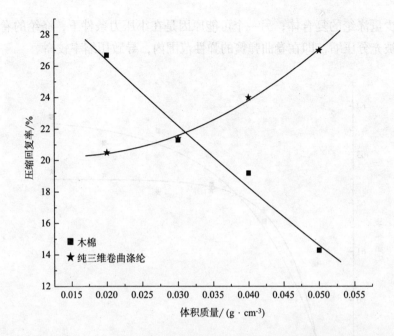

图 7-20 不同体积质量下纯木棉和纯三维卷曲涤纶纤维集合体的压缩回复率

分析，可以知道，三维卷曲中空涤纶比纯木棉纤维具有更好的压缩回复性能。因此，理论上，三维卷曲中空涤纶的加入将有利于改善纯木棉纤维集合体的压缩回复性能。

7.4.2.2 混梳复合浮力材料的压缩性能

图 7-21 给出了 8.87 dtex 涤纶、6.67 dtex 涤纶和木棉以不同比例混梳的纤维集合体的压缩率。在 5 kPa 的压强下，无论是何种细度的涤纶和木棉的混梳体，集合体的压缩率都比纯木棉的大，且随涤纶含量的增加而增加。也就是说，常规三维卷曲中空涤纶的三维卷曲螺旋结构容易在小压缩外力下变形，此类涤纶的少量加入并没有改善木棉集合体的压缩性能，反而降低了其抗压缩性能，这是不利于材料的浮力保持性的。加入涤纶含量小于 6% 时，压缩率增加比较大，之后曲线渐渐趋于平缓。

图 7-22 给出了 8.87 dtex、6.67 dtex 涤纶和木棉以不同比例混梳的纤维集合体在经过四次循环压缩后的回复率。两种细度的涤纶和木棉混梳试样的压缩回复率随涤纶含量增加而减少。而根据 7.4.2.1 的实验结果分析，纯三维卷曲涤纶的压缩回复能力是高于纯木棉纤维的。显然，这与加入涤纶的目的刚好相反，可能的原因是涤纶比重较大，在同样体积质量下木棉纤维数目多，导致纯木棉集合体内纤维间的接触点增多，抗压缩能力和回复能力好于

加入少量涤纶的复合体；另一个可能原因是在小压力条件下，涤纶的卷曲还没有被充分压缩，即在卷曲弹簧的弹性范围内，导致压缩率较高。

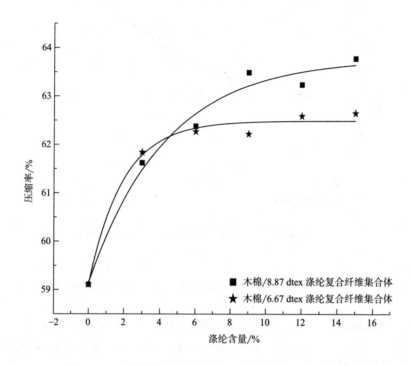

图 7-21　不同混梳比例下木棉 / 三维卷曲涤纶的压缩率

由图 7-21 同时可以看出，木棉 / 三维卷曲涤纶复合纤维集合体的压缩率随着加入涤纶线密度的变细而增大，压缩率变化的速率也随着加入涤纶变细而增大，也就是说，随着加入涤纶变细，混梳集合体抗压缩性能降低。同样，图 7-22 中，压缩回复率随着加入涤纶变细而增大。

可见，同样体积质量下，纤维线密度对集合体的压缩性能存在明显的影响。尽管粗旦纤维沿轴向的压缩刚度较大将利于集合体压缩性能的提高，但是当外加压力超过克服单纤维压缩刚度所需的力时，较粗的单纤维具有的压缩刚度就不再具有优势，而纤维集合体间的接触点和空间构型就成了影响纤维集合体的压缩性能的主要因素。在本文应用的压强下，纤维线密度越小，同样体积质量下集合体中纤维的有效长度越长，纤维间接触点增多，减少了纤维间滑移，增大了彼此间的摩擦。且在自然状态下，细旦纤维间形成的孔隙较小，这一切都导致了同样条件下较粗的纤维形成的松散集合体抗压缩性能不及细旦纤维，而回复能力由于粗旦纤维的支撑作用使得粗旦纤维的回复

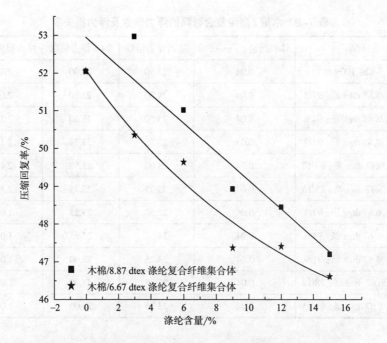

图 7–22　不同混梳比例下木棉／三维卷曲涤纶的压缩回复率

能力略高于细旦纤维。

7.4.2.3　混梳复合浮力材料的浮力性能

木棉与 8.87 dtex、6.67 dtex 中空涤纶的混梳复合浮力材料的浮力倍数和浮力损失率测试结果见表 7–9。

由表 7–9 可知，在 15% 的涤纶含量以内，当集合体初始体积质量为 0.04 g/cm³ 时，混梳纤维集合体的浮力倍数和纯木棉纤维集合体的浮力倍数并没有显著差异。尽管差异不大，但随着涤纶含量的增加，初始浮力倍数和 24 h 后的浮力倍数还是呈下降趋势，也就是说，涤纶的加入使得浮力倍数降低。假设初始状态下，水不能浸润纤维集合体，则初始的浮力倍数大小决定于集合体的压缩性能。随涤纶含量的增加，其压缩率增大，使得同样水压下的集合体易被压缩，体积减小，浮力倍数降低；而 24 h 后，水有足够的时间和纤维集合体相互作用，涤纶的拒水性能不及木棉，且纤维比木棉细，导致 24 h 后的浮力倍数也随涤纶含量的增加而下降。可以预见，增加涤纶含量将使得这一趋势明显。

表 7-9 木棉 / 涤纶复合材料的浮力倍数及浮力损失率

样品	体积质量 / (g·cm^{-3})	初始浮力倍数	24 h 浮力倍数	浮力损失率/%
木棉 100%	0.04	23.50	23.00	2.13
木棉 /8.87 dtex 涤 : 97/3	0.04	24.00	23.50	2.08
木棉 /8.87 dtex 涤 : 94/6	0.04	23.50	23.00	2.13
木棉 /8.87 dtex 涤 : 91/9	0.04	23.75	23.25	2.11
木棉 /8.87 dtex 涤 : 88/12	0.04	23.00	22.50	2.17
木棉 /8.87 dtex 涤 : 85/15	0.04	23.25	22.75	2.15
木棉 /6.67 dtex 涤 : 97/3	0.04	23.50	23.25	1.06
木棉 /6.67 dtex 涤 : 94/6	0.04	24.00	23.75	1.04
木棉 /6.67 dtex 涤 : 91/9	0.04	23.25	23.00	1.08
木棉 /6.67 dtex 涤 : 88/12	0.04	23.25	23.00	1.08
木棉 /6.67 dtex 涤 : 85/15	0.04	23.25	23.00	1.08

同样，在 15% 的涤纶含量以内，涤纶的加入也并没有明显降低集合体的浮力损失率，数据见表 7-9。即在 0.04 g/cm^3 体积质量下，复合纤维集合体内纤维间随机排列紧密，涤纶均匀分散在木棉纤维内，被木棉纤维均匀包裹，水对集合体的浸润性能以及水对纤维集合体的接触角主要取决于木棉纤维，导致了集合体的浮力损失率和纯木棉纤维集合体的相当，甚至还要小。

图 7-23 给出了两种不同细度的涤纶和木棉的混梳集合体的浮力损失率。显然，木棉 /8.87 dtex 涤纶混梳体的浮力损失率高于木棉 /6.67 dtex 涤纶混梳体，即随涤纶变细，混梳集合体的浮力损失率增加。涤纶变细导致了纤维集合体内缝隙孔洞的增加，使得同样条件下，水更容易通过毛细管进入到纤维集合体内部。

7.4.2.4 混梳复合浮力材料的特点

低于 15% 三维卷曲中空涤纶的加入使得木棉 / 涤纶复合材料的压缩率增加、回复率减少，对木棉集合体的抗压缩性能没有明显改善。同样体积质量下，加入涤纶含量越多，小压强下的抗压缩性能越差；同样涤纶含量时，加入涤纶越细，抗压缩性能越好。

少量三维卷曲涤纶的加入并没有增加混梳集合体的浮力损失率，也没有降低其浮力倍数。同样体积质量下，涤纶含量越多，浮力倍数越小，浮力损失率越大；同样涤纶含量时，加入涤纶越细，浮力倍数越大，浮力损失率越小。

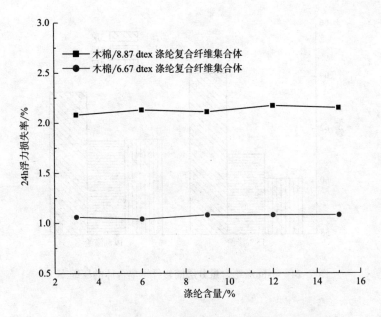

图 7-23　不同粗细涤纶集合体的浮力损失率对比曲线

纤维线密度是影响纤维集合体浮力材料浮力性能的重要因素。实验表明，在小压力作用下，中空涤纶的卷曲没有被充分压缩，即外加压力在卷曲弹簧的弹性范围内，从而导致了涤纶的加入并没有改善混配体的抗压缩性能；当加大压力时，由于涤纶的密度远远高于木棉纤维，涤纶卷曲的被压缩将导致集合体浮力倍数的下降。因此，通过加入三维卷曲中空涤纶的混配方式改善木棉集合体浮力材料的性能并不是理想的方式。

7.4.3　木棉/三维卷曲中空涤纶分层铺絮

7.4.3.1　压缩性能

图 7-24 和图 7-25 分别给出了不同涤纶含量分层铺絮纤维集合体的压缩率和压缩回复率。在同样的涤纶含量下，随着涤纶和木棉排列层数的增加，纤维集合体的压缩率降低而压缩回复率有增加的趋势；在同样的排列方式下，随着涤纶含量的增加，压缩率略有增加，但不显著，而回复率有增加的趋势。

实验表明，通过梳理单向排列的纯木棉纤维压缩率为 61.86%，弹性回复率为 48.58%。显然，分层排列的木棉/涤纶纤维集合体的压缩率均略大于木棉纤维集合体，而回复率则优于纯木棉纤维集合体，平均高出约 5%。

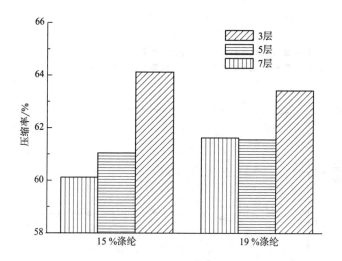

图 7–24　不同涤纶含量分层铺絮纤维集合体的压缩率

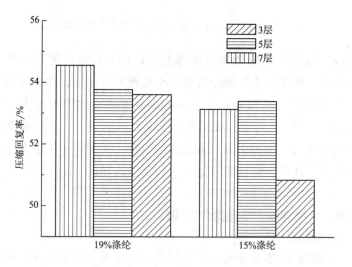

图 7–25　不同涤纶含量分层铺絮纤维集合体的回复率

　　通过分别梳理涤纶和木棉纤维集合体使其分别成絮片，再分层叠合的方式构筑的复合浮力材料，充分利用了纯三维卷曲涤纶的优良弹性回复性能，使得复合浮力材料的回复性能提高。而且，随着涤纶含量的增加，回复性能将增加；而在涤纶含量相同的条件下，涤纶层数越多，由于涤纶类似弹簧的卷曲结构造成的回复支撑层越多，导致了回复性能的提升。但同时，由于三维卷曲涤纶的抗压缩性能比木棉纤维差，因此，压缩率同时也增加。

7.4.3.2　浮力性能

分层铺絮复合浮力材料改善了纯木棉纤维集合体的压缩回复性能，但由于涤纶较小的接触角和纤维之间较粗的孔隙，导致了其浮力损失率提高，如图 7-26 所示。在同样的涤纶含量下，随着涤纶和木棉排列层数的增加，纤维集合体的浮力损失率显著下降；在同样的排列方式下，随着涤纶含量的增加，浮力损失率显著增加。在涤纶含量为 23% 时，七层排列的浮力损失率为 7.12%，而三层排列的浮力损失率却达到 12.63%；涤纶含量为 15% 时，浮力损失率均在 5% 以下。

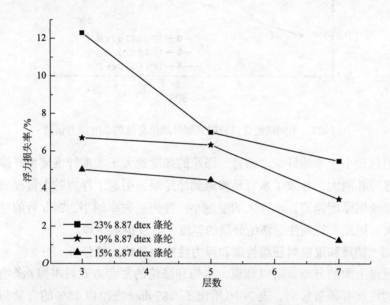

图 7-26　不同涤纶含量分层铺絮纤维集合体的浮力损失率

不同涤纶含量分层铺絮纤维集合体的 24 h 浮力倍数见图 7-27。在同样的涤纶含量下，随着涤纶和木棉排列层数的增加，纤维集合体的浮力倍数略有增加；在同样的排列方式下，除三层排列方式外，随着涤纶含量增加，浮力倍数没有呈现明显规律性。并且，无论浮力损失率多大，各复合材料 24 h 后的浮力倍数均在 20 以上，满足作为浮力材料的基本要求。

可见，不同分层结构的木棉 / 涤纶复合浮力材料，随着分层数的增加，浮力倍数增加，浮力损失率减小。

当涤纶纤维集合体和木棉纤维集合体以比较独立的分层结构形成复合浮力材料时，水对复合浮力材料的作用表现为水分别对涤纶纤维集合体和木棉纤维集合体的作用。因此，涤纶，即使是经过拒水整理的涤纶，水对其的接

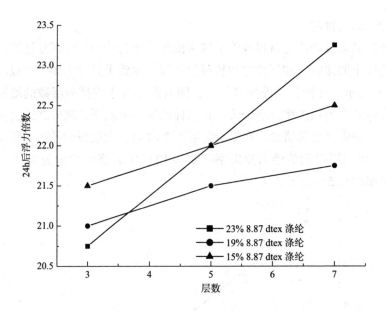

图 7-27　不同涤纶含量分层铺絮纤维集合体的 24h 浮力倍数

触角也远远小于木棉纤维。而且，涤纶的细度远大于木棉纤维使得纤维彼此间的缝隙孔洞大，导致了水容易渗透到涤纶层，引起了浮力的大量损失。另外，涤纶层厚度越薄，水渗入的量越小，浮力损失率越小，24 h 后的浮力倍数略大。因此要特别注意涤纶分层的厚度，以及拒水整理。

7.4.3.3　铺层和混梳对压缩性能和浮力性能的影响比较分析

通过上面的分析，可以知道，木棉和涤纶的复合方式对木棉 / 涤纶复合材料的性能有显著影响，表 7-10 给出了 8.87 dtex 涤纶以 15% 的含量和木棉纤维以不同排列方式复合后的压缩和浮力性能。

表 7-10　8.87 dtex 涤纶含量为 15% 时不同排列方式的木棉 / 涤纶复合浮力材料性能

排列方式	压缩率 /%	回复率 /%	24 h 浮力倍数	浮力损失率 /%
纯木棉	61.86	48.58	23	2.13
均匀混梳	63.78	47.2	22.75	2.15
3 层	64.25	53.61	21.5	7.01
5 层	61.04	53.77	22	6.45
7 层	60.12	54.55	22.5	3.23

由表 7-10 可以看出，木棉和涤纶均匀混梳的纤维集合体具有较小的浮

力损失率和较大的浮力倍数，而纤维集合体的压缩性能并没有得到改善，涤纶的加入导致了压缩率的增加和回复率的减少。而采用多层铺絮复合的木棉 / 涤纶纤维集合体的浮力损失率较大，浮力倍数略有下降，但这种方式显著改善了木棉纤维集合体的弹性回复性能。同时，当铺层数增加时，浮力损失率显著减小，当采用七层复合时，浮力损失率在 5% 以内。

7.4.3.4　分层铺絮复合浮力材料的特点

通过分别梳理涤纶和木棉纤维集合体使其分别成絮片，再分层叠合的方式构筑的木棉 / 涤纶复合浮力材料，显著改善了纯木棉纤维集合体的弹性回复性能，利于浮力材料的反复多次使用。

但是，这种复合方式导致了浮力损失率的增加。因此，在实际使用过程中，必须保证纤维集合体的外围部分全部为木棉纤维，以阻止水通过涤纶的纤维间缝隙孔洞进入到集合体内。

同时，复合层数的增加有利于复合材料的回复性能提高，并减少浮力损失率。

7.4.4　木棉 / 黏结纤维复合浮力材料

现有的压缩理论表明，纤维集合体的压缩性能除了取决于纤维自身的弯曲和扭转刚度外，集合体间纤维的滑移、摩擦、纤维卷曲等，特别是纤维间的滑移更是不可忽视的因素。纤维间的滑移发生在单纤维承受载荷、纤维自身发生变形前，即在小压力作用下滑移的影响更为显著。纤维间的滑移将导致纤维集合体的空间结构发生变形，改变纤维间的排列状态，形成新的纤维接触点及集合体空间结构，且变形后的集合体难以回到原始状态，使得回复性能不够理想。采用增加并加固集合体中纤维接触点的方式可以有效避免纤维之间的滑移，在小压强下能保持相对稳定的结构，使集合体具有更好的抗压缩性能。目前，纤维絮片的各种成形技术也相当成熟，如针刺、水刺、融喷等，而采用双组分低熔点黏结纤维在较低温度下熔化并将与之接触的纤维固结，形成相对稳定的结构，理论上可改善木棉集合体的压缩性能、利用裁制成形。因此，本节研究使用不同含量的低熔点黏结纤维与木棉混和梳理成网，经过热熔黏结后做成絮片作为浮力材料的可能性。

7.4.4.1　压缩性能

根据上面的理论分析，黏结纤维的加入理论上有利于木棉纤维集合体形成更为稳定的结构，具有更好的抗压缩性能和回复性能。实验得出的经过热熔粘合木棉 / 黏结纤维复合浮力材料的压缩率和回复率见图 7-28。可以看出，

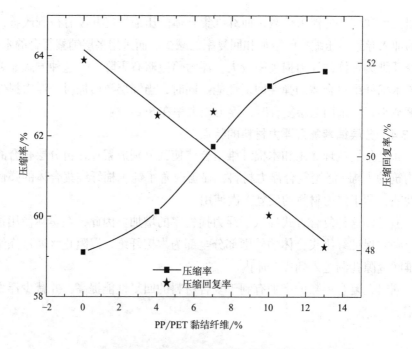

图 7-28　木棉／黏结纤维集合体的压缩率和回复率

在单向压缩条件下，黏结纤维的加入并没有降低复合浮力材料的压缩率，而是随着黏结纤维含量的增加，压缩率增加，压缩回复率减少，这与加入涤纶和木棉混梳的情况是一致的。

实际使用条件下，复合材料外加拒水包覆材料置于水中后，与水没有直接接触，其浮力损失来自于水压对集合体在三个方向上的多向压缩造成的集合体体积损失，因此，该状态下集合体的体积损失率，可以表征复合材料 24 h 多向受压条件下的耐压性能。图 7-29 给出了此种测试方法下长时间压缩条件下的体积压缩率，可以看出黏结纤维含量越多，集合体的体积压缩率越小，即抗压缩性能越好，耐压缩蠕变性能越好。

7.4.4.2　浮力性能

图 7-30 给出了黏结纤维含量与浮力倍数和浮力损失率的关系。假定初始测试时，即入水 5 min 内，水还没有充分浸润集合体，此时集合体浮力倍数随黏结纤维含量的增加而增加；24 h 后，由于水与集合体间的充分作用，随黏结纤维含量的增加，集合体 24 h 后的浮力倍数逐渐减少，浮力损失率逐渐增加。可见初始测试时，集合体的浮力性能由压缩性能决定，随黏结纤维含量的增加其抗压缩性能提高，而 24 h 后，由于水的浸润导致水部分取代了

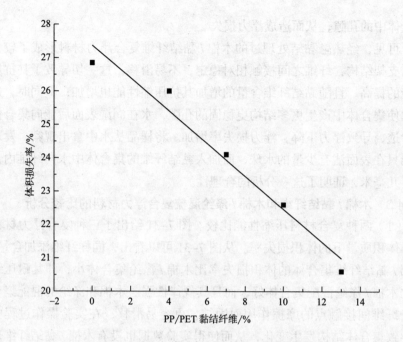

图 7-29　长时间多向受压条件下的体积压缩率

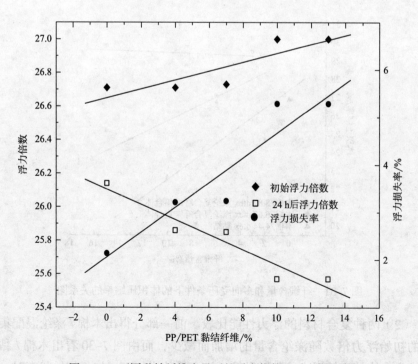

图 7-30　不同黏结纤维含量下的浮力倍数及浮力损失率

个体水上救生理论与装备技术

集合体中的孔隙，从而造成浮力损失。

可见，经热融黏结处理过的木棉/黏结纤维复合浮力材料形成了较为稳定的支架结构，纤维之间接触相对稳定，不易滑移，这一切导致了其抗压缩性能的提高，且随黏结纤维含量的增加其抗压缩性能也增加；但同时，这种结构使集合体中产生更多结构更稳固的孔隙，水在润湿表面后能向集合体内部渗透，导致浮力下降，浮力损失率增加。将样品从水中拿出观察，发现纯木棉只在表面沾有少量的水珠，而加入黏结纤维的集合体中水向纤维内部浸润了几毫米，证明了这一分析的合理性。

7.4.4.3　木棉/黏结纤维和木棉/涤纶混梳复合浮力材料的比较分析

（1）两种复合材料压缩性能比较。图7-31给出了三种复合浮力材料在同样体积质量下的体积损失率。从图7-31可以看出，同样纤维添加含量下，木棉/黏结纤维集合体的体积损失率比木棉/涤纶集合体小，即其耐压缩性能比木棉/涤纶混配集合体好，而且其规律性强。木棉和涤纶的混配集合体由于纤维间接触点的摩擦作用而固结，更容易滑移，在实验操作过程中容易导致集合体结构发生变化，从而使得实验数据也没有木棉/黏结纤维絮片稳定。

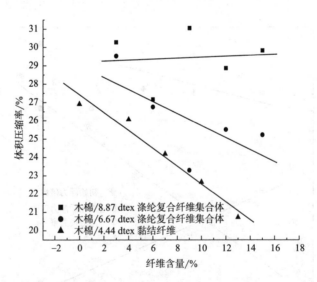

图7-31　纤维含量和多向受压条件下的体积压缩率的关系图

（2）两种复合材料的浮力性能比较。前一部分得出木棉/涤纶混配集合体的初始浮力倍数随涤纶含量的增加而减少，而由图7-30看出木棉/黏结纤维集合体的初始浮力倍数随黏结纤维含量的增加而增加。初始状态时，水对集合体的浸润刚刚开始，其值很小，可以忽略不计，这时引起浮力倍数变化的因素主要是集合体的压缩，木棉／涤纶集合体由于在小压力下就很容易变形，且随涤纶含量增加变形量增大，导致初始浮力倍数减少，而木棉／黏结纤维集合体具有相对稳定的结构，不易压缩，且黏结纤维含量增加，稳定性提高，所以表现为初始浮力倍数增大。

图 7–32 给出了不同复合浮力材料 24 h 后的浮力倍数。24 h 后，木棉／涤纶混配集合体浮力倍数仍然随涤纶增加而减少。由于水压作用及水对集合体的浸润，24 h 浮力倍数比初始倍数平均减少了约 0.4，具体数据见表 7–9。木棉／黏结纤维集合体 24 h 后浮力倍数，随黏结纤维含量增加而减少是因为水对集合体浸润导致的，24 h 浮力倍数比初始浮力倍数平均减少了约 1.0，见图 7–30。

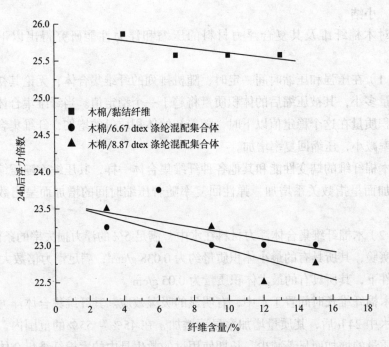

图 7–32　不同复合浮力材料的 24 h 后的浮力倍数

综合而言，虽然从数值来看，木棉／黏结纤维集合体的浮力损失率比木棉／涤纶混配集合体略大，但是在黏结纤维和涤纶以同样的纤维加入含量和木棉复合的条件下，木棉／黏结纤维集合体的初始浮力倍数和 24 h 浮力倍数比木棉／涤纶集合体大得多，且由图 7–32 可知其 24 h 后浮力倍数仍然在25.5 倍以上，而纯木棉纤维集合体和木棉／涤纶混配集合体的浮力倍数均在

23左右（数据见表7-9），因此，木棉/黏结纤维集合体作为救生衣浮力材料更有优势。

7.4.4.4 木棉/黏结纤维复合浮力材料的优点

经热融黏结处理过的木棉/黏结纤维复合浮力材料具有较为稳定的结构，显著提高了木棉纤维集合体的浮力倍数，减少了纤维集合体的多向受压条件下的体积损失率，且对压缩性能没有影响。

在体积质量为 0.04 g/cm³ 时，木棉/黏结纤维集合体浮力倍数在25左右，满足救生衣浮力材料的要求。通过黏结成絮的方式改善木棉纤维集合体的浮力行为是可行的。进一步优选黏结纤维细度和含量、优化结构、合理设计，可以提高现有救生衣浮力材料的性能。

7.4.5 小结

对木棉纤维及其复合浮力材料的压缩和浮力性能研究得出以下几点结论。

（1）在压强和压缩时间一定时，随机排列的纤维集合体，无论其初始体积质量多小，其被压缩后的体积质量将趋于一个稳定值。当纤维集合体的初始体积质量在这个稳定值以下时，随着初始体积质量的增加，纤维集合体的压缩率减小，压缩回复率增加。

木棉纤维的蠕变性能和其他各种纤维集合体一样，其压缩率随压缩时间的增加而呈指数关系增加，弹性回复率随着压缩时间的增加而呈指数关系下降。

（2）木棉纤维集合体浮力材料在水中，满足5%的浮力损失率的条件下，根据实验，其所具有的最小体积质量约为 0.038 g/cm³；满足浮力倍数大于20的条件下，其所具有的最大体积质量为 0.05 g/cm³。

木棉纤维长时间置于水中，有明显的吸湿效应。其纤维集合体浮力材料进入水中24 h后，其质量增加率显著增加，在 45% ~ 55% 的范围内，且随体积质量的增加而显著减少。长期使用过的救生具内的木棉纤维集合体的外观发生显著变化，打团成块严重，且浮力损失率增加，浮力倍数降低。

（3）根据单一纤维集合体浮力材料理论模型，在水压一定的条件下，单纤维的密度、线密度是影响纤维集合体作为浮力材料的理论最小初始体积质量的重要因素。随着纤维密度的增加和纤维变细，其理论最小体积质量增加。根据两种纤维复合的纤维集合体浮力材料理论模型，在已知各纤维线密度、接触角和密度等的条件下，可以计算不同理论最小初始体积质量下，两种纤维应具有的混合比例。

（4）低于 15％三维卷曲中空涤纶的加入使得木棉 / 涤纶复合材料的压缩率增加、压缩回复率减小，对木棉集合体的压缩回复性能没有改善。同样体积质量下，加入涤纶含量越多，小压强下的抗压缩性能越差；同样涤纶含量时，加入涤纶越细，抗压缩性能越好。

少量三维卷曲涤纶的加入并没有增加混梳集合体的浮力损失率，也没有降低其浮力倍数。同样体积质量下，涤纶含量越多，浮力倍数越小，浮力损失率越大；同样涤纶含量时，加入涤纶越细，浮力倍数越大，浮力损失率越小。

纤维细度是影响纤维集合体浮力材料浮力行为的重要因素。

无论是从压缩性能还是浮力性能，通过加入三维卷曲涤纶的混梳方式改善木棉集合体浮力材料的性能并不是理想的方式。

（5）通过分别梳理涤纶和木棉纤维集合体使其分别成絮片，再分层叠合的方式构筑的木棉 / 涤纶复合浮力材料，显著改善了纯木棉纤维集合体的弹性回复性能，利于浮力材料的反复多次使用。同时，复合层数越多，复合材料的回复性能越好，浮力损失率越小。

分层铺絮的木棉 / 涤纶复合浮力材料导致了浮力损失率的增加。在实际使用过程中，必须保证纤维集合体的外围部分全部为木棉纤维，以阻止水通过涤纶的纤维间缝隙孔洞进入到集合体内。

通过分层铺絮方式构筑的木棉 / 三维卷曲涤纶复合浮力材料形成了良好的具有支撑作用的结构，是提高木棉纤维集合体回复性能的理想方式。

（6）经热融黏结处理过的木棉 / 黏结纤维复合浮力材料具有较为稳定的结构，同样体积质量下，其抗压缩性能比木棉 / 三维卷曲涤纶混梳集合体的好。且随黏结纤维含量的增加，多向受压条件下的抗压缩性能提高，但同时其浮力倍数下降，浮力损失率提高。

在体积质量为 0.04 g/cm³ 时，浮力倍数在 25 左右，满足救生衣浮力材料的要求。通过黏结成絮的方式改善木棉纤维集合体的浮力行为是可行的。进一步优选黏结纤维细度和含量、优化结构、合理设计，可以提高现有救生衣浮力材料的性能。

7.5　软质闭孔泡沫塑料浮力材料

软质闭孔泡沫塑料则通过分散在塑料固相内的、互不连通的孔达到较小的体积密度，从而提供一定的浮力倍数。软质闭孔泡沫塑料因其易加工性能、低廉的价格、优良的闭孔结构和拒水性能、可控的发泡倍率而成为目前应用最为广泛的固有浮力材料。

7.5.1　基本特征

除了纤维状浮体材料外，块状多孔材料也用作救生衣浮体材料。最早使用的块状浮体材料是软木。由于软木较硬较脆，由软木填充的救生衣穿着时不贴身、有时会擦伤皮肤，局部挤压时会折断，故软木救生衣已被淘汰。

英、美等国在 20 世纪中叶开始研究个人漂浮装置 PFD（personal floating devices）的款式和浮力及浮力分布，开始使用高发泡倍率的泡沫塑料作为救生衣及其他漂浮装置的浮体材料，并证明：①与木棉相比，泡沫塑料填充的救生衣易确定浮心位置、控制人落水后姿态；②聚乙烯（PE）、聚氯乙烯（PVC）等泡沫塑料在使用之初的浮力损失并不明显，泡沫塑料的逐渐破坏主要源于老化和使用后的损伤；③相比之下，木棉填充的救生衣在外囊破裂时浮力有快速下降，直到下降 20% 才趋于稳定状态，当救生衣另外出现破口则浮力继续下降。

因此，作为救生衣浮体材料，泡沫塑料的优势在于：易于加工制成特定形状的预制件；对落水姿态易于控制；在外包气密性织物破坏时浮力下降较不显著。缺点是：泡沫塑料的压缩刚度和压缩弹性回复率较难兼顾，即手感好、穿着舒服的泡沫塑料，易出现不耐压缩、变形量大、浮力下降显著的问题；而浮力稳定的泡沫塑料又出现手感过硬的缺陷。

我国标准 GB 4303—1998《船用救生衣》中规定了救生衣用泡沫塑料的性能要求如下。

一是良好的化学稳定性：（23±2）℃时，在 20% 的硫酸水溶液、45% 氢氧化钠水溶液和 3% 的氯化钠水溶液中浸泡 24 h 取出后，试样应无变化。

二是能耐油污：在油温（23±2）℃时浸入柴油中 24 h 无变化。

三是良好的温度稳定性：在 -30 ℃和 65 ℃交替变化的温度下各测试 8 h、循环 10 次后应没有变化。

但是在更新的 GB 4303—2008《船用救生衣》以及 GB/T 32227—2015《船用工作救生衣》中，没有单独规定救生衣用泡沫塑料的性能要求，只对固有浮力材料的性能提出了要求，见表 7-1。在保留了温度稳定性及耐柴油性能基础上，取消了对化学稳定性的要求，增加了入水 1 天和 7 天后的浮力损失率、抗拉破断强度以及浸泡柴油后的浮力损失率及抗拉破断强度要求。

尽管部分性能标准没有规定，但是，显然，良好的耐化学品性能、耐温性能、耐候性能以及吸水性能是泡沫塑料用于救生衣浮力材料的基本要求，且这些性能基本由其化学成分和表面结构决定。在满足前述性能的基础上，泡沫塑料的浮力倍数（即单位质量泡沫所能提供的浮力）、24 h 的浮力损失率和手感是选用泡沫浮力材料的主要指标，而发泡倍率是决定上述三个性能指标的主要加工参数和结构参数。

发泡倍率过低，则单位质量浮力小、手感偏硬；发泡倍率过高则闭孔性差、浮力损失率大，压缩弹性回复率低。对于特定的原料配方也存在着发泡倍率的上限。虽然泡沫塑料的最大优点是易于裁制成形，但目前发泡倍数高的泡沫塑料不耐压缩，不能同时兼顾手感、浮力和浮力保持性，适体性差、不便于下蹲、曲体等活动。发泡倍率这一指标仅仅是生产中要控制的因素，且决定于原料配方和加工方式。

泡沫塑料除了成分、发泡倍率的差异外，发泡材料的形状也与救生衣使用性能有密切的关系。填充于救生衣的泡沫塑料如果采用单层整体结构，则救生衣破损后的浮力损失率低，但穿着舒适性差；如果采用多层次结构，则救生衣的穿着舒适性好，但一旦外包气密层破坏，则层间的空气将被水置换，导致浮力大幅度下降。例如，韩国生产专门用于救生衣的聚乙烯泡沫塑料 Flotex® 即采用了 1 ~ 1.5 mm 的厚度，以多层叠合方式填充于救生衣，其体积质量为 0.038 g/cm³，保暖性好；但救生衣一旦破损，则浮力下降显著。

泡沫塑料作为浮力材料的优点是易于裁制成形、易于浮力分布的控制，但压缩刚度和压缩弹性回复率较难兼顾，即手感好、穿着舒服的泡沫塑料，易出现不耐压缩、变形量大、浮力下降显著的问题；而浮力稳定的泡沫塑料又出现手感过硬的缺陷。为了改进纯的泡沫塑料，采用橡胶改性，获得橡塑共混类泡沫可以兼顾柔软性及压缩回弹性。

目前，可用于救生衣的软质闭孔泡沫塑料有聚乙烯 PE、高发泡聚乙烯 EPE、聚乙烯—醋酸乙烯酯 EVA、橡塑共混类发泡材料。此外，聚氨酯 PU、聚氯乙烯 PVC，聚苯乙烯 PS 等泡沫塑料理论上也可应用于救生衣，但 PU 价格较贵且发泡倍率偏低；PVC 和 PS 较难制取软质泡沫塑料制品，故无实际应用。

7.5.2 交联聚乙烯泡沫塑料
7.5.2.1 交联聚乙烯泡沫塑料
交联聚乙烯（PE）泡沫塑料具有密度低、耐低温及抗化学性能优良等优点，并具有一定的力学强度，可用作日用品、精密仪器的包装材料、保温材料和水上漂浮材料等。高发泡聚乙烯泡沫塑料广泛用于建筑装饰，近年来用途日渐扩大，发展速度较快。

（1）成型原理。聚乙烯是结晶聚合物，在结晶熔融温度以下几乎不流动，而在熔融温度以上，其熔融黏度急剧下降，发泡过程中产生的气体很难包住。此外，聚乙烯从熔融态转变为结晶态要放出大量的结晶热，而熔融聚乙烯的比热较大，因此，从熔融状态转变到固体状态的时间比较长，加上聚乙烯的透气率较高，这样使得发泡气体易于逃逸，适于发泡的温度范围较窄。除挤出发泡制得无交联的高倍率发泡材料外，欲制得更高发泡率的泡沫塑料，必须在聚乙烯分子间进行交联，将熔融物料的黏性和弹性调节在一定范围内，使得物理力学性能显著提高。

通常采用的交联方法有物理交联和化学交联，而物理交联常用的是电子束加速器辐射交联，由于辐射交联需要很昂贵的设备，只有特殊产品如薄的发泡制品、细径电缆生产时有应用，一般的发泡产品均采用化学交联。

化学交联采用的交联剂都含有氧—氧键，如过氧化二异丙苯（DCP）等，它的键能小，不稳定，在热和光作用下容易分解生成游离基，从而引发聚乙烯主链上某些碳原子产生活性，而后两个大分子游离基相互结合产生 C—C 交联键。在化学交联过程中也常常会加入助交联剂来提高交联效率，可以提高交联度，使得泡沫均匀、坚固，比如马来酰亚胺、顺丁烯二酸酐、1,2-聚丁二烯等含有双键和过氧键的化合物。

其中化学交联 PE 的发泡效果优于辐照交联 PE，具有细小均匀的闭孔结构，见图 7-33。刺穿或撕破后也不易进水或腐烂；优良的耐反复压缩性能，压缩强度低，抗永久变形好，50% 压缩量下经 105 次压缩，永久变形量为 15% 左右；耐老化性能也优于其他泡沫塑料；并且密度低、柔软、透湿性小、不易吸湿、尺寸稳定性好，手感较柔软；耐海水侵蚀，无毒，生产工艺简单，价格相对便宜，是一种很好的浮力材料。

（2）成型方法。用化学发泡法生产聚烯烃泡沫塑料制品广泛采用模压法和挤出后常压交联发泡法。

①模压法：可分为一步法和二步法两种，密度高的用一步法，低的用二步法。

一步法 PE 模压发泡工艺流程为：PE、交联剂、发泡剂→混合→塑炼→成型坯片→模内交联→发泡→制品。

图 7-33　交联 PE 泡沫塑料截面，发泡倍数 30 倍（×200）

a. 混合：按配比将各组分投入高速捏合机中混合，使交联剂和发泡剂均匀分散在树脂中，以获得均匀、细小的泡孔。料温控制在不使树脂软化发黏的温度下。

b. 塑炼：可在二联辊、密炼机或挤出机中进行。料温应控制在树脂熔融温度以上、交联剂的分解温度以下，以防过早交联。塑炼操作的温度、时间和剪切速率必须合理调节，以保证在不过早交联和发泡的情况下各组分均匀分散。

c. 模内交联、发泡：模具置于压机工作板上，闭合模具，模内压力为 5 ~ 20 MPa，交联剂分解→PE 交联（保持一定时间，达到一定的交联度后）→升高温度，发泡剂分解产生气体→待完全分解后→卸压开模→型腔中熔体中发泡气体膨胀而发泡。此发泡过程在 2 ~ 3 s 内完成。泡孔细小而均匀，最低密度可达 $0.03\ g/cm^3$。

闭模压力是重要的工艺因素，高的压力有利于气体过饱和熔体的形成，从而形成细小的泡孔；压力低导致气体在熔体中通过扩散而聚集，从而形成粗大的泡孔。

由于一步法快速膨胀发泡，虽易使制品形成细泡孔，但发泡倍率却不高，发泡剂分解出来的气体压力与熔料黏度之间难于达到平衡。因此，生产高发泡体都用二步法。

二步法 PE 模压发泡基本工艺流程同一步法，只是当交联完毕和发泡剂部分分解时，也就是物料部分发泡时，即将泡沫物冷却脱模。随后，再将泡沫物进行二次加热使其在常压下继续发泡。由于两步发泡，熔体发泡速率大大降低，泡沫稳定性与熔体黏弹性较易平衡，可提高 PE 的发泡效率，密度可达 0.027 g/cm³。

②挤出后常压交联发泡：常用于 PE 发泡板材的连续生产，如图 7-34 所示的 PE 片材发泡生产线。其工艺流程如下：

PE、交联剂、发泡剂 →混合→挤出成型片材→连续通过烘道或加热炉（交联、发泡）→冷却→牵引→制品

图 7-34　PE发泡片材生产线

使用偶氮二甲酰胺（AC）作为发泡剂时，可加入白油、松节油、环氧丙烷或环氧乙烷，使树脂颗粒表面润湿，有利于发泡剂分散，粘在树脂表面上。在挤出片材过程中，应严格控制温度，防止交联剂分解，一般以过氧化二异丙苯为交联剂，可用有机溶剂使树脂溶胀，降低挤出温度，以防止交联剂分解。

挤出成型后的片材送入烘道或加热炉中再进行加热，有两段加热和一段加热两种方法。两段加热法即先控制适当的加热温度和时间，使交联剂分解，树脂先交联；然后升高温度，使发泡剂分解而发泡。而一段加热法为一次从室温升到发泡剂的分解温度，交联剂比发泡剂先分解，先交联后发泡。

总之，在挤出成型过程中应防止交联剂分解，而在挤出成型后加热交联时，要求交联剂能迅速分解。

7.5.2.2　丁烷发泡的高发泡聚乙烯（EPE）

鉴于氟里昂破坏大气臭氧层，恶化了人类生存环境，联合国早在 1987 年就通过决议限制使用。我国泡沫塑料行业于 1994 年也制定了《CFC 替代物战略方案》，因此，寻找 CFC 类理想替代物刻不容缓，势在必行。目前，主要开发以丁烷为发泡剂生产高发泡聚乙烯（EPE）的新工艺。EPE 及其复合材料是近年发展较为迅速的一种包装材料，目前已广泛用于家用电器、仪

器仪表、工艺品、家具、鞋类等物品的包装。它不但具有比常规发泡 PE 更小的密度，还具有缓冲性能好、耐磨损性好，也被广泛用于救生衣用固有浮力材料。

生产 EPE 必须选用薄膜级低密度聚乙烯（LDPE），要求有适当的流动性和良好的成泡能力，其主要性能指标应符合下列要求：熔体指数为 0.3 ~ 0.60（g/10 min），密度 < 0.925（g/cm³）。

目前，我国市场符合以上要求的树脂牌号有上海金山石化股份有限公司 0281、0200，大庆石油化工总厂 18D、24E，燕山石油化工公司 2F1.5B、2F3B。

丁烷选用含量大于 85%，水分含量较低的石油液化气即可；抗缩剂选用具有增塑、抗静电和内部润滑性的工业级单硬脂酸甘油酯（DMGS），该品为黄色、蜡状固体；滑石粉选用干燥无杂质的 500# 的为宜。原料配比还与生产产品的厚度有关（表 7–11）。

表 7–11　生产 EPE 的典型配方

产品厚度 /mm　　原料名称	0.5	1.0	2.0	3.0
LDPE/kg	100	100	100	100
滑石粉 /kg	0.6	0.6	0.6	0.6
抗缩剂（刻度）	16	16	16	16
丁烷（刻度）	52 ~ 55	48 ~ 54	44 ~ 50	40 ~ 45

生产工艺流程如图 7–35 所示。原料和助剂经真空加料器吸入挤出机料斗，然后经输送、熔融进入均化段，丁烷和抗缩剂分别用高压计量泵在均化段前加入。各种物料在均化段充分接触、混合，使助剂和丁烷均匀地分散在熔体中，而后通过过滤网经机头挤出、发泡、吹胀、冷却、定型、开口、展平、牵引、卷取得到制品。

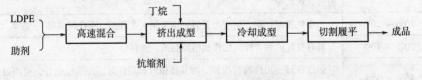

图 7-35　EPE 生产工艺流程图

由于生产产品厚度不同，挤出机各段温度的控制也略有不同。以生产产品厚度 1.0 mm 为例，从进料到机头各段温度依次为：150 ℃、182 ℃、187 ℃、175 ℃、93 ℃、93 ℃、93 ℃、113 ℃；抗缩剂加入温度为 125 ℃，牵引速度 56 m/min。

生产过程需要用到的主要设备如下。

M-90 挤出机：引进装置，螺杆为变深变距，结构独特。大长径比特长螺杆（L/D=50），螺杆转速为 15 ~ 60 r/min，驱动功率为 55 kW。

丁烷注入高压计量泵：最高输出压力为 30 MPa，输出量为 0.6 L/min。

抗缩剂注入高压计量泵；活塞冲程为 4 ~ 28 mm，输出量为 35 ~ 245 m^3/min。

7.5.3 聚乙烯—醋酸乙烯酯泡沫塑料

EVA 树脂为乙烯—醋酸乙烯共聚物，一般醋酸乙烯（VA）含量在 5% ~ 40%，高分子链中的 VA 具有很好的耐低温性能，其热分解温度较低，约为 230 ℃。随着分子量的增大，EVA 的软化点上升，加工性和塑件表面光泽性下降，但强度增加，冲击韧性和耐环境应力开裂性提高，EVA 的耐化学药品、耐油性方面较聚乙烯（PE）、聚氯乙烯（PVC）稍差，并随醋酸乙烯含量的增加，变化更加明显。

与聚乙烯相比，EVA 由于在分子链中引入了醋酸乙烯单体，从而降低了高结晶度，提高了柔韧性、抗冲击性、填料相溶性和热密封性能，被广泛应用于发泡鞋料、功能性棚膜、包装膜、热熔胶、电线电缆及玩具等领域。一般来说，EVA 树脂的性能主要取决于分子链上醋酸乙烯的含量。因构成组分比例可调从而符合不同的应用需要，乙酸乙烯的含量（VA content）越高，其透明度、柔软度及坚韧度会相对提高。其详细区分见表 7-12。

表 7-12　醋酸乙烯酯含量的影响

醋酸乙烯酯含量	特点
10%	比聚乙烯柔软，耐冲击强度好，用作包装袋和薄膜以及注射模塑件，电缆覆层、玩具等
10% ~ 20%	透明性良好，耐寒耐应力开裂，用于制农业薄膜、医疗用具等
20% ~ 40%	具有良好的黏合性，用作热熔胶黏剂、涂料等
45% ~ 55%	弹性良好，用作特种橡胶，与其他橡胶相容性好，加工性也好，可用过氧化物硫化，与硫化橡胶不相上下
65% ~ 95%	为乳液，可用作纤维、纸张等的胶黏剂

EVA 泡沫是一种特殊材质的泡沫，与普通泡沫不同，具有良好的缓冲、抗震、隔热、防潮、抗化学腐蚀等优点，且具有无毒、不吸水等特点。具体表现如下。

一是具有微细的独立气泡结构，空气对流小，因此，导热系数低；同时独立的气泡也适合用作泡沫浮力材料。二是具有材料质轻，富弹性，防震性能好，减震缓冲。三是抗老化性能极好，具有抗菌、耐油、耐碱、耐酸及其化学药品，使用寿命在 25 年以上，满足了救生衣需要长时间存储的基本需求。四是吸水率极低，密度小，具有优良的漂浮性能。五是耐低温性能好，在 −170 ~ 105 ℃ 条件下物性不起变化，非常适合冷冻空调业做保温材料。此外，经过配方调整，可以开发阻燃 EVA；对金属设备无腐蚀作用，无毒无味、不霉变、不虫蛀、不腐烂。

这些低密度、极低吸水率、独立的闭孔微小气泡、一定的弹性及回复、质量轻、耐化学品性好且环境适应性好，这些性能都使得其非常适合作为救生衣浮力材料。

EVA 的发泡工艺，可以为模压发泡、射出发泡、连续发泡以及挤出发泡等。EVA 发泡制品有着较好的回弹性且发泡倍率也不大，也常被用来制作运动材料，胶垫、高级拖鞋以及一些高级鞋款的鞋底等。

EVA 制备发泡材料组成及发泡过程大致情况如下。

一般由以下几种原料构成：主料 EVA 或是 PE 等、填充剂、发泡剂、架桥剂、发泡促进剂、润滑剂等。发泡剂：由于所使用的发泡剂，一般为 AC 系列，如 AC–3000H，AC 系列发泡剂属于高温发泡剂，分解温度在 170 ℃ 以上。当然也有低温发泡剂，比如，AD–300，分解温度在 140 ℃ 左右；还有中温发泡剂等。发泡过程：发泡剂在分解温度下，释放出大量气体，形成泡核，骤然卸压后，泡核释压导致 EVA 等材料膨胀，形成发泡材料。

7.5.4　橡塑共混类发泡材料

目前，使用广泛的各类泡沫塑料，多为聚乙烯、聚醋酸乙烯酯、聚氯乙烯类，但是，单纯的高分子塑料类泡沫柔软度不够，普遍偏硬，尤其是价廉的聚乙烯泡沫，导致压缩性能及回弹性能都很差，即初始压缩功大、初始压缩功回复率小；且弯曲刚度大，不便于穿救生衣进行各项活动。

为了提高泡沫塑料的柔软性和回弹性，并尽可能地不要降低其浮力倍数，可以通过加入回弹性且柔软的橡胶，开发橡塑共混的软质闭孔发泡材料。橡塑共混类发泡材料，可以兼顾压缩刚度和压缩弹性回复率，及其柔软且轻质，优于前述几类纯的泡沫塑料。主要采用合成橡胶（如三元乙丙橡胶 EPDM、丁二烯橡胶 BR、丁腈橡胶 NBR）适量共混于 PVC、EVA 或交联 PE，提高弹性回复率。但过量混入后会导致发泡率或闭孔率下降。目前，有两类用于救生衣的浮力材料：NBR/PVC 橡塑共混类、EVA/EPDM 橡塑共混类，以前者使用广泛。

本节介绍典型的 NBR/PVC 橡塑共混泡沫以及 EVA/EPDM 橡塑共混泡沫。

7.5.4.1 NBR/PVC 橡塑共混发泡材料

聚氯乙烯泡沫塑料按其配方和成型方法不同可制成为软质和硬质两种。软质泡沫塑料是在配制时加入较多的增塑剂，成型后具有一定的柔软性，主要用于拖鞋、鞋底类产品。而硬质聚氯乙烯泡沫塑料在配制时加入溶剂将树脂溶解，成型过程中溶剂受热挥发而成为质地坚硬的泡沫制品。可以通过橡塑共混改性的方式，改善软质 PVC 的性能，比如，通过添加丁腈橡胶（NBR）作为增塑剂，制备 NBR/PVC 类橡胶共混发泡材料，使其可以应用于救生衣、浮力救生设施等。

NBR/PVC 类橡塑共混泡沫塑料，手感柔软，具有优良的适体性，能抵抗化学物质、紫外线及霉变、耐老化、抗臭氧、耐极限温度和一定阻燃性，且不吸水，是一种优良的热绝缘体，有良好的保温性。另外，还具有减震、吸音效果好、长期抵抗严寒、炎热、干燥潮湿等恶劣环境的能力，使用寿命长，在国外用量很大。

NBR/PVC 橡塑共混发泡材料是以性能优异的丁腈橡胶（NBR）、聚氯乙烯（PVC）为主要原料，配以各种辅助材料，经特殊配方及工艺混炼、挤出、发泡成型为最终产品。

NBR 是由丁二烯和丙烯腈乳液共聚而制成，其基本特点是其分子链上有极性腈基基团。随着丙烯腈含量的增加，丁腈橡胶的耐油、耐磨、耐热性及硬度和拉伸强度等性能提高，而回弹性、压缩永久变形性等性能则降低。因此，控制腈基基团的比例，是控制丁腈橡胶性能的关键。

PVC 由氯乙烯聚合而成，是极性化合物，其固体塑料呈现良好的力学性能，且耐酸碱性、阻燃性、介电性均较好。但 PVC 树脂的黏流温度（136 ℃）和分解温度（140 ℃）很接近，给成型加工带来较大困难，所以，制造泡沫塑料时，必须加入热稳定剂以提高 PVC 的分解温度，加入增塑剂以降低 PVC 的黏流温度，改善 PVC 熔体的流动性。

纯丁腈橡胶发泡制品虽然弹性很好，但是挺性差、收缩率较大，经长时间停放或使用后变形严重，且其成本较高，NBR 与 PVC 溶解度参数和极性相近，两者相容性好，因此，在市场上的丁腈保温材料多采用 NBR 与 PVC 共混材料作为发泡材料的基体，可使得相应制品兼具橡胶发泡制品的弹性和塑料发泡制品的良好挺性以及较小收缩率，从而获得一种密度低、挺性高、泡孔均匀可满足需求的 NBR/PVC 类橡塑共混发泡塑料。

要制得具有优异的环境稳定性且回弹性好、手感柔软、吸水性小的 NBR/PVC 共混泡沫塑料，必须要清楚了解 NBR/PVC 两组分的内在特性、优选工艺参数和混合比例、添加适当和适量助剂。

研究表明，NBR 和 PVC 比例在 60/40、70/30 等 NBR 含量较高比例时，加工难度略小，但产品密度大、发黏；当 NBR 含量降低，如 NBR 和 PVC 比例在 50/50 左右时，加工难度增大，但产品密度可控制在 0.034（g/cm^3）左右，且产品不发黏；但 NBR 的含量进一步降低到 50% 以下时，产品柔软度变差。因此，采用比例为 50/50 左右的 NBR/PVC 为发泡混合材料。为了增加 PVC 的流动性能，在配方中通过增加稳定剂来提高 PVC 的分解温度，并将进模一次发泡温度和时间由原先的 150 ~ 155 ℃、35 ~ 40 min 调整为 145 ~ 150℃、40 ~ 50 min，使共混橡塑各组分在较低温度下、充分互相混匀，保证两相共混的分子结构变得更加完善。同时，将进模一次发泡模具的厚度由 15 mm 改为 13 mm，使发泡体更容易受热，且受热更加均衡，从而保证泡沫片材各处的均匀一致性。

一种国产的 NBR/PVC 软质闭孔泡沫塑料的相关性能见表 7-13，其各项性能均达到或优于台湾 Winboss® 生产的救生衣用泡沫塑料水平。

表 7-13　某型软质闭孔泡沫塑料的相关性能

项目	测试标准	指标
表观密度 /（g·cm^{-3}）	GB/T 6343—2009	0.034±0.004
50% 压缩变形 /%	GB 10807—2006	30.2
25% 压陷强度 /N	GB 10807—2006 方法 B	456
拉伸强度 /MPa	GB/T 6343—2009	≥ 200
断裂伸长率 /%	GB/T 6344—2009	≥ 250
撕裂强度 /（kN/m）	GB/T 529—2008	≥ 0.35

项目		测试标准	指标
吸水性/（kg·m⁻²）			0.03
化学稳定性	耐酸	GB/T 4303—2008	在2%硫酸水溶液中浸泡24 h无变化
	耐碱		在4.5%氢氧化钠水溶液中浸泡24 h无变化
	耐盐		在3%氯化钠水溶液中浸泡24 h无变化
	耐油		在柴油中浸泡24 h线膨胀率不大于3.5%
耐高低温性			−30 ℃经8 h不龟裂、65 ℃经8 h不发黏
干热老化后断裂强度损失		GB/T 9640—2008	≤ 8%
浮力倍数		GB/T 4303—2008	29
24 h浮力损失率			0

7.5.4.2 EVA/EPDM 橡塑共混发泡材料

以乙烯和乙酸乙烯酯共聚物（EVA）为基体的交联发泡材料，具有密度小、高弹性以及力学性能优良等优点。而三元乙丙橡胶（EPDM）发泡材料具有优异的化学稳定性能、良好的电绝缘性能、耐老化性能和防水性能。它既可广泛用于对环境条件要求不高的体育用品、各类建筑和制冷、空调等行业中，也可广泛用于对环境要求更高的汽车零部件、医药、军工器械等领域。两种发泡材料都具有独特的性能，而通过橡塑共混的方式将两者混合改善其综合性能，可以兼顾压缩刚度和压缩弹性回复率，极其柔软且轻质。

EVA是由乙烯和醋酸乙烯共聚而成的热塑性树脂，其结晶度、硬度、刚度、热变形温度、柔软性等性能随醋酸乙烯（VA）含量而变。为了获得较好的弹性和发泡加工性能，VA含量通常选择为14%～30%。EVA发泡材料具有良好的耐老化、耐化学腐蚀性能，广泛应用于座垫、发泡地板和鞋材。但作为救生浮力材料，仍嫌发泡倍数过低，或在高发泡倍数下压缩弹性回复率过低。

EPDM是由乙烯、丙烯和适量第三单体的共聚物，选择适当的乙烯含量（通常为45%～70%）和适当的第三单体种类和含量（例如，双环戊二烯

DCPD、亚乙基降冰片烯 ENB），可适合于 EVA 泡沫塑料的改性。EPDM 也具有良好的耐热性、极佳的耐臭氧和耐空气老化性能。

显然，EVA 的 VA 含量、EPDM 的单体种类等原料的成分要素是需要通过实验来确定。选用适当的 EVA 和 EPDM 生产厂家和牌号进行发泡实验，确定原料的基本品种规格。以 EVA 和 EPDM 的配比、发泡剂品种和用量、模压成因工艺参数为主要变量，进行不同搭配下的泡沫塑料加工实验，可得到不同发泡倍率和手感的试样，见表 7-14。

表 7-14　不同试验方案所得试样的基本情况

方案编号	发泡倍率	密度 / (kg · m⁻³)	浮力倍数	24 h 浮力损失率 /%	手感
1	30	30.84	30.86	1.14%	较柔软
2	45	22.43	42.68	1.49%	较柔软
3	34	27.19	35.25	0	较柔软
4	20	51.83	18.50	2.17%	柔软
5	25	35.52	26.61	0	柔软
6	20	44.85	20.49	0	硬

综合性能最优异的 5 号试制方案，其主要技术参数为：EVA 中的 VA 含量 15%，EVA/EPDM 中的 EPDM 含量 20%，发泡剂为偶氮二甲酰胺（发泡剂 AC），用量 11%，交联剂为过氧化二异丙苯（DCP），用量 0.5%；发泡温度 165 ℃，压力 15 MPa，发泡时间 15 min。

7.5.5　压缩性能

不同于纤维集合体浮力材料，体积质量需要通过外包面料或其他方式来控制。泡沫塑料浮力材料的密度在出厂时就已经明确，难以调整，相当于其浮力倍数已经确定。因此，泡沫塑料的压缩性能就显得尤为重要。

7.5.5.1　压缩性能的现有相关标准

我国国家标准中有三项测试方法标准涉及软质泡沫塑料压缩回弹性能，行业标准无相关内容。表 7-15 列出了 GB、ISO、ASTM、BS 等标准的主要技术特征和评价指标。

表 7-15　相关标准汇总与分析

标准号	标准名称	主要参数和技术特征	评价指标	类似标准
GB10807—1989	软质泡沫聚合材料压陷硬度试验方法	直径 200.0 mm 的圆柱形压头以 100 mm/min 速度压缩，检测使泡沫塑料出现一定压缩变形（25%、40%、65%）时的压力大小	压力（N）	ISO 2439：1980
GB 6670—1986	软质泡沫塑料回弹性能的测定	直径为 16.0 mm，重 16.7 g 钢球从距材料 460 mm 高处落下并使其回弹，通过钢球落下高度和回弹高度得出回弹率	回弹率（%）	ASTM 3574：2001；ISO 8307：1990
GB 6669—1986	软质泡沫聚合材料压缩永久变形的测定	试样长时间（22h、72h）、大变形（压缩量为50%、75%）压缩后恢复 30min，计算压缩变形率	压缩变形率（%）	ISO 1856：2000；BS 4443：Part1：1979（方法 6）；ASTM 3574（方法 D）
ISO 3386-1：1986	软质泡沫聚合材料压缩应力应变特性的测定　第 1 部分：低密度材料	以循环压缩方式压缩试样至原始厚度的70%，在第四次压缩至该压缩量时读取压力值，以此应力值作为材料压缩应力/应变特征值；以压缩40%的应力值作为压缩应力值	压缩应力（kPa）	BS 4443：Part1：1979（方法 5A）
ISO 10066：1991	软质泡沫聚合材料　压缩蠕变性能测定	对材料施加 0.5 ～ 10 kPa 的压应力，使其产生 25% 的蠕变应变率，放置 72 h，撤去应力使其恢复 30 min	压缩应变率（%）；剩余变形（%）	BS 4443：Part3：1975（方法 8）
ISO 13362：2000	软质泡沫聚合材料在潮湿条件下压缩形变的测定	材料在 40 ℃，95% ～ 100% RH 条件下压缩75%并保持 22 h，去除压缩，使其恢复 15 min	高湿环境下的压缩率（%）	

　　上述标准中，GB 10807 反映的是材料抵御硬物压入的能力，即材料的硬度，与材料的压缩变形程度和压缩回复能力无关；GB 6670 检测了材料受冲击载荷后的冲击能损失程度，反映材料的碰撞特性和急弹性回复率，而救生

衣用泡沫塑料除了受水压的瞬时冲击发生碰撞外，其变形主要是长时间小外力压缩后的缓弹性变形；GB 6669 评价的是长时间大变形后的变形程度，其压缩量不符合救生衣的受力特点；ISO 3386-1 的循环压缩方法可以借鉴，但某些指标的物理意义不明确；ISO 10066 的小作用力长时间压缩的受力特点和救生衣用泡沫塑料受力特点比较类似，但评价指标不能反映使用要求；ISO 13362 检测了高湿环境、长时间大变形下的压缩程度，不反映救生衣的受力特点和要求。

可以看出，现有泡沫塑料力学性能检测方法中，检测条件均偏离救生衣浮体材料的使用要求，评价指标也难以判断泡沫塑料是否适合于救生衣使用。

9 种可用于救生衣的泡沫，主要包括现有的 EVA 及其与 EPDM 的共混泡沫以及 PE 泡沫，见表 7-16。其单位质量浮力、单位体积浮力、24 h 浮力降等指标都基本满足救生衣用固有浮力的要求，除了 4# 泡沫的单位质量浮力略低以外。

表 7-16　救生衣用泡沫塑料样品的规格及主要性能

序号	色泽	原料	发泡倍率	密度/（kg·m⁻³）	厚度/mm	重量/g	试样原始尺寸/cm	单位质量浮力/倍	单位体积浮力/（kg·m⁻³）	24 h浮力降/%
1	增白	EVA＋橡胶	30	30.84	39.3	27.87	15.0×15.0	30.86	0.97	1.14
2	增白	EVA＋橡胶	45	22.43	32.4	15.23	15.3×13.7	42.68	0.97	1.49
3	增白	EVA＋橡胶	34	27.19	20.4	12.48	15.0×15.0	35.25	0.96	0
4	黄色	EVA＋橡胶	20	51.83	20.4	23.79	15.0×15.0	18.50	0.96	2.17
5	本白	EVA＋橡胶	25	35.52	17.6	24.43	19.5×19.5	26.61	0.95	0
6	增白	EVA＋橡胶	20	44.85	30.4	29.77	15.0×15.0	20.49	0.92	0
7	增白	PE	30	29.68	30.5	20.57	15.0×15.0	30.63	0.91	0

序号	色泽	原料	发泡倍率	密度 / (kg·m^{-3})	厚度 / mm	重量 / g	试样原始尺寸 /cm	单位质量浮力 / 倍	单位体积浮力 / (kg·m^{-3})	24 h 浮力降 /%
8	增白	EVA ＋橡胶	30	29.89	33.7	22.80	15.0 × 15.0	32.03	0.96	1.35%
9	增白	PE	40	21.36	32.9	15.52	15.0 × 15.0	43.81	0.94	0

7.5.5.2　压缩性能测试方法和指标

专家通过捏、掐的方式主观评价泡沫塑料的手感和弹性时，主要涉及泡沫塑料的抗压缩性能和压缩弹性回复率，此外，还涉及抗弯曲性能。在实际使用过程中，救生衣受到压缩的情况远远超出了可能受到的弯曲力的情况。因此，只考虑通过泡沫塑料的压缩性能的客观评价来反映其手感。

救生衣受到压缩的可能性源于储运过程中的长时间小变形压缩，穿着使用过程中因傍靠、挤压甚至坐卧造成的短时间较大压力下的压缩以及落水后水压造成的轻微压缩。因此，正常情况下，救生衣所受最大外力为人体坐卧于救生衣时部分体重对救生衣泡沫塑料的压强。按照体重 75 kg、扣除下肢重量后的体重为 50 kg、接触面积按臀部面积 500 cm^2 估算，泡沫塑料受到的最大压强为 9.8 kPa。压缩试验中的子样数均为 2，试验的环境条件：温度为（ 20 ± 3 ）℃、相对湿度为 65% ± 5%。

定应变循环压缩试验：采用 Instron 1122 型电子强力机进行 10 次循环压缩试验，最大压缩变形量为 30%，下压及回复速度为 50 mm/min。并打印出循环压缩应力应变曲线。厚度的判读均在 5 s 内完成。

专家主观评价：由专家对以上泡沫塑料试样用掂、掐、摸、捏等手感目测方法对试样的柔软度和压缩回弹性能分别进行主观评判，作对偶对比检验。样品经两两比较，性能优者得 1 分，劣者得 0 分，若不相上下，则各得 1 分。

采用如下指标评价泡沫塑料的压缩刚度和压缩弹性回复率，各指标示意图见图 7–36。

采用如下指标评价泡沫塑料的压缩刚度和压缩弹性回复率：初始压缩模量 E_0（kPa）、初始压缩强度 σ_0（kPa）、第 5 次压缩时的弹性模量 E_5（kPa）、第 5 次压缩时的压缩强度 σ_5（kPa）、比例极限 σ_p（kPa）、压缩功 W_c（J）、1 次压缩后的压缩功回复率 R_{W1}（%）、5 次压缩后的压缩功回复率 R_{W5}（%）。

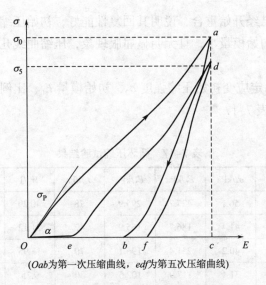

(Oab为第一次压缩曲线，edf为第五次压缩曲线)

图 7-36　循环压缩实验指标示意图

其中 σ_0、σ_5、E_0、E_5、W_c 在力学性能上与压缩刚度有关，反映泡沫塑料的手感柔软程度，R_{W1}、R_{W5} 在力学性能上与弹性回复有关，反映泡沫塑料的回弹性能及浮力稳定性，而 σ_p 这个指标与两者均有关。

7.5.5.3　定应变循环压缩

典型品种的循环压缩应力应变曲线如图 7-37 所示，最大应变为试样初始厚度的 30%。图 7-37（a）为 3# 泡沫的曲线，初始压缩阶段直线段的斜率较大，即初始模量较大，初始压缩曲线有明显的屈服点，且压缩与回复曲线间的区间面积较大即压缩功回复率小，说明试样不够柔软且回复性能不佳；而图 7-37（b）所示 5# 泡沫的压缩和回复曲线比较靠拢，回复曲线在

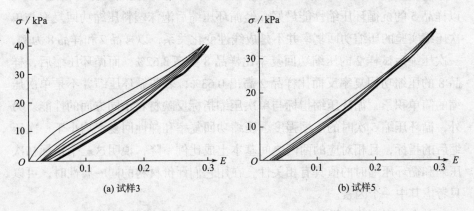

(a) 试样3　　　　　　　　　　　　　　　(b) 试样5

图 7-37　泡沫的压缩应力应变图

第三次压缩时已经开始重合，说明其回复性能好，初始压缩阶段直线段的斜率也较小，即初始模量小，且无明显屈服现象，压缩曲线几乎呈直线状，手感柔软。

9种泡沫的定应变初始压缩强度 σ_0、初始模量 E_0、比例极限 σ_p、压缩功 W_c 等指标列于表 7-17。

表 7-17　循环压缩试验结果

编号	σ_0/kPa	σ_5/kPa	E_0/kPa	E_5/kPa	σ_p/kPa	W_c/J	R_{w1}/%	R_{w5}/%
1	57.6	56.1	427.7	295.9	78	40.29	66.67%	63.56%
2	42.6	41.4	186.7	165.9	42	21.12	79.00%	68.61%
3	42.0	40.2	251.4	196.1	70	13.95	73.91%	62.37%
4	32.2	31.4	117.9	102.5	30	9.25	85.62%	72.00%
5	38.2	37.9	113.4	113.4	105	10.25	88.00%	82.44%
6	68.5	66.8	675.8	554.5	176	37.84	70.17%	65.00%
7	84.0	79.5	934.1	491.6	270	46.49	51.62%	45.15%
8	47.0	45.6	330.0	235.7	70	24.90	75.38%	69.24%
9	64.2	60.7	764.0	396.0	11.5	38.45	54.09%	49.62%

据第 5 次压缩应力应变曲线计算循环压缩后的相关指标，列于表 7-17。可以看出：除试样 5 外，五次压缩后的弹性模量均小于初始压缩弹性模量，这说明经反复压缩后，泡沫塑料的内部结构发生破坏，其抵抗外力变形的能力下降，不耐反复挤压使用，对于救生衣而言则反复使用后浮力稳定性差。以样品 5 的抗循环压缩性能最好。经循环压缩后泡沫塑料压缩功回复率与单次压缩实验的压缩功回复率并不是成线性变化关系，以样品 2 和样品 8 为例，一次压缩后试样 2 的压缩功回复率比样品 8 要高 3.62%，而循环压缩后，样品 8 的压缩功回复率反而比样品 2 高出 0.63%，表明循环压缩并不是单次压缩的简单积累，循环压缩指标与单次压缩指标反映材料不同方面的性能。另外，循环压缩 5 次时的压缩强度、压缩功回复率和弹性回复率均小于一次压缩后的指标，且相对应的两两之间基本上成比例下降，说明这三个指标初次压缩和循环压缩时的值具有相关性，在用它们评价材料的同一属性时，可以只考虑其中一个因素。

专家主观评价结果见表 7-18。分值高者性能优良，低者性能差。

表 7-18　专家主观评价得分结果

编号	1	2	3	4	5	6	7	8	9
柔软度	3	5	6	8	8	2	0	6	2
压缩回弹性	6	4	5	8	8	5	3	7	2

从理论上分析，就定应变循环压缩而言，与泡沫塑料柔软度相关的指标有 σ_0、σ_5、E_0、E_5、σ_p、W_c；与压缩回弹性相关的指标为 R_{W1}、R_{W5}、R。将这些指标值分别和专家评判得分值进行相关分析，从相关性上验证这些指标是否足以反映救生衣用泡沫塑料的柔软度和压缩回弹性。相关系数见表 7-19。

表 7-19　相关系数

	σ_0	σ_5	E_0	E_5	σ_p	W_c	R_{W1}	R_{W5}	R
柔软度	0.966	0.963	0.910	0.788	0.765	0.963	—	—	—
压缩回弹性	—	—	—	—	0.489	—	0.836	0.861	0.841

由表 7-19 可知，在 0.01 显著水平下，与材料柔软度性能相关的指标中 σ_0、σ_5、W_c、E_0 与主观评价结果都有很好的相关性，前三者的相关性更优，而 σ_5 要经循环压缩后得到，且与 σ_0 具有很好的相关性，因此，可采用 σ_0、W_c 作为评价柔软度的指标，且 W_c 的物理意义与柔软度更为接近。R_{W1}、R_{W5}、R 与压缩回弹性的主观评价结果也有好的相关性，虽然从主观上而言，R 更能反映救生衣浮力的变化，但其检测方法主观误差较大且耗时长，而 R_{W5} 须五次压缩后方能测得，因此，根据简便准确准则，建议采用 R_{W1} 作为评价其压缩回弹性的指标，说明泡沫塑料的浮力稳定性。E_5 与柔软度的相关性差，不做考虑；σ_p 与柔软度和压缩回弹性的相关性均较差，也不做考虑。

因此，采用定应变循环压缩试验得到的初始压缩功 W_c 和初始压缩功回复率 R_{W1} 能全面准确地反映救生衣用泡沫塑料的手感和浮力稳定性，可以作为优选救生衣用泡沫塑料的评价指标；采用定应力长时间压缩试验方法设备简单、操作便利，所得的压缩回弹率 R 能有效地反映泡沫塑料的回弹性能，但不足以反映其柔软度，而且测试方法耗时太长，存在较大的主观测量误差。

为满足救生衣浮体材料的使用要求，根据目前国内现有的材料，在泡沫塑料的浮力及浮力损失率满足要求的前提下，采用定应变（压缩量30%）循环压缩测试的条件下，需要选用初始压缩功 W_c 小于 20 J、初始压缩功回复率 R_{W1} 大于 85% 的软质闭孔泡沫塑料。

7.5.6 弯曲性能

在 7.5.5 中可知，泡沫塑料的初始压缩功越小，表明泡沫越柔软；初始压缩功回复率越大，泡沫回弹性能越好。两种常用的 PE 泡沫的初始压缩功基本是所有泡沫中最高的，一个 46.49 J，一个 38.45 J；而初始压缩功回复率 R_{W1} 却是最低的，分别只有 51.62% 和 54.09%。可见，普通泡沫的柔软度及压缩弹性回复性能都不够好。

泡沫塑料除了成分、加工工艺、发泡倍率的差异外，发泡材料的形状也与救生衣使用性能有密切的关系。救生衣内填充的泡沫浮力材料厚度一般在 1.5 ~ 3 cm，有的会厚达 5 cm 左右。填充的泡沫塑料如果采用单层整体结构，虽然救生衣破损后的浮力损失率最低，但其较大的整体厚度提高了泡沫材料的抗弯刚度，使得对人体的压迫感强、随动性差、穿着舒适性差；如果采用多层叠合结构，则泡沫浮材的弯曲刚度下降，救生衣穿着更舒适。但一旦外包气密层破坏，如果材料拒水性能不好或层间贴合不紧密会导致层间的空气被水置换、浮力下降明显。

泡沫浮力材料相对于纤维集合体浮力材料而言，其最大的缺点在于较硬的片状结构填充救生衣不便于战士弯曲、下蹲等各种动作的完成。泡沫塑料的弯曲性能是影响该性能的最重要因素。我国国家标准只有 GB 8812—1988《硬质泡沫塑料弯曲试验方法》规定以一定的速率对试样施加载荷，记录试样在规定形变时的载荷值的方法来评价硬质泡沫材料的弯曲性能，由于软质泡沫塑料易在相对小的负荷下发生变形，因此，该法不适合于软质泡沫。

借鉴纺织材料抗弯性能测试标准 GB/T 18318—2001《纺织品 织物弯曲长度的测定》，对不同厚度以及以不同厚度叠层的同样厚度的泡沫塑料的弯曲长度进行了测试。其中测试用平台高 44 mm，试样条宽为 2 mm。

7.5.6.1 不同厚度的抗弯曲性能

分别取厚度为 2 mm、4 mm、6 mm 和 8 mm 厚的同样材质的 EVA/EPDM 泡沫塑料片材进行试验。试验结果见图 7-38。随着泡沫厚度的增加，抗弯长度成线性增加。显然，随着泡沫厚度的增加，泡沫材料的抗弯性能增加，不利于其舒适性能。

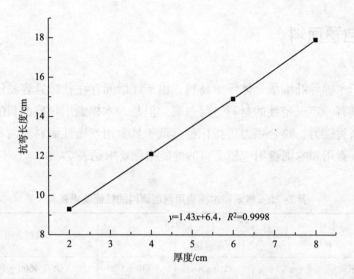

图 7-38　不同厚度的 EVA 软质泡沫的抗弯长度

7.5.6.2　同样厚度不同层数复合的泡沫弯曲性能

分别将 6 块 2 mm 厚的泡沫材料叠成 12 mm 厚的试样，3 块 4 mm 厚的泡沫材料叠成 12 mm 厚的试样，2 块 6 mm 厚的泡沫材料叠成 12 mm 厚的试样，叠层试样通过单点缝合，固定成为一个完整试样。其弯曲长度测试见图 7-39。同样厚度下，随着层数的增加，其抗弯长度呈下降趋势。即采用薄层叠合成一定厚度的软质泡沫比同样厚度的整块试样容易发生弯曲变形，便于穿用。

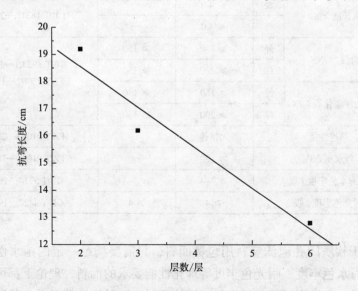

图 7-39　相同厚度不同层数的 EVA 泡沫的抗弯长度

7.6　包覆面料

对于木棉等纤维集合体浮力材料，由于纤维间存在孔隙且容易压缩，需要采用具有一定气密性的材料进行包裹。但是，木棉囊用包覆面料的平方米质量、断裂强力、热合强力等指标都远低于气囊用气密性面料。两种救生具采用的气囊用和木棉囊用包覆面料的性能指标要求见表7-20。

表 7-20　气囊和木棉囊用包覆面料的性能要求差异

项目 气囊用		指标 木棉囊用		检测方法
平方米质量 / (g·m^{-2})		210 ± 8	140 ± 5	GB/T 4669—1995
顶破强力 /N		≥ 1000	—	GB/T 19976—2005
断裂强力 /N	经	≥ 1000	≥ 535	GB/T 3923.1—1997 FZ/T 75007—1995
	纬	≥ 900	≥ 400	
断裂强力（老化后）/N	经	≥ 800	≥ 428	
	纬	≥ 700	≥ 320	
撕裂强力 /N	经	≥ 40	—	GB/T 3917.3—1997
	纬	≥ 35	—	
弯曲长度 /cm	经	≤ 4.0	—	GB/T 18318—2001
	纬	≤ 4.0	—	
热合强力 /N	经	≥ 180	≥ 150	GB/T 3923.1—1997 FZ/T 75007—1995
	纬	≥ 220	≥ 150	
热合强力（老化后）/N	经	≥ 160	≥ 130	
	纬	≥ 200	≥ 130	
粘连性能		无粘连	—	FZ/T 01063—2008
静水压 /kPa		≥ 120	—	FZ/T 01004—2008
耐海水色牢度 / 级		≥ 3-4	≥ 3-4	GB/T 5714—1997
耐光色牢度 / 级		≥ 4	≥ 4	GB/T 8427—1998

对于软质闭孔泡沫塑料用包覆面料，只需要满足一定的拒水性能、强力、耐海水色牢度、耐光色牢度等理化性能要求的面料，理论上都可以作为包覆面料。多采用轻薄的纯涤纶或锦纶面料。一种泡沫塑料救生具用包覆面

料的指标要求见表 7-21。

表 7-21　一种泡沫塑料用包覆面料的性能指标

项目		指标	检测方法
质量 /（g·m⁻²）		95±5	GB/T 4669—1995
断裂强力 /N	经	≥ 900	GB/T 3923.1—1997 FZ/T 75007—1995
	纬	≥ 800	
断裂强力（老化后）/%	经	≥ 720	
	纬	≥ 640	
耐海水色牢度 / 级		≥ -4	GB/T 5714—1997
耐光色牢度 / 级		≥ 4	GB/T 8427—1998
耐摩擦牢度 / 级		≥ 3-4	GB/T 3920—1997
耐刷洗牢度 / 级		≥ 3-4	GB/T 420—1990

　　前面提到的都是结构紧密、具有较高断裂强力的机织面料，可以承载一定的负荷和外力。但是机织面料没有弹力、不够柔软，难以和泡沫浮力材料贴合，边角鼓鼓囊囊，穿上后也难以紧密贴合人体，如图 7-40（a）所示。针织面料结构不如机织面料紧密，受到外力容易拉伸和变形，但是其弹力更好，更容易和软质浮力材料复合，作为包覆材料时，可以和浮力材料同时承担一定的变形，穿着后特别贴合人体，如图 7-40（b）为普通针织面料包覆了软质泡沫，图 7-40（c）为复合了 1 ~ 2 mm 氯丁橡胶薄片的针织面料包覆软质泡沫。

(a) 机织面料包覆　　(b) 针织面料包覆　　(c) 针织/氯丁橡胶面料包覆　　(d) 氯丁橡胶救生衣

图 7-40　不同包覆面料的救生衣外观

　　但是，该类面料包覆的救生衣并不多见，主要原因在于针织面料难以达到如机织面料一样的强力和坚牢度。在应急救援或使用过程中，难以承担较大外力的作用，比如，难以通过织物的强力承担整个人体的质量，满足救捞要求。因此，虽然针织复合氯丁橡胶面料制备的救生衣外观高级、极其贴合人体，但是依然需要在坚牢度方面进行改进。

　　直接采用氯丁橡胶（Neoprene）材料的救生衣，如图 7-40（d）所示，手感柔软舒服、耐磨损，但是价格较贵且同样存在强力等方面的欠缺，多用于潜水服，常规救生衣使用较少。

7.7　固有浮力囊

7.7.1　木棉囊

　　裁剪木棉囊包覆面料，进行热合，留下一个开口。将木棉纤维集合体用柔软的纱布包覆成设计的木棉浮囊的形状，如图 7-41（a）所示，使其体积密度达到设计的浮力倍数要求。比如，如果体积密度为 0.04 g/cm^3，则浮力倍数为 25 倍。将包覆了纱布的木棉放入热合好的木棉囊包覆面料中，进一步热合木棉囊开口，形成如图 7-41（b）所示的木棉囊。检测木棉囊的浮力及 24 h 的浮力损失率，浮力达到设计要求，24 h 浮力损失率不大于 5%。

　　木棉囊制备的流程为：热合木棉囊—纱布包木棉—热合木棉囊口—检验木棉囊浮力。

　　对于较短时间下使用的木棉，或者作为漂浮衣等浮力要求较小的内胆，只需要采用高性能的防水透湿面料包覆木棉即可，并不需要采用如前所述的严格的热合工艺。

　　此外，也可以将木棉纤维制备成木棉絮片，如图 7-41（c）所示。这样，可以直接将裁剪好的木棉絮片进行包覆，形成木棉囊。

(a) 纱布包的木棉囊　　　　(b) 成型木棉囊　　　　(c) 掀开一角的木棉絮片

图 7-41　木棉囊及絮片

7.7.2 泡沫塑料囊

救生具用的泡沫浮力材料，大多是成片材供应的，泡沫片材必须要制作成合适的形状包裹于面料中形成救生衣。以往均是根据设计样板，通过裁剪将泡沫裁制成一定形状，也是最为方便的工艺。为了达到一定的浮力值，泡沫塑料通常具有一定的厚度，厚度多在 1 ~ 2 cm。由于泡沫自身具有的厚度、柔软度均不可能达到和纺织品一样的柔软程度，因此，通过裁剪获得的泡沫其边角支棱、转角明显，边角上的厚度和其他主体部位厚度一致，导致包裹于外敷面料后，鼓鼓囊囊，和人体并不贴合，如图 7-40（a）所示。通常有三种方式制备泡沫囊。

（1）边缘切削泡沫囊。厚度在几厘米左右的泡沫，需要将边缘进行一定的切削，提升包覆后的外观及穿着后活动的适体性能。如图 7-42 所示，将软质闭孔泡沫塑料根据设计进行裁剪，并对边缘进行进一步裁切，必要的时候，不同形状的两块泡沫叠合起来使用。最后将叠合的泡沫放到缝制好的包覆材料中，形成救生衣。该方法适合于柔软度极佳的软质橡塑共混类泡沫，其初始压缩功小而压缩功回复率高，如 7.5.4 所述。

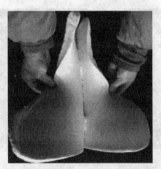

图 7-42 边角切削的泡沫及其救生衣

（2）多层叠合泡沫囊。薄的、相对较硬的泡沫，通过裁剪后，多层叠合在一起，作为泡沫囊内胆。根据 7.5.6 的研究，同一种泡沫塑料，相同厚度条件下，多个薄片叠合的泡沫和整体泡沫的抗弯性能差异显著，通过将泡沫材料变薄后再叠合使用的方式，会大幅度提高泡沫材料的柔软度、易弯曲性能。即多层复合的软质泡沫塑料具有同样厚度单层泡沫塑料所不能比的易弯曲、柔软的特性。同时，对多层叠合泡沫材料进行了浮力及浮力损失率测试发现，多层复合的方式并不影响同样体积重量下的泡沫的浮力及浮力损失率，结果见表 7-22。不同层数叠合的泡沫的初始浮力与 24 h 后的浮力相差不大，且对同一种样品而言，24 h 浮力损失率为 0。

表 7-22　多层复合泡沫的浮力测试结果

样品规格	初始浮力 / kgf	24 h 后浮力 / kgf	24 h 浮力损失率 / %
6 mm×2	0.45	0.45	0
4 mm×3	0.46	0.46	0
2 mm×6	0.47	0.47	0
12 mm×1	0.45	0.45	0

注　6 mm×2 表示两层 6 mm 厚的泡沫叠合，依此类推；1 kgf=9.8 N。

目前，多层叠合泡沫囊的使用面已经很广泛。如图 7-43 所示，该救生具的后背是 3 块泡沫塑料叠合而成，而前片的叠合层数更多。采用 0.5 ~ 2 mm 厚的 EPE 材料，层层叠合起来，这样叠合的泡沫材料的柔软度要高于厚度相同的整体泡沫材料，制备的泡沫囊也更加贴合人体，造型美观且便于各项活动。

图 7-43　裁剪后多层叠合的泡沫及其救生衣

（3）一次模压成型泡沫囊。通过预先制作好的浮力内芯模具将泡沫一次成型，通过热切割和模具控制使得边角极其圆润且表面泡孔闭合，大大提高了各产品批次中结构的均一性。改进了通过裁剪而获得的泡沫内芯的边角支棱、费时费工、裁剪误差、切割处留有泡孔等缺点。采用一次模压成型工艺制备的泡沫内芯以及如将模压成型的泡沫浮力内芯填充在根据样板裁制成型的包覆面料中获得的救生衣如图 7-44 所示。

模压成型泡沫浮力内芯根据人体结构设计，其厚度从中间到边角是由厚变薄逐渐过渡，穿用后和人体贴合为一体，救生衣适体性能优良，整体结构简单、美观大方。

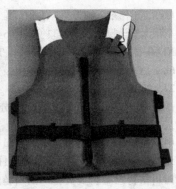

图 7-44　模压成型的泡沫浮力囊及其救生衣

因此，一次模型成型及其泡沫是极具发展潜力的固有浮力材料。

参考文献

［1］肖红. 木棉纤维结构和性能及其集合体的浸润与浮力特征研究［D］. 上海：东华大学，2005.

［2］肖红. 救生衣浮力及其浮体材料的研究［D］. 北京：北京服装学院，2003.

［3］衣卫京，救生衣浮力和新型浮体材料研究［D］. 西安：西安工程科技学院，2005.

［4］肖红，周璐瑛. 救生衣浮力材料概述［J］. 中国个体防护装备，2002（3）：31-32.

［5］肖红，余治芳，周璐瑛，等. 救生衣用泡沫塑料压缩性能测试方法研究［J］. 中国个体防护装备，2003（1）：15-18.

［6］XIAO H，YU W D，SHI M W. The bulk density of fibrous assemblies and their buoyancy［C］. The 83th TIWC "Quality Textiles for Quality Life"，Shanghai，China，May 23-27，2004（2）：489-493.

［7］XIAO H，YU W D，SHI M W. Evaluation of fiber wettability based on an immerging force measurement［J］. Journal of Applied Polymer Science，2006（100）：2659-2666.

［8］肖红，沈爱甫. 新型泡沫塑料救生衣的研制［J］. 中国个体防护装备，2007（1）：7-10.

［9］肖红，衣卫京，施楣梧. 木棉/低熔点纤维成絮复合浮力材料的研发［J］. 纺织导报，2005（2）：60-63.

［10］肖红，于伟东，施楣梧. 木棉纤维的性能特征与应用前景［J］. 东华大学学报，2005，31（2）：121-125.

［11］肖红，于伟东，施楣梧. 木棉纤维的基本结构和性能研究［J］. 纺织学报，2005，26（4）：4-6.

［12］衣卫京，肖红，施楣梧. 木棉/三维卷曲中空涤纶复合浮力材料的研发［J］. 西安工程科技学院学报，2005，19（2）：236-239.

［13］肖红，于伟东，施楣梧. 木棉纤维的微细结构研究：胞壁层次结构与原纤尺度［J］. 东华大学学报，2006，32（3）：85–90.

［14］XIAO H，YU W D，SHI M W. The morphology and the fine structure of the kapok fiber［C］. The Fiber Society Spring 2005 Conference，St.Gallen，Switzerland，May 25–27，2005.

［15］肖红，施楣梧，于伟东. 基于力分析的纤维浸润性能判定方法［J］. 材料科学与工艺，2007，15（6）：851–857.

［16］中国科学院中国植物志编辑委员会. 中国植物志（第四十九卷第二分册）［M］. 北京：科学出版社，1984：102–111.

［17］四川植物志编辑委员会. 四川植物志（第一卷）［M］. 成都：四川民族出版社，1981：251–253.

［18］陈焕镛. 海南植物志（第二卷）［M］. 北京：科学出版社，1965，87–88.

［19］李虬，陈惠明. 木棉科植物引种及繁殖研究［J］. 广东园林，1996，4：10–13.

［20］史学通. 我国历史上的木棉问题［J］. 中国史研究，1981，2：85–91.

［21］汪劲武. 木棉科探密［J］. 植物杂志，1991，3：35–37.

［22］MAUERSBERGER H R. Matthew's textile fibers［M］. New York：Chapman & Hall，Limited，1947：398–405.

第8章　救生衣用属具及性能

救生衣由浮囊及其附属属具构成。其中，浮囊提供浮力及浮力分布，保证人体口、鼻高出水面。属具附属在救生用具上，不会改变救生用具整体结构，不影响浮力分布。属具的使用增加了落水者被发现的可能性，同时施救效果也得到显著提升。ISO 12402-8 专门对属具性能和要求进行了规定。

属具可提供示位营救、生存保障两大功能，分别用于指示落水人员的位置以及提供必要的生命维持品、便于救捞用。根据用途可分成两类，生存保障类属具和示位营救类属具。

生存保障类属具既可为落水者提供生存必要的供给，也能够化解水中存在的危险，保障其在危险复杂的水域环境中的生存，包括应对风浪的防溅射帽、固定救生衣用的裆带或固定套件等，食品、存储有淡水的饮水袋、海水淡化剂、驱鲨剂等。

示位营救类属具通过各种方式使落水者易被发现和救援，增加其可营救性，包括哨笛、示位灯、回归反射膜、GPS 定位系统、雷达定位飘带、其他先进通信系统、海水染色剂、抛绳、集成的捞救吊带等。

8.1　哨笛

8.1.1　基本特征

哨笛可通过声的传播使得落水者易于被发现。无风空旷条件下，传播距离可达上千米，且价格便宜，是最为广泛配备的救生衣用示位属具。

一般使用非金属材料制作，最常用的是塑料，包括 ABS 工程塑料等。它结构稳定可靠，表面不带毛刺，不易燃烧，声音的产生不依赖于移动部件。根据发声主频率的不同，可分为双音和单音哨笛。

用于救生衣的哨笛具有以下特征。

（1）和救生衣一样，多采用国际通用的警示色，如橙黄、橘色等。

（2）形状小巧、便于固定、便于取用，多通过绳子或卡座固定于前胸部位，便于取用和放置，如图 8-1 所示。

（3）足够的声强和声压级，足够的可听距离。

（4）进水不影响发声强度和频率。

图 8-1　救生衣用哨子

8.1.2　性能要求

哨笛的基本性能要求是具有一定的声压级和传播距离，且进水后不影响发声强度和频率、易于取用。

ISO 规定由 20～30 岁没有肺病的人吹响哨笛进行测试，在 5 m 处检测频率和声压级，要求该处的声压级应该大于 100 dB，发声频率主频 2 kHz。且进水后将水甩出应不影响发声。

GB/T 32227—2015《船用工作救生衣》规定配备，在 5 m 处的声压级不低于 100 dB 的哨子一支，用一定强度的绳子系在救生衣上，浸入淡水后应能够立即在空气中发出声音。我国 JT 标准规定在空旷无风处试吹哨笛，距离 5 m 处检测频率和声强，但对测试人员没有规定。JT 标准对儿童救生衣规定，所配备的哨笛在 5m 处测量声压级应该大于 80 dB，频率低于 3 kHz。

部分军标规定哨子在无风情况下的可听距离不低于 300 m，在消声室中 1 m 处 A 级权（LA）声压级大于 94 dB（A）。

8.2　示位灯

8.2.1　基本特征

示位灯属于光示位装置，通过发光向搜救者显示落水者的位置。救生衣用示位灯应该具有：①一定的光强、发光持续时间，若为闪光灯则要求有一定的闪光频率；②体积小巧，便于携带；③可存储时间长。

示位灯由电源、电光源和电路组成。其中，电光源由灯泡、灯具和灯座组成，多采用 LED 灯、钨丝灯；灯具多为高透明以提高光通量。整个电光源防水密封性能要良好。电源的工作方式、提供功率、保存年限、电光源的闪光频率、由灯具控制的光通量和方向性一起构成了示位灯的技术参数。

根据电源不同，目前常用的示位灯多为锂电池灯及海水电池灯。民用救生衣示位灯电源多采用锂电池作为电源，而军方及美英日等国家救生衣部分采用海水电池作为电源。

锂电池价格便宜，但是存储保质期短，且需要进行严密的防水处理。而救生衣又属于应急产品，平时多为存储待用状态，需要经常更换电池，且更换电池的开启盖需重新进行防水处理，带来不便和安全隐患。随着锂电池技术的飞速发展，如图 8-2 所示的锂电池灯外观新颖，结构简单，操作简便，触水自动点亮设计，触水铜柱镀金处理，穿着救生衣跳入水中后自动点亮，不需要预先打开救生衣灯。灯具为 LED 灯泡，节能、高效、寿命长。产品存储期可达 5 年。外壳高频焊接，美观牢固不渗水。而且便于和衣服结合。工作电流 80 mA，电池开路电压 > 3 V，闪光频率 50 ~ 70 次 /min，发光强度大于 0.75 cd，持续工作时间大于 8 h。

图 8-2 各种形式的水激活锂电池示位灯

海水电池通常以氯化银、氯化镁灯作为电解质，电源遇海水后，以海水做电介质激活电源，接通电路提供光亮。如图 8-3 所示为一种海水电池示位灯示意图，其优点是激活速度快，电池存储寿命可长达 8 年以上，安全可靠，不存在遇水可能爆炸的问题，中途无需更换电池，但是价格贵，且为一次性使用产品。已有救生衣数据表明，即使存放 20 年的海水电池灯，依然可以在遇到海水瞬间被激活。

以镁—氯化铅海水电池为例，设计电池容量为 1.5 Ah，工作电流为 500 mA，电池空载时开路电压为 4.3 V，可连续 8 小时以上为电光源提供电

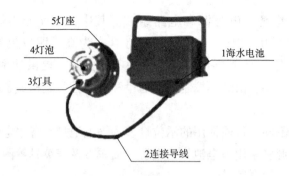

图 8-3　一种海水电池示位灯结构示意图

能。由于海水电池的启动原理是以海水作电介质发生电化学反应产生电能，这样就存在一个控制海水进入的问题，使示位灯在光线黯淡或天黑状况下发光，而不是在任何时间一遇海水就启动。需要设计可拉动的电池盖，只有当拉开电池盖时，海水才进入电池产生电能，避免了无效耗费电能。

8.2.2　性能要求

目前，我国国内救生用具示位灯检测标准主要涉及 GB 5869—2010《救生衣灯》、GB 4541—2008《救生圈用自亮浮灯》及《渔业船舶法定检验规则》（2000）和《海安会决 MSC.81（70）：13 部分：救生设备示位灯》；而国外相关标准主要包括《国际救生设备（LSA）规则》《国际海事组织海上安全会救生器具的试验规则》、MSC.81（70）决议《修订的救生器具的试验建议案》、MSC.200（80）《救生器具的试验补充建议案》、MSC.226（82）《救生器具的试验补充建议案》《美国海岸警卫队"SOLAS"救生衣灯试行规范》和 ISO 24408—2005《船舶和海洋技术　示位灯具产品的测试、检测和标识》。

ISO 24408 规定对示位灯强度、耐温性能和光强做了如下规定。

（1）将示位灯从 2 m 高处落到钢板上应无损坏。

（2）在 −30 ℃、18 ~ 20 ℃、65 ℃环境中分别保持 8 h，循环 10 次，示位灯应无损坏、不丧失功能。

（3）光强大于 0.75 cd，持续 8 h。分别在 −1 ℃、30 ℃的海水及在标准环境温度的淡水里测试，所有的装置应该在 2 min 内发光，并在 5 min 内达到最小电压的要求，灯泡上半球各方向的发光强度需大于 0.75 cd 并持续 8 h。

（4）该类产品的水密完整性试验中，每一个装置应在淡水下 30 cm 处保持水密 24 h 后，启动开关检查是否正确运行。我国 GB 5869—2010 的规定与之相似，要求如下：

示位灯的发光强度不少于 0.75 cd，持续时间不少于 8 h；

如果示位灯是闪光的，则闪光频率为 50 ~ 70 次 /min；

将示位灯放在 –30 ℃和 65 ℃环境中各 8 h，从低温拿出后放到室温至第二天，再进行高温测试，共 10 个循环。放入 –1 ℃和 30 ℃的海水溶液和常温淡水中，光强和持续时间满足要求；

试穿者穿用配戴示位灯的救生衣从 4.5 m 高度跳下，应不致损坏、抛出或影响其使用性能；

在水中漂浮 24 h 后，不影响其使用性能。

此标准规定的测试项目全面，测试方法符合实际使用情况。

8.3　回归反射膜

回归反射膜，又称逆反射膜，属于光示位装置，可将光反射回其光源处，加强救生衣在视线不良环境中的可见度，提高落水者被发现的概率，增加可营救性。反射膜的反光能力由逆反射系数来衡量，逆反射系数越高，反射性能越好，同时为保证一定的使用年限，救生衣用反光膜需要具有一定的耐水洗性能和耐日晒性能。

8.3.1　定义及特征

GB/T 18833 对逆反射的定义是："反射光线从靠近入射光线的反方向，向光源返回的反射"。单色平行光以一定角度照射在反光膜上，以入射光的反方向为轴，半角宽度为 1°的光锥内的反射光才能称作逆反射光，如图 8-4 所示。光锥外（超出 1°范围）的反射光线不能称为逆反射，但可以称为散射

(a) 逆反射光的范围　　　　　　　　　(b) 探测者的视角差

图 8-4　GB/T 18833 对逆反射光范围的规定示意图

光。只有这样的逆反射光，才能够由打出光的探测者准确探测到被探测人的位置；否则，探测者会有视角差，观察不到目标。

不同于通常的反射（要么是镜面反射，要么是漫反射，或者兼而有之），逆反射是一种特殊的反射现象，不管入射光沿何种角度照射到材料表面，反射光始终沿着入射光的反方向回传。具有逆反射特性的材料称为逆反射材料。通常天然材料本身并不具备逆反射特性，需要人为设计制作，通过特殊的微结构实现逆反射的反光效果。

根据反射原理不同，目前的回归反射膜可分为两种结构：一是玻璃微珠结构，又称透镜结构；二是棱锥结构，又称立方角锥结构、微棱镜结构。如图 8-5 所示，玻璃微珠结构是将已知折射率、直径几十到几百微米的均匀球形微珠随机反散镶嵌在某种透明基体中并作半球镀膜，在玻璃珠的下表面镀上一层金属反光膜，利用玻璃微珠对光线的多次折射/反射作用来实现逆反射的效果；棱锥结构是透明薄膜通过模压在其背面形成规则排布的立方角锥体阵列，每个棱锥具有相互正交的 3 个反光面，利用这 3 个反光面对光线依次的反射作用来实现逆反射效果。

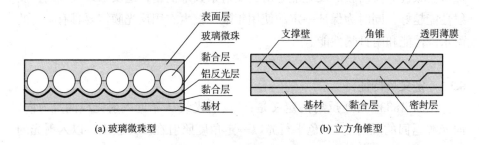

(a) 玻璃微珠型　　　　　　　(b) 立方角锥型

图 8-5　逆反射材料结构示意图

通常用逆反射效率和逆反射系数两个指标来介绍回归反射材料。逆反射效率是逆反射系数对不同观测方向立体角的积分，逆反射效率对应着反射光锥内逆反射系数的平均值。由逆反射效率的最大值求出逆反射系数的理论上限，对于玻璃微珠型逆反射材料而言，该值为 280（cd/lx/m²），而立方角锥型逆反射材料则为 936 cd/lx/m²。可见，棱锥型逆反射材料更具有发展前景。

此外，与玻璃微珠结构相比，立方角锥结构具有更高的亮度、更好的耐候性、更鲜亮的颜色，具备玻璃微珠结构所没有的大角度回归反射性能，粘贴时不易起泡，而且棱锥反光膜在生产过程中的废弃物排放比玻璃微珠结构反光膜少，是种环保的新材料。棱锥型反光膜面层的抗腐蚀性能往往优于玻璃微珠反光膜。

8.3.2　典型品种

如图 8-5 所示，回归反射膜一般包括基底层、反射层和表面保护层，不同层间还有黏合层或胶层。基底层可以是剥离纸、PET 膜或织物等；表面保护层多为耐候性好的透明薄膜。不同用途的回归反射膜的基底层和表面层会存在很大差异。救生衣多为可缝制的、封装完好的、具有一定耐候性的回归反射膜，基底层可选用 PET 等基材的。

工程中常见 5 种级别的回归反射膜，见表 8-1。在玻璃微珠及棱锥基础上，玻璃微珠反射膜又可分为透镜埋入型（工程级）和胶囊型（高强级）；棱锥反射膜又可分为截角（工程级和超强级）和全棱镜型（钻石级）。

表 8-1　工程上常见的 5 种级别回归反射膜

结构名称	透镜埋入型玻璃微珠	密封胶囊型玻璃微珠	截角	全棱镜型的正面结构
示意图				
结构层数	5	4	5	5
结构材料	玻璃微珠	玻璃微珠	微棱锥	微棱锥
逆反射效率	工程级：8%	高强级：14%	棱镜工程级：10% 超强级：32%	钻石级：58%

（1）透镜埋入型。一般工程级反光膜。寿命一般为 3 ~ 7 年，白色膜正面在 0.2° /-4°时的逆反射系数一般在 100 cd/lx/m² 左右。在正常使用状况下，7 年后的逆反射系数至少为初始的 50%。

（2）透镜密封胶囊型。拥有比工程级反光膜更高的反光亮度和角度性能，但同时，也是由于高强级自身结构导致了一些难以克服的产品缺陷，如产品脆而易撕裂、起皱、起泡、表面蜂窝突起、生产能耗高、排放大。优质的高强级反光膜寿命一般为 10 年，白色膜正面在 0.2° /-4°的逆反射系数一般在 250 cd/lx/m² 以上，在正常使用状况下，10 年后的逆反射系数至少为初始的 80%。

（3）截角棱镜型。从逆反射特点和结构上，主要可以分为四类：注重远距离识别性的截角棱镜、注重近距离大角度识读性的截角棱镜、兼顾远距离识别性能和近距离识读性能的全棱镜，和这些棱镜技术与新型材料技术相结合的新型棱镜型反光膜。

①远距离：这类反光膜的正面亮度非常高，白色膜正面在 $0.2°/-4°$ 的逆反射系数一般在 $800\,cd/lx/m^2$ 以上，且逆反射光的分布没有方向性，反光膜无论是水平或者垂直贴膜，在反光效果上差别不大。但在大的入射角和观测角下，反光亮度会有很大的衰减。这种突出正面逆反射光度的反光膜，更适合用来做轮廓标、警示柱等，不适合用来识读近距离内需要更多视认亮度的交通标志。

②大角度：相对于远距离截角微棱镜反光膜，大角度截角微棱镜反光膜的正面亮度比较低（仅相对于远距离棱镜级，与高强级的正面亮度相比，仍然能高出一倍多），但在大的入射角和观测角时，它的反光亮度不会有很大的衰减，其方向性要比远距离反光膜要强。

（4）全棱镜型。去除了传统微棱镜结构中不能反光的部分，使反光膜全部由可以实现全反光的棱镜结构组合而成，从而实现了单位面积反光膜上的反光结构面积 100%。从实际的反光效果看，这只是理论反光效率 100%。这种全棱镜反光膜的正面亮度为工程级的六倍以上，白色膜正面在 $0.2°/-4°$ 的逆反射系数高达 $600\,cd/lx/m^2$ 以上，是高强级的两倍以上。而大观测角下，在 $0.5°$ 和 $2°$ 时的逆反射性能，则要高出 $2 \sim 4$ 倍。在正常使用状况下，使用十年后的全棱镜反光亮度保留值至少为初始的 80%。

此外，还有荧光全棱镜反光膜，是把耐候性优异的特殊荧光材料（一般荧光材料耐候性很差）和全棱镜技术结合以后的具有特殊光学效果的反光膜。荧光反光膜里有一种独特的耐候性荧光因子，吸收光谱内的可见光和部分不可见光的能量后，增加活跃程度，从而将不可见光的能量转化为可见光的能量，使反光膜的色度和光度在白天发挥得更加强大，从而增加标志的显著性。

由于荧光反光膜能够吸收光谱内的不可见光的能量并加以转化，这就使其能具有更好的色度和光度，也就是所谓的更加鲜艳。这种荧光反光膜，在恶劣天气条件下和当太阳光不那么强烈时，要比普通颜色鲜艳得多，更容易引起人们的注意。

8.3.3　性能要求

救生衣用回归反射膜的性能要求通常包括三个方面：一是使用面积，二是干/湿态下的逆反射系数，三是其他常规性能。IMO.658（16）[International

Maritime Organization（IMO）Resolution A.658（16）] 将反光材料分为两种类型，一是非持续户外暴露的柔软弯曲型材料；二是持续户外暴露的强耐候型材料。

（1）在使用面积方面，通常决定救生衣的具体用途。IMO.658（16）[International Maritime Organization（IMO）Resolution A.658(16)] 附录 1[Annex 1 refers to amount and distribution of retroreflective material applied to the Life Saving Appliances（LSA）.] 规定了反光材料（逆反射 / 回归反射材料）的用量和在救生设备上的位置；ISO 的规定和 IMO 保持基本一致，比如，成人救生衣上的回归反射膜面积应 ≥ 400 cm² 并浮于水面上，对于儿童救生衣则应 ≥ 100 cm²，具体见表 8-2。

表 8-2　IMO 和 ISO 规定的回归反射材料的最低用量

标准名称	等级	最低用量	图片
ISO 12402-1	A 级，成人穿用的浮力大于 275 N 适合于符合 IMO/SOLAS 规则的远洋船只用救生衣的要求	400 cm²	
ISO 12402-2	B 级，远岸，险恶条件下用的 275 N 的救生衣的安全要求	400 cm²	
ISO 12402-3	C 级，远岸，150 N 救生衣的安全要求	300 cm²	
ISO 12402-4	D 级，近岸，100 N 救生衣的安全要求	100 cm²	
ISO 12402-5	E 级，50 N 救生衣的安全要求	100 cm²	
ISO 15027	-1 为日常穿用抗浸服；-2 为紧急穿用型抗浸服	400 cm²　如有防护罩，防护罩上必须贴有 100 cm²，衣服的背面至少贴一块 50 cm²	

JIS 标准规定内河、近海船舶用救生衣的回归反射膜面积应大于 100 cm², 远洋船舶用救生衣的回归反射膜面积应大于 200 cm²。BS 标准规定至少要贴 100 cm² 的回归反射膜且露在水面上, 儿童救生衣可适当减少面料。我国 GB 4303—1998 标准规定回归反射膜面积大于 200 cm², JT 标准规定儿童救生衣至少贴 200 cm²; 但是最新的版本已经完全和国际接轨, 按照 IMO.658（16）的规定进行。但事实上, 如果在结构设计时未充分考虑这一要求, 则儿童救生衣上往往没有足够的余地来粘贴 200 cm² 的回归反射膜。

（2）在逆反射系数方面。附录 2（Annex 2 specifies the technical requirements.）规定了技术指标, 见表 8–3。

表 8–3 IMO.658（16）规定的干态下的逆反射系数   单位: cd/lx/m²

入射角观察角	0.1°	0.2°	0.5°	1.0°
5°	180	175	72	14
30°	140	135	70	12
45°	85	85	48	9.4

其中, 湿态下的逆反射系数不低于表 8–3 中的 80%。

GJB 6657—2009《军用救生衣通用规范》规定逆反射材料在 –4°入射角、0.2°观察角时, 干态和湿态下的逆反射系数不低于 150 cd/lx/m²。GB 4303 要求等同采用 IMO.658（16）。

其他常规性能还包括加速耐候性, 要求无明显起泡、分层、下表面腐蚀; 弯曲性能: 在 –30 ℃环绕 3.2 mm 的轴心放置 4 h, 无断裂; 一定抗拉强度、黏合强力; 抗盐雾喷射后, 无明显腐蚀和降解; –30 ℃和 65 ℃各放置 24 h 后无破坏、开裂等。其中, 耐高低温、耐盐雾、加速老化等测试, 可以在进行救生衣整体性能测试时, 同时进行。

8.4 防溅射帽

溅射帽（sprayhoods）如图 8–6 所示, 保护落水者头部, 放在通风孔前端的覆盖物用以减少或消除因浪花的溅射导致的口鼻进水, 提高使用者在恶劣的水域环境中的存活率。其中, 前面为透明薄膜, 以保证视野开阔, 固定

图 8-6　防溅射帽

在救生衣上。BS EN 394 和 ISO 12402-8 对此进行了规定。在恶劣海况条件下，防溅射帽可以有效应对风浪导致的口鼻进水，十分必要。

其基本要求如下。

（1）当穿着者在水中，救生衣完全展开和充气（如果是充气式救生衣）时，防溅射帽应能够展开以保护通风口。

（2）当防溅射帽展开时，它不应削弱救生衣的救生能力而使得救生衣不符合相关标准。

（3）特别重要的是，防溅射帽应该能够给穿着者提供开阔的视野利于其被营救。若防溅射帽展开后降低了救生衣上反射物的反射效果，则它本身应带有与它所降低的反射效果至少相当的反射材料。

（4）防溅射帽应能容易地从保护部位移开，能够被收回到初始状态，使得它不会退回到展开的位置。

（5）在任何时间防溅射帽内的 CO_2 含量不超过 5%；任何 1 min 内 CO_2 平均含量不超过 2.5%；氧气含量不低于 17%。ISO 规定 6 个试验者试戴检测防溅射帽，用 CO_2 分析计分析帽里的 CO_2 含量，包括 5 min 后的含量以及离鼻子 50 mm 处任何时间内的含量。

8.5　其他属具

还包括其他定位属具、生存属具及救捞属具等。

（1）其他定位属具。

①雷达飘带：一根内置了雷达波反射层的长长的、可以漂浮在水面上的带子。如图 8-7 所示，为打开的雷达飘带图。通常，外层依然为醒目的警

示色,如橙黄色等,内层为具有金属导电特征的材料,如耐腐蚀性好的铝层等。这种产品军方使用较多,便于远距离雷达定位。

②海水染色剂:海水染色剂在入水时,颜料会溶化扩散为方圆10 m左右的带有颜色的图(图8-8),阳光下有荧光,无大风浪时持续数十分钟,这样很容易被空中救援人员发现落水飞行员,发现距离为5 ~ 10 km。可持续时间尽可能长,不低于90 min,一般为鲜艳的橙或绿色等。

| 图 8-7 雷达飘带 | 图 8-8 海水染色剂效果 |

③烟雾信号:主要应用于白天救生示位。烟雾信号(图8-9)发生装置是利用有机染料作为烟雾,通过发烟剂中的氧化物和可燃剂燃烧发生化学反应,放出的热量使有机染料升华为蒸汽。气态的反应生成物排放于大气中,在大气中燃料蒸汽冷凝成为烟雾。其浓烈的烟雾便于过往飞机或近距离驶过的船舶发现海上遇险求生人员。

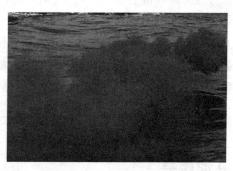

打开塑料盖

快速拉掉拉环

将信号投入水中

图 8-9 烟雾信号

④手持火焰信号:主要应用于夜晚救生示位,燃烧时会发出白色或彩色明亮的火光,通过其燃烧时发出的火焰光的亮度,便于过往飞机或近距离驶过的船舶发现海上遇险求生人员。火焰可分为红色火焰、白色火焰两大类。红色火焰信号用于求救,白色火焰用于引导。根据触发装置不同,常见的手

持火焰信号（图 8-10）主要有擦发式、拉发式和击发式三种点燃方式。

　　⑤日光信号镜：日光信号镜（图 8-11）是遇险者利用光亮平面向经过的船舶或飞机发送求救信号的一种装备。19 世纪初，一位德国数学家经过演算得出：一块 6.5 cm^2 的镜面，它折射的阳光可在 11 km 外可见。20 世纪，无线电开始成为军队中的主要通信方式，直到今天，信号镜还是士兵和探险者的必备装备。日光信号镜发送 SOS 求援信号：在莫尔斯电码中三个短音表示 "S"，三个长音表示 "O"。所以，用日光信号镜向目标快速晃动三下—慢速晃动三下—再快速晃动三下，就发出了 SOS 信号。

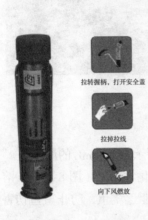
　　拉转握柄，打开安全盖

　　拉掉拉线

　　向下风燃放

图 8-10　手持红色火焰信号

图 8-11　日光信号镜

　　⑥无线示位装置：部分特种军用救生衣配备 GPS 定位系统和其他先进通信系统，使用的设备为 406 MHz 的无线电示位标（EPIRB），可以以无线电波的形式发出求救，示位信号经卫星转发后，由遍布全球的本地用户终

端（LUT）接收并计算出遇险目标的位置，随后经国际通信网络通知遇险地区的相关搜救部门进行搜救。1999 年 2 月 1 日起实施的全球海上遇险安全系统（GMDSS），是一套庞大的综合的全球性的通信搜救网络。微电子技术的发展使无线示位装置更轻便、定位更准确。无线电救生设备应用更加广泛（图 8-12）。

图 8-12　个人应急示位标

（2）其他生存属具。

①淡水袋：普通的密封塑料水袋，如图 8-13 所示为 650 mL 的淡水袋。

②驱鲨剂：这是一种对鲨鱼具有强烈刺激性的化学药品（图 8-14），溶于海水后无大风浪时可在数米范围内，连续数小时驱逐鲨鱼，防止鲨鱼伤害落水飞行员。

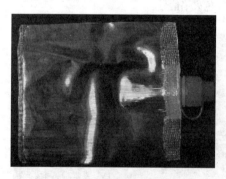

图 8-13　淡水袋　　　　　　　　　　　图 8-14　驱鲨袋

③充饥物：也可以携带压缩干粮等。

（3）其他营救属具。集成安全吊带（safety harness）：可以单独穿用的集成安全吊带。腰带部分带有可供救捞用的 D 环，需要具有足够的强力。

安全吊带（图 8-15）也可以直接连接于救生衣上，配合 D 环使用，便于营救打捞。一般采用高强锦纶长丝带织造，强力高达 3000 N/25 mm。D 环多为不锈钢环。

　　除了吊带，部分救生衣也配有裆带，不用时放于救生衣后身口袋中，用时通过插锁连接，防止救生衣在向上的浮力作用下脱离人体，增加救生衣的安全性能。裆带需要足够的拉伸强力来承担由救生衣的浮力对其的拉伸作用，且需要一定的耐老化性能，增加其使用年限。可采用涤纶长丝带制造，强力高达 3500 N/25 mm，延伸性能良好，耐老化性能好。

图 8-15　安全吊带

参考文献

[1] 苏文英. 反光膜逆反射性能综述 [J]. 交通标准化, 2006（11）: 62-65.

[2] 侯韶东. 反光膜国家标准与产品现状及应用分析 [J]. 山西建筑, 2005（9）: 126-127.

[3] 王智和, 王涪新, 单明正. 微棱镜型反光膜及其应用前景 [J]. 公路交通科技, 1998（1）: 57-58.

[4] 李勇. 反光膜在交通标志更换设计中应用技术的研究 [D]. 新疆: 新疆农业大学, 2011.

[5] 刘子宇. 棱镜型回归反射式反光膜印刷工艺 [J]. 丝网印刷, 2011（8）: 17-18.

第9章 救生衣性能要求及测试

救生衣尽管品种规格繁多，结构和选材五花八门，但其性能均可归结为整体救生性能、主体材料性能和属具性能三个方面。对于使用者而言，整体救生性能是判断救生衣是否满足使用要求的关键；对于生产者、研制者而言，良好的主体材料性能和属具性能是实现救生衣良好的整体救生性能的物质基础。性能良好的主体材料和属具，加上合理细致的结构设计，才能形成完善的整体救生性能。

主体材料及属具在前面各章分别进行了介绍，本章重点介绍救生衣整体性能及其测试方法和手段。

9.1 现有救生衣标准

9.1.1 标准制定历史

部分国家早在19世纪就对客船上使用救生衣进行了法律规定，比如，美国于1852年首次提出在载客船只上装载救生衣的法律规定，其后分别是法国（1884年）、英国（1888年）、德国（1891年）和丹麦（1893年）。当时，救生衣的浮力由软木、木屑、轻木屑或灯芯草提供。

但是，只有浮力是不够的。人们对救生衣的认识，伴随着血淋淋的历史；救生衣国际标准的制定，也是由大的灾难推进的。1912年发生的"泰坦尼克号"沉没事件，才迫使在第一届国际海事组织（IMO）举行的SOLAS大会上，制定出了国际救生衣标准，要求浮力68.6 N（15.5磅力/7 kgf），但是没有规定任何口鼻相关数据。随后，在事故发生后的许多海事调查中，目击者报告说，溺水的受害者通常是脸朝下穿着救生衣的，1928年"Vestris号"的沉没就是一个典型的例子，当时有112人丧生。这次事件导致IMO在1929年重新召开了SOLAS第二届委员会，但是，救生衣标准并没有得到任何改善。

直到第二次世界大战期间，海空救援组织越来越多地注意到许多被淹死的飞行员也是脸朝下倒在海面上，而且还穿着当时相当高级的充气式的装置。关于"俾斯麦"战舰沉没的调研也发现船员穿着救生衣，但是脸朝下死在海中。这些现象促使 Macintosh 和 Pask 开始了针对一个无意识的人体着救生衣在水中的行为的研究。穿着不同的救生衣，Pask 被麻醉后放入游泳池，模拟一个无意识人体穿着救生衣的情况，以评估着救生衣后的漂浮角度、救生衣的自我翻转能力及口鼻高出水面的高度等。他们的发现为现代救生衣奠定了基础，1957 年发表了相关研究。

1960 年，国际海事组织 SOLAS 标准首次对救生衣的自复扶正性能提出了要求。1963 年，英国标准协会制定了 BS 3595，提出了同样的要求，这同时也是充气救生衣的第一个标准，最初的要求是 133.4 N（30 磅力 /13.6 kgf）的浮力，后来增加到 154.8 N（35 磅力 /15.8 kgf）。

1973 年，美国海岸警卫队出台了其 1 型～5 型救生衣的规定，随后 Underwriters Laboratories 实验室出台了知名的 UL 标准 1123 型、1191 型和 1517 型。1983 年，国际海事组织在 SOLAS 大会上提出了规定口高出水面 120mm 的第一个标准规定。此后，德国（DIN 7928、DIN 7929）、加拿大（CGSB 65-7-M88、65-GP-14）、英国民航局（UK Civil Aviation Authority）、美国联邦航空局（US Federal Aviation Administration）（TSO-C-13）等相继出台了一系列标准，并于 1994 年制定了系列 CEN（The European Committee for Standardization）标准包括 CEN（50 N、70 N、75 N、100 N、150 N、275 N）。随后，ISO 继续整合并出台了系列标准。

到 2000 年，救生衣和个人漂浮设备已经有了国家和国际标准，形成了较为完善的体系，并实现了国际化、通用化。其结果是使全世界溺水统计数字减少到每 10 万人口中 7.4 人。在较为富裕的国家，这种改善更为显著。加拿大现在是每 10 万人中 1.2 人，荷兰是每 10 万人中 1.9 人。

9.1.2　国外标准情况

不同国家和国际组织对本国及相关领域的产品所制定的技术标准和规范，是保障产品质量的必要措施，是设置技术壁垒的常用手段，同时也反映该产品的技术水平。对于水上个体救生衣，各国均制定了技术标准，其中，以国际标准化组织标准（International Organization for Standardization，ISO）、国际海事组织（International Maritime Organization，IMO）制定的国际海上人命安全公约（International Convention for Safety of Life at Sea 简称 SOLAS 公约）、IMO 海安会系列决议如 MSC.81（70）、MSC.200（80）的标准及规定，最具有影响力，并被全世界多个国家广泛采用，尤其是救生衣相关定义、浮力等级、基本性能要求及测试方法等。

ISO 针对个人漂浮设备 PFD（personal flotation device）制订了一系列共 10 个标准，并不断修订，有 2000 年、2006 年、2010 年等版本，每次修订都会有些调整。10 个标准分别对不同浮力和用途的救生衣、对应材料及部件、附属属具的安全性能和试验方法，救生衣的正确选用和固定、维护保养等进行了全面而详细的规定。主要包括以下标准。

（1）ISO 12402-1 Personal Flotation Device-Part 1：CLASS A（SOLAS Lifejackets），Safety Requirements，规定了海洋船舶用救生衣的安全要求。

（2）ISO 12402-2 Personal Flotation Device-Part 2：CLASS B（Offshore Lifejackets，Extreme Conditions-275 N），Safety Requirements，规定了 275 N 远岸极端条件下用救生衣的安全要求。

（3）ISO 12402-3 Personal Flotation Device-Part 3：CLASS C（Offshore Lifejackets -150 N），Safety Requirements，规定了 150 N 远岸用救生衣的安全要求。

（4）ISO 12402-4 Personal Flotation Device-Part 4：CLASS D（Inland/Close to Shore Lifejackets -100 N），Safety Requirements，规定了 100 N 近岸用救生衣的安全要求。

（5）ISO 12402-5 Personal flotation device-Part 5：CLASS E（Buoyancy Aids-50 N），Safety Requirements，规定了 50 N 浮力用具的安全要求。

（6）ISO 12402-6 Personal Flotation Device-Part 6：CLASS F（Special Purpose Devices），Safety Requirements，规定了特殊用途救生衣的安全要求。

（7）ISO 12402-7 Personal Flotation Device-Part 7：Materials and Components，Safety Requirements and Test Methods，规定了材料和部件的安全要求和试验方法。

（8）ISO 12402-8 Personal Flotation Devices-Part 8：Accessories，Safety Requirements and Test Methods，属具，安全要求和测试方法。

（9）ISO 12402-9 Personal Flptation Devices-Part 9：Test Methods，A 级 -F 级的测试方法。

（10）ISO 12402-10 Personal Flotation Devices – Part 10：Selection and Application of Personal Flotation Devices and Other Relevant Devices，选用个人漂浮装置和安全固定具的指导。

欧盟在 2000 年前有系列救生衣标准，被欧洲各国等同采纳的如下：

BS EN 393-1994 Lifejackets and Personal Buoyancy Aids-Buoyancy Aid-

50 N［S］. British Standard, 1994;

BS EN 395 –1995 Lifejackets and Personal Buoyancy Aids–Lifejacket–100 N［S］. British Standard, 1995;

BS EN 396–1994 Lifejackets and Personal Buoyancy Aids– Lifejacket–150 N［S］. British Standard, 1994;

BS EN 399–1994 Lifejackets and Personal Buoyancy Aids–Lifejacket–275 N［S］. British Standard, 1994。

但是 ISO 系列标准出台后,就被欧盟、英国、德国等诸多国家等同采用,比如 EN ISO 12402 系列、BS EN、DIN EN 等。此外,这些标准的基本性能要求及测试方法类似,并没有显著不同。而且,基本遵循 SOLAS 的要求以及 IMO 系列决议的规定。

IMO 海安会系列决议包括:

MSC.81(70),1998 年 12 月 11 日通过, Revised Recommendation on Testing of Lifesaving Appliances;

MSC.200(80),2005 年 5 月 13 日通过, Amendment to the Recommendation on Testing of Lifesaving Appliance。该决议是 MSC.81(70)的修订,以满足新的要求。

日本 JIS 标准以及美国 UL 实验室系列标准也具有突出的先进性。如 JIS F 1026 Small crafts—Floating jacket［S］.Japan, Japanese Standards Association 等。

9.1.3 国内标准情况

我国救生衣的发展还是相对滞后,品种较少、用途较笼统、专业化程度较低。目前,民用救生衣标准有国家标准、交通部标准。

2008 年前,相关的技术标准只有 GB 4303、GB 4304 和交通部标准 JT/T 346—1995《内河船舶气胀式救生衣》、JT 469—2002《船用儿童救生衣》、JT 387—1999《气胀式救生环技术条件》,标准中考核项目较少。2008 年后,参照 IMO 1974 SOLAS 公约、海安会决议 MSC.81(70)和 MSC.200(80)对 GB/T 4303—2008《船用救生衣》进行了大幅度修正,且由强制性标准改为了推荐性标准,且 GB 4304《船用工作救生衣》、JT 346、JT 469 和 JT 387 系列标准都废止不再使用。重新制定了部分标准,包括 GB/T 32232—2015《儿童救生衣》、GB/T 32227—2015《船用工作救生衣》等。2015 年,我国等同采用了 ISO 12402 系列标准,制定了 GB/T 32234.1 ~ 32234.10 系列标准。

201

目前，我国救生衣相关标准具体如下。

GB/T 4303—2008《船用救生衣》规定了船用救生衣的分类和标记、要求、试验方法等。

GB/T 32234.1—2015《个人浮力设备 第1部分：海洋船舶用救生衣安全要求》。

GB/T 32234.2—2015《个人浮力设备 第2部分：救生衣性能等级275安全要求》。

GB/T 32234.3—2015《个人浮力设备 第3部分：救生衣性能等级150安全要求》。

GB/T 32234.4—2015《个人浮力设备 第4部分：救生衣性能等级100安全要求》。

GB/T 32234.5—2015《个人浮力设备 第5部分：浮力用具（等级50）安全要求》。

GB/T 32234.6—2015《个人浮力设备 第6部分：特殊用途救生衣和浮力用具安全要求和附加试验方法》。

GB/T 32234.7—2015《个人浮力设备 第7部分：材料和部件安全要求和试验方法》。

GB/T 32234.8—2015《个人浮力设备 第8部分：附件安全要求和试验方法》。

GB/T 32234.9—2015《个人浮力设备 第9部分：试验方法》。

GB/T 32234.10—2015《个人浮力设备 第10部分：个人浮力设备和其他有关设备的选用》。

GB/T 34315.2—2017，等同采用 ISO 9650—2005《小艇气胀式救生筏 第2部分：Ⅱ型》。GB/T 34315 也是等同采用 ISO 9650 的系列标准。

GB/T 32232—2015《儿童救生衣》规定了儿童救生衣的分类、要求、试验方法等。

GB/T 32227—2015《船用工作救生衣》规定了以闭孔型发泡材料或其他等效材料为浮力材料的船用工作救生衣的要求、试验方法、检验规则、包装、运输和储存。

GB/T 26086—2010《救生设备用反光膜》规定了船舶及海上设施救生设备用反光膜的术语和定义、分类与标记、要求、试验方法、检验规则、标志、包装、运输和储存。

9.2 救生衣性能及检测

如 9.1 所述，水上个体救生衣虽然品种繁多、结构各异，但已经形成严格的技术要求体系，以确保其水上救生功能。而所有技术指标均建立在测试方法的基础之上，只有建立科学的、简便的、模拟实际使用状况的测试评价体系，方可测得准确、完整、有意义的技术指标。而测试方法的科学性和先进性关系产品性能评价的准确性，体现产品的技术水平。

除了需要满足相关标准要求外，各类救生衣的使用还需要得到相关管理部门的认可。如船用救生衣、船用工作救生衣除满足国家标准的要求外，尚需要得到中国船级社的检验认可；民航救生衣需要得到 CCAR（China Civil Aviation Report）适航证书；军用救生衣则另有军用标准规范其性能要求。

本节基于目前各标准通用的规定进行介绍，主要参照 MSC.81（70）、MSC.200（80）、ISO 12402.1 ~ ISO12402.10 系列标准和我国 GB/T 4303。

救生衣的整体救生性能包括以下几个方面。

（1）浮力。包括浮力和浮力损失率。考核救生衣提供浮力大小的能力。

（2）水中性能。安全漂浮性能（又称复正性能）、跳水、游泳及出水性能等。考核人体穿着救生衣后能否安全漂浮并进行必要的小的活动的能力。

（3）强度及耐冲击性能。衣身或提环的强度、肩部提拉强度等。考核救生衣是否可以承受一定的强力，是否可以满足应急救捞的强度要求，是否能够耐受一定的冲击性能。

（4）耐环境适应性。耐高低温、耐火烧、耐油、耐海水腐蚀等。考核救生衣是否能够在不同的环境下使用，包括油污染的水域、不同温度下是否可以存放、能否接受海水的腐蚀等。

（5）穿戴性能。在地面及水中能否方便顺利穿脱。考核救生衣的应急性能的一个方面。

（6）充气式救生衣的充气性能及防止误充气性能。

这些性能均建立了对应的测试方法。

9.2.1 浮力性能

浮力及浮力保持性是救生衣最基本的性能要求。

各国的救生衣产品标准对不同用途的救生衣有不同的浮力要求。以 ISO 12402 为例，根据浮力及使用环境不同，共规定了 6 种救生衣，包括 SOLAS

海上船舶用、恶劣海况 275 N、远岸 150 N、近岸 100 N、浮力 50 N 及特殊用途救生衣。4 种带浮力值的救生衣，是针对体重大于 70 kg 的人，在不同水域状况下所需要的最小浮力值。在第 5 章中提到，静水中，70 kg 的人体只需要 50 N 的基本浮力，便足以漂浮于水面。但是，在有风浪或者需要长时间待救等条件下，为保证生命安全，要提供远大于基本浮力的浮力。因此，ISO 系列标准对于 4 档不同水域环境用的救生衣，对于不同体重的人体所需要的最小浮力也做出了规定，见表 9–1。

表 9–1　不同重量人体穿不同等级救生衣对应的最小浮力需求

参数		使用者						
		儿童			成人			
使用者重量 /kg		M ≤ 15	15 < M ≤ 30	30 < M ≤ 40	40 < M ≤ 50	50 < M ≤ 60	60 < M ≤ 70	M > 70
最小浮力 /N	等级 275	90	120	140	170	200	230	275
	等级 150	45	60	75	90	110	130	150
	等级 100	30	40	50	60	70	80	100
	等级 50	不允许	不允许	35	40	40	45	50

除了浮力外，还要求浸入水中 24 h 后，救生衣的浮力损失率不大于 5%。

救生衣浮力测试遵循阿基米德浮力定律，即物体的浮力等于该物体在空气中的重量与水中重量之差。大多数标准规定浮力检测采用重锤平衡法，即重锤重力与救生衣浮力相等、救生衣恰能浮在水面（或称恰能完全浸入水面）时的重锤（砝码组）质量（kg）作为救生衣的浮力。24 h 浮力损失率是初始浮力与 24 h 后浮力之差与初始浮力的比值百分数。

测试过程中，通常需要一个淡水池或淡水槽，衡器一个，重力比测试样品浮力略大的重物一块，不吸水网篮一个。测试基本步骤如下。

（1）若救生衣包含充气气囊，首先将救生衣充气至使用状态；对于固有浮力材料，首先将其装入纱布袋中，并使材料表面平整。

（2）测试救生衣或浮力材料在空气中的重力，并记为 W_b。

（3）将重物及网篮浸入水中，测试其水中重力，并记为 W_1。

（4）将待测救生衣或浮力材料放入网篮中，下面勾挂重物，使得待测样品浸入水面以下 5 cm 处，调整样品使得不再有气泡冒出，5 min 后，测试其重力，并记为 W_2。

（5）保持步骤（4）的状态（24±0.5）h，测试其重量，并记为 W_3。

待测样品浮力：

$$B=W_1-W_2$$

待测样品 24 h 浮力损失率：

$$S=\frac{W_3-W_2}{W_1-W_2}\times100\%$$

浮力材料的浮力倍数：

$$V=\frac{B}{W_b}$$

不同标准对于救生衣沉或浮的判断规则略有差异，ISO、BS 规定为救生衣浸入水面以下 10 ~ 15 cm，且规定水温为 15 ~ 25 ℃。

9.2.2　水中性能

仅有足够的浮力并不是使落水人员免遭溺水死亡的充分条件，合理的浮力分布保证人员落水后有较短的复正时间、较高的口出水高度、适当的稳态漂浮姿态，方可获得可靠的救生效果。浮力分布的合理性一方面决定于浮力材料，另一方面决定于结构设计。合理的结构设计应同时保证救生衣使用时舒适合体、热负荷小，不影响呼吸、视听和正常作业，以保证使用者乐于使用。

这方面的性能主要体现为救生衣的水中性能，包括复正性能、静态平衡（安全漂浮）性能、跳水、游泳及出水性能等。

（1）复正性能。是指着救生衣落水能否将人体翻转到脸朝上的安全漂浮姿态，采用复正时间来考核。对于复正时间的测试，要求记录被固定的参试人员面部朝下浸入水中保持放松后，固定解除瞬间计时，到嘴部离开水面的时间，即为复正时间。

通常要求落水后翻转时间不大于 10 s 或者不低于受试着穿戴测试用成人基准试验装备（RTD）的翻转时间。RTD 是由两种浮力泡沫塑料组成、用锦纶织物包裹的马甲式装备，可以固定在人体上，适合胸围 700 ~ 1350 mm 的成年人，只能够单面穿用，且仅作为救生衣水中性能的参考标准。具体参考 MSC.200（80）和 GB 4303 的附录规定。

（2）静态平衡（安全漂浮）性能。是指穿戴救生衣落水后，人体处于稳态平衡状态时的姿态，通过口出水高度（又称 freeboard、净高度）、身体倾斜角（又称 torso angle、躯干角度）、面平面角（又称 faceplane angle 或脸平面角），如图 9-1 所示。还有侧倾角（又称 list angle）。

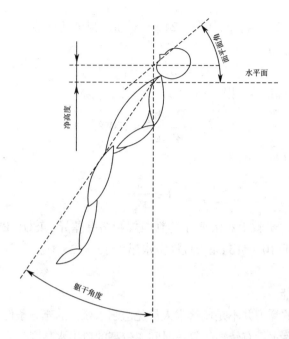

图 9-1　稳态平衡时的各参数示意图

（3）口出水高度。是指穿着救生衣稳态漂浮的人体嘴最下端与水面的垂直距离（图 9-2）。通常要求不低于 80 mm 或 120 mm，或者不低于穿着 RTD 时的高度。

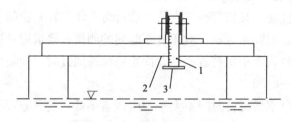

图 9-2　口出水高度测试小仪器

1—标尺　2—测量标记　3—塑料磁盘

（4）身体倾斜角。是指着救生衣的落水人体的肩膀与髋骨最前端所在直线与垂线之间的角度。多要求保持在仰姿、倾 30°～90°，或者不小于穿着 RTD 时的角度；躯干角度应该根据实际产品用途进行规定，比如，需要在水中进行接近站姿工作或行动的人员，则要躯干角度接近 90° 等。

（5）面平面角。脸平面角是指着救生衣的落水人体的前额和下巴最前端所在平面与水平面间的角度。也多要求保持在仰姿、后倾 30°~ 90°，或者不小于穿着 RTD 时的角度。

（6）跳水性能。要求人体穿救生衣后从一定高度的刚性平台上垂直跳入水中，保持放松，模拟筋疲力尽的状态，直到保持稳态漂浮状态。救生衣应该没有损坏、脱散，能够在规定时间内自动复正，能够使人体保持规定的稳态漂浮姿态、口出水高度、躯干角等满足规定要求。根据救生衣用途不同，跳水高度有所差别，多采用 3 m、4.5 m、6 m 等这几档高度，主要根据使用时可能遇到的甲板离水面的最高高度来确定。GB 4303、GB 4304、JT 346 采用试穿者穿救生衣从 4.5 m 高度垂直跳下的方法考核抗冲性能；有关跳下高度，标准 ISO 和 BS 分 4.5 m、3 m 两档，JIS 也有定为 1 m 的规定。

（7）游泳和出水性能。要求人体在不穿救生衣游泳 25 m 后，能够攀登救生筏或者爬上 300 mm 的刚性平台，继续着救生衣重复游泳 25 m。不同标准对于高度及游泳距离也有所差别。

水中性能测试都需要在水中、采用真人穿着救生衣进行。对于参试人员人数、体重、身高及相关身体状态等，各标准都有详细而明确的规定。复正时间采用秒表记录。而稳态漂浮时的角度及高度测量，ISO 规定了需要制备小的测试仪器，有些标准并没有详细规定。

9.2.3 颜色和穿戴性能
9.2.3.1 颜色

救生衣属于应急救援类产品，因此，颜色是救生衣的一个很重要的功能指标。ISO 12402-7 规定，救生衣用主体面料及部件包括拉链等，凡是需要暴露在外面的，应该采用国际通用警示色，即从黄色至红色范围内的颜色；如果不带荧光，颜色的色度学应该符合表 9-2 的规定，且亮度系数不超过表中规定的最小值；而荧光色的色度学坐标及亮度系数符合表 9-3 的规定。当然，这些还必须具有一定的色牢度、耐候性能等性能要求。

表 9-2 黄橙及橙红非荧光色救生衣材料的色度坐标 x、y 和亮度系数 β 关系表

颜色	色度坐标		最低亮度系数 β_{min}
	x	y	
黄橙	0.387	0.610	0.40
黄橙	0.346	0.478	0.40
	0.438	0.400	

颜色	色度坐标		最低亮度系数 β_{min}
	x	y	
黄橙	0.525	0.476	0.40
橙红	0.610	0.390	0.15
	0.690	0.310	
	0.550	0.275	
	0.485	0.358	

表 9-3　荧光黄、荧光橙红、荧光红色救生衣材料的色度坐标 x、y 和亮度系数 β 关系表

颜色	色度坐标		最低亮度系数 β_{min}
	x	y	
荧光黄	0.387	0.610	0.70
	0.356	0.494	
	0.398	0.452	
	0.460	0.540	
荧光橙红	0.610	0.390	0.40
	0.535	0.375	
	0.570	0.340	
	0.655	0.345	
荧光红	0.655	0.345	0.25
	0.570	0.340	
	0.595	0.315	
	0.690	0.310	

　　但是，这一规定导致了救生衣在外观设计上的困难，也影响了其被大众接受的程度。救生衣常用的国际橙黄色类颜色，一方面难以制备出时尚的款式；另一方面单调的配色具有太强的指示性，导致在近水域的日常休闲、娱乐等活动中，大众的穿戴欲望不强烈。

　　因此，颜色方面的要求，可能更加适合船舶或恶劣海域下使用。而不适合于一般的休闲娱乐用。

9.2.3.2 穿戴性能

着重检验救生衣的穿脱时间、是否影响视听或呼吸等，以及是否和必须要穿的服装具有适配性。救生衣多为应急情况下使用，穿戴性能看起来比较简单，但却是非常重要、必不可少的考核指标。

GB 4303 和 MSC 200（80）规定基本相同。需要至少 12 个体格健壮的人员进行该项测试，至少大于 1/3 不多于 1/2 的人为女性，每个高度档中至少一名男性一名女性。这些人员需要分别穿日常着装及恶劣天气着装后，再进行实验。规定在没有任何指导的情况下，至少要有 75% 的试穿人员能够在 1 min 内正确地穿上救生衣；经过指导及恶劣天气着装条件下，100% 的试穿人员能够在 1 min 内正确地穿上救生衣。

穿着救生衣后，不能影响人体正常的视觉、听觉、呼吸及一般性动作包括转动头和胳膊、可以下蹲捡起物品等。

进一步的，对于军用救生衣而言，还需要和必须配套的其他装具适配，且能够在地面和水中进行各项必须的动作。

9.2.4 强力及抗冲击性能

救生衣应具有足够的强度，保证施救时抓住救生衣的局部即可把人体救出水面。典型的受力方式有肩部受力和腰部受力，主要包括衣身（或提环）的强度及肩部强度；也分别对应救生衣的直向强度和横向强度。

将救生衣浸入淡水一段时间（ISO、BS 规定为 5 min、IMO、GB 规定为 2 min）后，从水中取出，按实际人员穿用状态系好救生衣，分别沿直向（肩—下摆）和横向（衣身）加载。衣身和提环的强度测试示意图如图 9-3 所示，C 为直径 125 mm 的圆筒、L 为试验荷重。肩部的加载，即相当于直向强度测试；需要的时候，应该将救生衣穿在拟人半身模型上进行上述测试，如图 9-4 所示。

对于不同类型的救生衣应承受不小于规定的载荷，施加相应的载荷并保持 30 min。然后检查救生衣及部件是否损坏。ISO、BS 规定当救生衣最大适穿体重小于 70 kg 时载荷为穿用者最大体重的两倍，超过 70 kg 时载荷 2000 N；IMO、GB 规定儿童救生衣肩部加载 700 N、衣身 2400 N，成人肩部 900 N、衣身 3200 N 的作用力，并保持 30 min。

从结构强度看，MSC 200（80）要求最高，而 ISO 和 BS 要求比较全面，考虑了干、湿两态的强力，日本则对不同海域规定了不同值。

此外，救生衣还应该耐受一定的力冲击，冲击受力源于跳水、坐卧、重

209

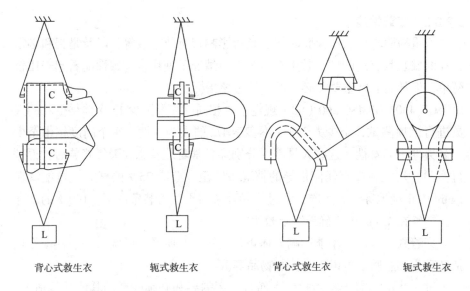

| 背心式救生衣 | 轭式救生衣 | 背心式救生衣 | 轭式救生衣 |

图 9–3 救生衣衣身的横向载荷试验   图 9–4 救生衣肩部的载荷试验

物撞击等。IMO 针对未充气的气胀式救生衣用 75 kg 沙袋重复压 10 次，模拟人体坐卧对救生衣的损坏；ISO、BS 针对固有浮力式救生衣用 25 kg 沙袋从 15 cm 高度冲击 10 次，模拟重物撞击。ISO 和 BS 还规定将救生衣放入旋转箱内以 6 转 /min 的速率旋转 150 转，应无破坏。

9.2.5 耐环境适应性

主要包括耐高低温、耐油、耐燃烧、耐盐雾等性能。

9.2.5.1 耐高低温性能

承受规定的多次高低温循环后，救生衣不应该有明显损坏。

一个可以参考的实验过程如下：在 65 ℃ ±2 ℃ 及 –30 ℃ ±2 ℃ 的温度条件下交替试验。首先将救生衣置于 65 ℃ ±2 ℃ 的环境中，8 h 后取出，在室温（20 ℃ ±3 ℃）下至少放置 8 h 或敞开放置至次日；再将救生衣置于 –30 ℃ ±2 ℃ 的环境中，8 h 后取出，在室温下至少放置 8 h 或敞开放置至次日。完成上述步骤为一个循环。重复 10 个高低温循环后，救生衣无皱缩、开裂、膨胀、分解等损坏。必要的时候，可以将救生衣从高温状态取出后，应立即将面料对折并用手指加压，观察有无粘连；从低温状态取出后，应立即将面料对折、摊平、反向对折，如此反复多次，观察有无脆断。

不同标准对于高温和低温等规定略有差异。MSC 200（80）、GB 4303 规定在 –30 ℃ 和 65 ℃ 下各经历 8 h，两次温度测试间隔时间为 12 h；ISO、BS

规定在 –30 ℃和 60 ℃下各经历 24 h。对于充气式救生衣，ISO 和 BS 规定在充气内压为 20 kPa 时在上述温度中保持该压强 10 min，但 JT/T 346 规定充气式救生衣在非充气状态下经受 –20 ℃、55 ℃各 8 h，结束后充气检验气密性能。从实际使用要求看，应该在充气状态下考核耐温性能。

9.2.5.2　耐油性能

多考核耐柴油的性能。浸入柴油或其他特定油类 24 h 后，救生衣无皱缩、开裂、膨胀、分解等损坏。MSC 200（80）、JIS、GB 规定用单纯的油类进行测试，而 ISO、BS 规定将救生衣（充气式救生衣未充气、移去自动充气装置）依次浸入约含 4.5%NaCl 的海水下 30 cm 处保持 7 h、规定类型的柴油中 7 h，其间在室温下晾 17 h，共循环 3 次。

9.2.5.3　耐燃烧性能

MSC 200（80）、GB 4303 规定如下，将一个 30 cm×35 cm×6 cm 的平底试验盘置于基本无风之处，加 1 cm 深的淡水，接着放入足量的汽油使总深度不少于 4 cm。点燃汽油使其自由燃烧 30 s 后。保证救生衣底边高出试验盘顶边 25 cm，以直立、向前、自由悬挂的状态，将救生衣移过火焰使曝火时间为 2 s。救生衣移出火焰后不得继续燃烧超过 6 s，不得继续融化。ISO、BS 对未充气、体积小的充气式救生衣采用与之相同的测试方法，而对体积大的固有浮力式救生衣，是确定若干个着火点，在相距 10 mm 处用 13 mm 高的丁烷火焰烧 30s（或到试样燃烧）。此种方法可更加全面地评价救生衣各部位的耐火性能。

9.2.5.4　耐海水性能

MSC 200（80）同时考核耐油和耐海水性能。部分军标会考核金属部件的耐海水腐蚀性能。JIS 和 MIL 规定进行盐雾喷射试验 24 h 和 100 h。但 GB 对此无要求。

此外，还有抗磁、防止干扰罗盘转动等性能，即当救生衣距金属部件 500 mm，罗盘偏转不超过 1°。

9.2.6　充气式救生衣测试

9.2.1 ～ 9.2.5 是针对所有救生衣的通用测试考核。固有浮力救生衣的外观及形态在存储使用中都是固定的，而充气式救生衣需要充气后才能够使用。因此，充气式救生衣还有一些需要单独考核的性能，最为关键的是充气性能以及防止误动作的性能。气囊的气密性、充气头子载荷等材料和部件的性能测试，在此不再涉及。

9.2.6.1 充气测试

将 2 件气胀式救生衣在未充气状态下经受 9.2.5.1（1）的温度循环试验，然后进行外观检查。该气胀式救生衣的材料应无损坏的迹象，诸如皱缩、破裂、胀大、分解或机械性质的改变。在每一温度循环试验后应立即按如下要求对自动及手动充气系统进行试验。

（1）在高温循环后，自 65 ℃的存放温度中将 2 件气胀式救生衣取出，其中一只放入 30℃的海水中采用自动充气系统充气，另一只采用手动充气系统充气。

（2）在低温循环后，自 –30 ℃的存放温度中将 2 件气胀式救生衣取出，其中一只放入 –1 ℃的海水中采用自动充气系统充气，另一只采用手动充气系统充气。

（3）在暴露于 –15 ℃环境下至少 8 h 后，两件救生衣用手动充气装置充气，并且应完全充气。

（4）在暴露于 40 ℃环境至少 8 h 后，两件救生衣用手动充气装置充气，并且应完全充气。

9.2.6.2 防止误充气测试

自动充气装置的可靠性是充气式救生衣的核心。为了防止在日常存储、淋雨等过程中，充气装置误动作，需要考核其误充气性能。即将救生衣在一定时间内置于喷射水雾之中，评估自动充气装置防止误动作的能力。具体如下：

救生衣穿在规定的假人身上，保证救生衣处于正常穿着好的状态。采用如图 9-5 所示的两股水雾向救生衣喷射淡水。一股水雾位于救生衣最高点以上 500 mm，喷射角度为自假人垂直中心线至救生衣的底部线之间取 15°角。

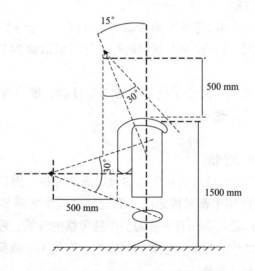

图 9-5 防止误充气的试验装置

另一喷嘴位于救生衣的底部水平线上距救生衣 500 mm，指向救生衣。两喷嘴的喷射锥角为 30° 角，每个小孔的直径为 1.5 mm ± 0.1 mm，所有小孔的总面积应为 50 mm² ± 5 mm²，小孔在喷嘴上均匀分布。

在室温下，且流量为 600 L/h、压力为 0.3 ~ 0.4 kPa 的状态下打开喷嘴提供水雾。打开喷嘴后，救生衣的防止误动作能力按以下顺序进行：

a. 向救生衣的正面用高位喷嘴喷淋 5 min；

b. 向救生衣的左侧用高位喷嘴喷淋 5 min；

c. 向救生衣的右侧用高位喷嘴喷淋 5 min；

d. 向救生衣的背面用高位喷嘴喷淋 5 min。

在进行 a ~ c 的高位喷淋的同时，水平喷嘴应向正面、左侧、右侧各喷 10 次，每次 3 s。

完成上述试验后，将救生衣从假人身上脱下，浸入水中，看自动充气系统是否能正常启动，功能是否正常。

9.3　浮力测试仪

在救生衣的测试评价中，鲜少用特别专门的测试手段和仪器，基本都是比较实用且便于操作的方法。但是，在救生衣及其材料与部件的基础研究过程中，比如，固有浮力材料的改进研究、救生衣浮力分布对漂浮姿态的影响研究、人体体型穿着不同救生衣后的漂浮性能研究、动态水中的漂浮性能研究等，均需要用到精度更高、可实时在线检测的浮力测试、姿态测试等仪器。本节主要介绍自行研制的浮力测试仪。

9.3.1　仪器设计

我国国家标准规定救生衣浮力检测应采用感量为 0.1 kg 的工业磅秤称取救生衣及通过网篮连接的重锤在水中的下沉力，扣除网篮、重锤的重力和浮力影响后计算得到救生衣浮力（实为净浮力，是浮力与重力之差）。这一方法在测试原理上是科学的，但存在下述问题：①测试灵敏度偏低；②因船用救生衣规定浮力大于 73.5 N、步兵通用救生衣浮力大于 90 N、步兵作战救生衣浮力大于 165 N，按上述方法检测时，需吊挂重力比救生衣浮力更大的重锤，操作很不方便；③不能自动记录浮力变化的过程。

所查阅到的其他国家标准中提到的检测原理和方法，基本与我国类似。

在检测条件方面，对救生衣及浮体材料的浸入水中深度、水温等均有详细规定，但我国实际检测中均未考虑这些因素，通常仅以目视救生衣沉入水面作为检测条件。

浮力测试仪器的设计基于两种用途要求：①以产品出厂检验为目的，对救生衣成品进行初始浮力及 24 h 浮力损失率的检测，判断其是否达到产品标准规定的浮力指标；②以研究为目的，对浮体材料（如气囊、泡沫塑料、木棉囊等）及救生衣成品进行浮力检测，用于分析材料结构性能与浮力及浮力保持性的关系，要求检测精度高，能自动记录浮力变化过程，可模拟各种水体条件如水温、水的流动状态、试样沉入深度、水的 NaCl 浓度和 pH，柴油、机油等污染物对水面的污染状况。

为达到上述使用要求，采用一台仪器两种检测方式的设计方案。

（1）滑轮式大浮力检测方式。用绞盘—绳索—滑轮系统将救生衣直接拉入水面，用滑轮改变浮力的方向，用绞盘将救生衣沉到一定深度后绳索与测力传感器相连，绞盘上的绳索松开，传感器测力。在规定的操作方法下，使滑轮摩擦力的方向固定，通过计算扣除摩擦力后得到救生衣的净浮力，以及经 24 h 浸渍后测得净浮力及浮力损失率。据军用救生衣浮力应大于 165 N 的要求，浮力检测的最大设计量程为 200N。图 9-6 为滑轮式大浮力检测方式的检测原理示意图。可知试样净浮力即为被测物体下方绳索所受到的拉力，而测力传感器测得的力值与之相差一个摩擦力。

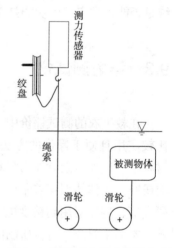

图 9-6　滑轮式大浮力检测方式

（2）直挂式小浮力检测方式。用面积为（30×30）cm² 刚性篮框扣住被测物体，使被测物体的上表面有固定的沉入深度；篮框下方勾挂重锤、上方直接用固定长度的绳索与测力传感器相连。扣除篮框、重锤的重力和浮力的影响后，即得到被测物体的净浮力。篮框、试样及重锤体系可勾挂到水体的其他位置，使试样在规定的沉入深度下长时间浸泡。在使用多套篮框、重锤时，可以同时检测多个试样，在需要测试浮力值时勾挂到测力传感器上，测得浮力随时间的变化。这种检测方式主要用于浮体材料的结构性能与浮力及浮力保持性的研究。图 9-7 为直挂式小浮力检测方式检测原理示意图。

两种检测方式均在同一个水箱中实现检测。水箱上方设置测力传感器，测得的力值信号经高频滤波、A/D 转换和测控软件后，得到救生衣或浮体材料试样的浮力检测指标和分析结果。仪器的工作流程如图 9-8 所示。

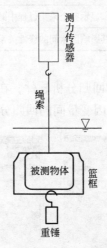

图 9-7　直挂式小浮力检测方式检测原理示意图
检测原理示意图

图 9-8　浮力测试仪器的工作流程

测控程序包括五个窗体，其功能列于表 9-4。其中浮力数据采集界面和浮力数据处理界面分别如图 9-9 和图 9-10 所示。

表 9-4　程序窗体及功能

窗体名称	功能
浮力数据采集	程序的主窗体，用于实时显示浮力采集值和浮力—时间曲线，并通过该窗体调用其他四个窗体
检测量程设置	提供四个量程段供选择：0 ~ 50 N、50 ~ 100 N、100 ~ 150 N、150 ~ 200 N
采样时间设置	提供六种时间供选择：1 min、5 min、10 min、30 min、1 h、24 h 对应的采样周期为：1 s、5 s、10 s、30 s、1 min、1 min

窗体名称	功能
测试结果显示	采集结束后，显示整个采集过程中的浮力平均值和最小值
浮力数据处理	处理浮力及其影响因素间的线性关系，并显示出回归方程及曲线

浮力数据处理模块中包含回归分析软件，在专题研究某因素对浮力值的影响程度时，可进行自变量和因变量间的回归分析。

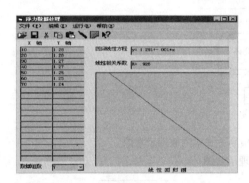

图 9-9　浮力数据采集界面

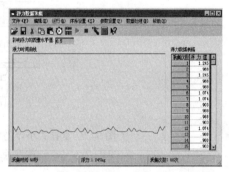

图 9-10　浮力数据处理界面

9.3.2　浮力计算和精度

9.3.2.1　浮力计算与标定

首先确定浮力仪使用时的操作规程。除专门研究环境条件与浮力的关系外，一般的浮力测试，规定水体温度为 15 ~ 25 ℃、不含 NaCl、试样上表面沉入水面 10 ~ 15 cm。开始检测浮力的时间为试样达到规定位置后 5 min，以保证有足够的时间让救生衣隐蔽部位及材料表面的气泡逸出。也可以采用手工干预的方法除去表面的气泡。对于滑轮式检测，要求用绞盘将试样拖入水下并达到规定深度时，直接将绳索上已经预置的挂钩挂在测力传感器的挂钩上，不能有绞盘反转的动作，以免产生摩擦力方向的不确定性。在绞盘不发生反转的前提下，摩擦力总是与传感器对绳索的拉力呈反方向，即实际浮力是传感器所测力值减去摩擦力。

采用一组砝码进行非落水状态下的真实力值 T（N）和 A/D 转换前的力值信号电压值 U（V）的相关分析。一组砝码用每次增加 1kg 质量方式得到 10 ~ 200 N 范围内的 20 个力值及相应的 20 个电压值，由此得到线性回归方程 T（N）$=41.37U-1.4177$、相关系数为 0.9933。为了得到更高的相关系数，进行了分段回归的尝试，相关系数有所提高，见表 9-5。

表 9-5 仪器所测浮力值的回归方程

测量范围 /N	回归方程	相关系数
0 ~ 50	$F=35.048U-0.0853$	0.9994
50 ~ 100	$F=40.250U-0.8487$	0.9994
100 ~ 150	$F=46.647U-2.5575$	0.9997
150 ~ 200	$F=52.605U-4.7839$	0.9978

　　显然，用上述回归方程编写浮力计算程序，即可得到被测物体的实测力值。在直挂式检测时，先检测篮框和重锤在水中的重力 T_0（即篮框和重锤在空气中的重力与在水中的浮力之差），再在篮框中装入试样，得到试样 – 篮框 – 重锤体系在水中的重力 T_1，即可计算试样的净浮力 $F = T_0-T_1$。

　　对于滑轮式测试，则应该是在实测力值的基础上减去滑轮的摩擦阻力。但是，由于摩擦力的大小无法直接测得，故在统一操作手法的前提下，用一组已知浮力的硬质闭孔泡沫塑料来进行标定，从而得到在 0 ~ 200 N 的浮力范围内，真实浮力值 F（N）与检测力值 Fc（N）的回归方程：$F=1.0351Fc+0.9743$、相关系数为 0.9804。

　　24 h 浮力损失率的计算，是以初始浮力为基础，计算前后两次测得的浮力值之差、占初始浮力值得百分率。

9.3.2.2 仪器精度

　　（1）准确度。以硬质闭孔泡沫塑料为试验样品，用测量体积和重量的方法测得其净浮力值，以此净浮力值为约定真值。仪器测得结果与约定真值的相对误差列于表 9-6。可知直挂式测量的相对误差小于 2%、滑轮式测量的相对误差小于 5%，并且在滑轮加载方式常用的大浮力值范围，误差会更小一些。

表 9-6 仪器准确度试验结果

	直挂式测量			滑轮加载式测量		
试样	约定真值 /N	仪器示值 /N	相对误差 /%	试样	约定真值 /N	仪器示值 /N	相对误差 /%
1	16.00	16.12	−0.63	10	71.10	67.57	−4.96
2	23.90	23.52	1.67	11	75.00	77.97	−3.96

直挂式测量				滑轮加载式测量			
试样	约定真值 /N	仪器示值 /N	相对误差 /%	试样	约定真值 /N	仪器示值 /N	相对误差 /%
3	32.10	31.95	0.62	12	93.75	98.05	−4.59
4	39.90	39.54	1.00	13	101.75	105.58	−3.76
5	47.90	47.75	0.42	14	118.75	119.21	−0.39
6	55.80	55.62	0.36	15	143.75	143.98	−0.16
7	71.10	71.31	−0.28	16	174.75	176.82	−2.07
8	78.20	77.95	0.38	—	—	—	—
9	74.20	74.64	−0.54				

（2）稳定性。表 9-7 为仪器的时漂状况。开机预热 10 min 后，将 5 kg 砝码挂于测力传感器上，得到力值随时间变化的结果。可以看出，在 24 h 内力值极差仅为 0.02 N。

表 9-7　时漂实验结果

时间	初始	1 min	5 min	10 min	30 min	1 h	24 h
力值 /N	50.49	50.49	50.48	50.48	50.50	50.49	50.50

表 9-8 为直挂方式下的重力重复测量精度实验结果。可以认为，在直挂方式下，仪器的重力测量重复性可以代表浮力测量的重复性，并排除了测量系统中的其他干扰。一组重锤在 10 ~ 180 N 范围内的累次测量结果见表 9-8。同一试样在 8 次测量中的极差均小于 0.20 N，有很高的测试稳定性。以 10 N 的测量载荷计算，重复测量的相对误差仅为 1%；以 180 N 的测量载荷计算，重复测量的相对误差为 0.06%。

表 9-8　浮力仪在直挂方式下的重力重复测量结果

标称载荷 /N	重复检测的力值 /N								力值极差 /N
	第 1 次	第 2 次	第 3 次	第 4 次	第 5 次	第 6 次	第 7 次	第 8 次	
10	10.09	10.06	10.00	10.10	10.00	10.07	10.10	10.10	0.10
30	30.69	30.69	30.69	30.70	30.60	30.80	30.71	30.64	0.20

标称载荷 /N	重复检测的力值 /N								力值极差 /N
	第 1 次	第 2 次	第 3 次	第 4 次	第 5 次	第 6 次	第 7 次	第 8 次	
60	59.32	59.40	59.40	59.32	59.40	59.50	59.41	59.41	0.18
80	80.90	80.90	80.89	80.89	81.00	80.88	80.89	81.01	0.12
120	121.26	121.21	121.24	121.24	121.30	121.21	121.30	121.21	0.09
180	181.51	181.42	181.41	181.51	181.41	181.42	181.50	181.55	0.10

表 9-9 为硬质泡沫塑料试样在滑轮加载方式下的浮力测量结果的重复性试验结果。滑轮体系的测试稳定性稍差于直挂式。当浮体材料的浮力较大时，滑轮摩擦力的差异也会更大，检测结果的重复性会差些。在浮力值为 143.75 N 时，极差达到 5.02 N，相对误差为 3.49%。

表 9-9　浮力仪在滑轮加载方式下的浮力重复测量结果

标称载荷 /N	重复检测的力值 /N								力值极差 /N
	第 1 次	第 2 次	第 3 次	第 4 次	第 5 次	第 6 次	第 7 次	第 8 次	
56.25	58.26	57.92	58.04	57.98	58.01	58.11	57.76	57.60	0.66
93.75	97.18	97.10	98.64	97.93	97.93	98.68	98.61	98.34	1.58
143.75	142.61	141.74	146.76	146.74	146.13	144.73	143.89	142.55	5.02
174.75	176.23	176.14	178.01	177.59	174.52	175.73	177.02	177.52	4.49

（3）灵敏度。根据仪器量程和 A/D 卡的 12 位精度计算，本仪器的力值测量的最小分辨率应为 0.05 N。当任意加载一重物，检测得到的力值为 95.32 N；在该重物上添加一个 5 g 砝码，即有一个力值增量为 0.049 N，此时力值显示为 95.34 N；再加 5 g 砝码，即力值增量为 0.098 N，力值显示为 95.43 N。所以，可以认为仪器的测力灵敏度约为 0.1 N。

由 A/D 卡灵敏度和仪器系统的灵敏度实验表明，仪器的最小分辨率为 0.1 N，比国标规定方法高一个数量级。

9.3.3　实测及特征

（1）直挂方式测浮体材料的浮力随水深的变化。用直挂方式检测尺寸为 $(15 \times 15 \times 6) \, cm^3$ 的软质闭孔泡沫塑料在不同水深下的浮力，结果见表 9-10。

可知，采用本仪器可以有效检测出浮力的微量变化，定量反映泡沫塑料随水深程度的增大而导致压缩程度增大、浮力逐渐下降。显然，用0.1 kg感量的工业磅秤是测不出这些微量变化的。

表9–10　软质泡沫塑料在不同水深下的浮力变化

入水深度 /cm	0	10	20	30	40	50	60	70
浮力 /N	12.91	12.87	12.83	12.78	12.72	12.56	12.51	12.45

（2）滑轮方式测救生衣浮力随时间下降的程度。用滑轮方式测试3个救生衣成衣试样的浮力随时间变化的情况，结果见表9–11。

表9–11　救生衣浮力随时间的变化

救生衣结构	浮力 /N				
	5 min	1 h	2 h	3 h	24 h
木棉填充式	78.62	76.54	75.02	75.01	74.82
气囊式	135.81	130.08	127.62	127.53	127.23
气囊式	115.54	113.89	112.01	111.84	111.85

初始阶段由于水体的波动，浮力值稍有不稳。5 min后浮力值开始稳定。随救生衣在水中的浸泡时间的延续，因浮力的压缩变形和微量漏水等因素导致浮力有不同程度的降低。可见本仪器可以灵敏地检测出这些浮力下降数据。

浮力测试仪提供两种测量方式，可满足救生衣及浮体材料的不同检测要求。直挂式测试适合于精度要求较高的科学研究，而滑轮式测量适用于救生衣出厂检验，虽然精度比前者低些，但可避免繁重的体力劳动。两种方式都提供了长时间浮力采集，利于分析浮力降及其影响因素。

9.4　稳态漂浮姿态测试

9.4.1　仪器设计

落水人体在水中的危险主要来自两个方面：溺水和低体温。低体温通过具有保暖功能的救生衣来实现，而溺水通过防止口、鼻进水来实现。因此，在浮力足够的前提下，救生衣在水中的性能，主要包括口出水高度和稳态漂浮角，二者是衡量救生衣救生性能的主要指标。其中，口出水高度是指口部下嘴唇高出水面的高度；稳态漂浮角是指落水人体着救生衣在水中处于平衡状态时，身体轴线和垂直方向的夹角。

为了准确测量着救生衣的人体在水中的姿态及相关水中性能，该测试装置采用如下设计方案。

采用两个基于面阵 CCD 的摄像机同时捕获和跟踪着救生衣的人体上携带的标志点的运动图片和轨迹，通过图像采集卡将捕获的信息传送到计算机，利用计算机视觉技术和图像处理技术，通过 VC 和 MATLAB 联合编程进行标定、数据处理和交互作用，而得到被测物体的静态和运动学参数。

图 9-11 为救生衣姿态测试仪器系统构成。该测试仪器系统主要由 CCD 摄像机、光学系统（镜头）、图像采集卡和计算机等硬件以及测控软件构成。

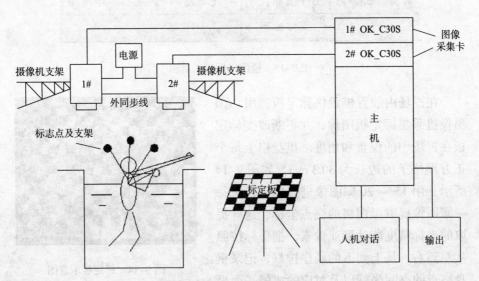

图 9-11　姿态测试仪器的系统构成及测试原理示意图

测控软件包括六个模块（图 9-12），通过标定软件、采集软件和处理软件三大部分实现。其中标定软件用于测试前对仪器进行标定，可实现一次标定多次测量；采集软件用以控制并采集到合适的图片信息；处理软件通过标志点位移计算、标志点匹配、标志点提取与跟踪来获得所需的信息。

9.4.2 精度

采用摄像机标定工具箱（图9-13）来进行摄像机标定。

图9-12 软件系统模块图

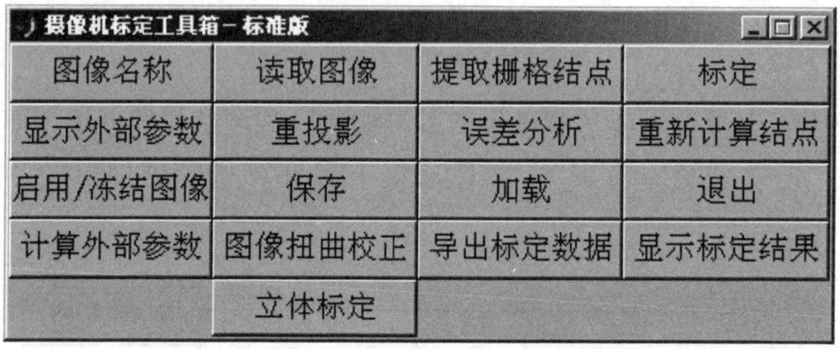

图9-13 摄像机标定工具箱

在视场内放置棋盘格标定板，用CCD摄像机采集标定板图像，并不断改变标定板在视场中的位置和角度。棋盘格上每个正方形格子的边长为30.3 mm，如图9-14所示。用15～20幅图像进行标定，对每一幅图像提取黑白格的交点坐标，这样提取的坐标精度能达到亚像素，把坐标按照从左到右、从上到下的顺序排好，记录棋盘格点的空间坐标以及对应的成像平面坐

图9-14 标定板示意图

标。用所有的对应点来计算摄像机的内部参数，然后再利用求得的摄像机内部参数算出摄像机的外部参数。

在标定过程中应注意以下几个问题。为保证标定精度，标定板在图像中应尽量充满整个图像，而且镜头要将清晰度调至最佳。标定板上的格子应足够多，最少需要2幅图像才能标定摄像机的内外参数，使用多幅（15～20）图像能改善标定精度。摄像机的畸变一般在图像边缘处较大，因此，要想正

确地标定出摄像机的畸变参数，图像应尽可能充满画面。

　　该仪器误差主要源于以下五个方面：边缘提取（5素噪声）、边缘拟合、立体视觉系统标定（摄像机内外参数估计）、立体匹配和三维重建（深度估计）。

　　系统的测试环境、摄像机、标定板放置的位置以及算法都会影响系统的测试精度。在测试过程中，被测对象在水中的绝对定位精度是不重要的，由于被测物体的姿态是通过标志点之间的相对位置确定的，因此，重要的是各标志点之间的相对位置。

　　通过以下实验方法求得相对精度：在一平板上布置 7 个标志点（A，B，C，D，E，F，G），利用该仪器分别在静止和运动状态下各测量 250 幅图（共 500 幅图），通过计算各标志点间相对位置来计算单次测量误差和多次平均测量误差。实验时，摄像机的电子快门为 1/500 s。测量误差结果见表 9–12。

　　从表 9–12 可知，实验救生衣水中姿态测试仪器在线段长度为 194.8 ~ 349.2 mm 的范围内，静态多次测量的最大绝对误差为 1.88 mm，相对误差为 0.74%；动态单次测量的最大绝对误差为 2.05 mm，相对误差为 0.93%。如果对同一线段进行多次测量平均，则绝对误差分别降至 0.68 mm 和 1.08 mm，相对误差分别减至 0.27% 和 0.49%。在对同一线段进行多次测量中数据离散度较小，最大标准偏差为 0.40 mm。对 8 条线段进行测量，离散情况为最大标准差 0.54 mm。

表 9–12　测量误差（绝对值）最大值

静态（被测对象静止）测量				动态（被测对象运动）测量			
单次测量		多次测量平均值		单次测量		多次测量平均值	
绝对误差 / mm	相对误差 / %	绝对误差 / mm	相对误差 / %	绝对误差 / mm	相对误差 / %	绝对误差 / mm	相对误差 / %
1.88	0.74	0.68	0.27	2.05	0.93	1.08	0.49

9.4.3　实例及特征

　　采用该姿态测量仪器对实验用救生衣 A 和救生衣 B 进行了水中性能姿态测试。挑选一名身高 1.75 m、体重 75 kg 左右的参试者，分别穿用两款救生衣，并佩戴测试用标志点，入水，进行测试。救生衣姿态测试装置左右两路摄像机采集图片示意如图 9–15 所示。

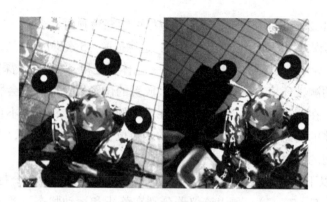

图 9-15　水中漂浮运动过程采样示意

通过分析标志点运动规定，并通过对实际坐标系、标志点坐标系和人体坐标系的相对关系计算得到实验用救生衣 A 型和 B 型的稳态漂浮角测试曲线如图 9-16 所示，图中人体俯仰角即稳态漂浮角，也就是图 9-1 中的躯干角度。

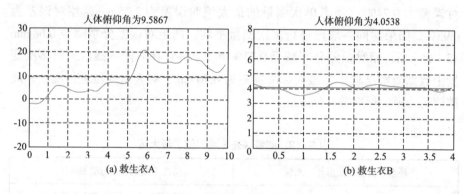

图 9-16　稳态漂浮角的时间历程

9.5　发展趋势及问题

从各国救生衣标准中对性能要求和测试方法的规定可以看出，ISO 对救生衣的性能要求是最全面完善的；规定的测试方法均最大限度地模拟实际使用情况；另外，从标准的体系和分类看，ISO 共有十个部分，包含了六种救生衣的具体性能要求、属具的测试方法、材料的测试方法、整体测试方法以及指导选用救生衣的准则。BS 和 ISO 在性能要求和测试方法上基本相同，但体系不够完整；而 MIL 则针对单个品种而制定了系列标准，且单个救生衣标准中性能要求不够完善；IMO 对性能的要求笼统，除了充气式救生衣单独提出性能要求和测试方法外，没有详细的分类。我国标准基本参考 IMO，并直接引进了 ISO 系列标准，必将促进我国救生衣的研发。

这些测试评价目前都是在游泳池，即静态水中进行的，后面还需要推进在动态水中的相关性能测试评价及研究。

9.5.1　救生衣的名称问题

标准体系里面，还存在一个比较棘手的问题，即救生衣的名称问题。关于这一点，部分观点已经在 1.3.1 中进行了阐述。如何正确命名救生衣，还需要考虑以下几点。

（1）需要和其他水上个体用装备一起考虑。比如抗浸服，最早也叫救生服。救生服、救生衣、救生夹克、漂浮衣、潜水服等名称，需要统一进行更为专业化的定义及统一规范。

（2）需要突出和其他个体救生防护装备的区别。现在个人防护救生装置越来越多，包括防弹衣、防爆服、化学防护服、高空救生服等，这些服装或衣服或装备都有救生功能。虽然救生衣、救生夹克等俗称历史悠久，指的是水上救生用的服装类，但是，不能够反映出救生衣的根本特点，不如"防弹衣"的名称定位清晰。因此，在 ISO 系列中，提出了 personal floatation device 的概念，即个人漂浮装置或个人浮力设备，如 GB/T 32234 的规定，这个看起来更加能够凸显救生衣的功能和特点，即是用于保证人体安全漂浮于水面的装置。

9.5.2　漂浮姿态测试问题

在相关性能测试方法里面，也有一个难题，即关于水中性能的测试，更进一步说，是复正性能的测试。复正性能的定义是一个无意识的人体穿着救生衣落水后、被救生衣自动复正到安全漂浮姿态的性能。在 ISO 等所有的现有标准中，该项性能都是由真人穿着进行试验的，测试时要求试穿人员先在水里游三下，然后让身体放松，观察并测量安全漂浮姿态时的相关参数。在 9.4 中介绍的安全漂浮姿态测试仪器，也是需要真人着穿救生衣后再进行测试的。

但是，测试存在如下问题。

（1）放松状态并不能够等同无意识的人体状态，很难模拟出无意识人体的头部状态，比如，如果人体是被碰撞后入水，且头部没有任何意识，那么其头部的状态是真人难以模拟的。

（2）同样，以不同姿态掉入水中，也是真人难以模拟的。

这两个问题导致这种测试存在很多不确定性以及不能够完全反映实际需求。国外通过人体模型技术开展了相关研究。在 Macintosh 和 Pask 的模拟无意识人体实验中，最早是采用对真人进行麻醉来模拟的方法；之后，采用碰撞测试用假人，用以评估漂浮状态及复正性能。进一步的则是皇家理工学院与英国皇家空军医学研究所合作，开发了"RAMM"的成人人体模型，可以穿着各种衣服和救生衣的组合扔到海里进行测试。1980 s，美国海岸警卫队和加拿大运输局开始联合开发了新型游泳假人（SWIM），并拟将 SWIM 和 RAMM 技术相结合，开发一个结实、耐用的水中可用的假人，以模拟各项需要在动态水中进行的测试。但是，目前为止，并没有用到标准的测试方法中。

参考文献

[1] 肖红，田风，施楣梧. 救生衣及浮体材料浮力测试仪器的研制 [J]. 中国纺织标准与质量，2003（2）：43-46.

[2] 肖红，田风，施楣梧. 救生衣及浮体材料的浮力测试方法和专用检测仪器 [J]. 中国个体防护装备，2003（3）：24-25.

[3] 肖红，施楣梧，汪坚. 个体救生具标准测试方法对比研究 [J]. 中国安全科学学报，2004，14（2）：80-83.

[4] 肖红，施楣梧，王西亭. 水上个体救生具性能要求的比较研究 [J]. 中国安全科学学报，2004. 14（3）：68-71.

[5] 段菲，周宏，肖红，等. 救生衣—人系统漂浮运动测量中的标志点识别 [J]. 清华大学学报，2006，46（11）：1926-1929.

[6] 包国平，高学峰. 船用成人基准救生衣（RTD）技术研究及产品研制 [J]. 船舶标准化与质量，2016（5）：39-41.

[7] AD-A010204. Design Criteria for Advanced PFD'S. 1974，8.

第10章 抗浸服的分类及结构

水中失温伤害的有效防护是着穿抗浸服，防止冷水与人体的直接接触，避免人体热量的快速丧失。一方面，水中失温伤害不如溺水致死那么快速、直接，可能会在接触冷水后的几个小时内，甚至从冷水中得到救助后的几天内，落水人员还会因为低温伤害而死亡；另一方面，大众的水上活动往往选择在温度相对较高的水域，并不需要非常严格的失温防护。这导致水中失温现象容易被人忽视，抗浸服也多为专业或职业人士使用。但是，由于人体温度总是高于海水温度（通常在 –2 ~ 30 ℃），因此，即使是在炎热夏日进行较长时间的水域活动，人们也需要湿式抗浸服的防护，避免体热的散失。

10.1 功能及分类

10.1.1 功能

就功能而言，抗浸服应该包括三个主要的方面。

（1）防水功能。防止水浸入，避免人体接触导热系数高的水而快速地散失热量，能维持人体进行正常生理活动所需的体温，防止落水人员在寒冷海域被冻死，从而延长落水人员在水中的生存时间，增加获救生还的机会。

（2）保暖功能。提供一定的绝热保暖功能。在防止水进入的基础上，进一步地增加具有一定 CLO 的保暖层。该功能可以单独提供，也可以与防水层复合在一起。通常，非绝热性的抗浸服多为单独的一层防水织物通过水密拉链等闭合，只提供基本的防水功能。绝热性的抗浸服则需要同时提供配套保暖层。

（3）安全漂浮待救功能。提供和救生衣一样的水上漂浮、待救功能。也就是说，理论上讲，对于需要长时间才能够获得救援、在冷水水域使用的抗浸服，除了提供必要的防水保温性能外，救生衣具有的安全漂浮、示位营救、生存保障功能也应该同时具有。比如，至少应该提供适当的浮力及浮力分布，使人体安全漂浮于水面，保持口鼻朝上的待救姿态；至少提供一定面积的回归反射膜，用以黑暗中指示位置；至少提供一个可以供救捞用的高强吊带或 D 环。这些功能可以集成于抗浸服上，也可以单独配套救生衣来实现。

前述功能里面，对于抗浸服而言，最本质和最核心的功能，即防水功能。其本质其实是一件可以将人体尽可能包裹的、全密封式的防水服，避免人体与冷水的接触。保暖和安全漂浮待救功能，可以分别通过单独的保暖层及救生衣作为配套使用。

在实际发展和使用过程中，防水和保暖结合或配套的抗浸服较多，因保暖层多为轻质、内含静止空气的结构，因此，这种服装也具有一定的漂浮性能；而兼具类似救生衣一样的安全漂浮性能的抗浸服相对较少，多用于军方直升机飞行员。在 ISO 15027 中，对抗浸服并不考核浮力或漂浮性能。

10.1.2　分类

和救生衣一样，在多年的发展之后，抗浸服的品种日益增多，根据使用场合、抗浸保温原理、使用对象、构成、抗浸保温性能、密闭结构等不同，有不同的划分方法。最常用的是前两种分类方法。

（1）根据使用场合不同，抗浸服可分为日常穿用型和紧急穿用型两种。

①紧急穿用型：也称为弃船型（abandonment immersion suits），即在船舶等遇到突发故障需要弃船时，在紧急情况下可快速穿用的抗浸服。保证落水人员在冷水中一定时间内不冻伤或冻死，根据作用时间不同，可分为不同级别。如图 10-1 所示,(a)为一次性使用、结构简单的弃船服，通过简单的防水拉链和防水面料形成防水层；(b)为 SOLAS 认可的紧急穿用型，配备有反光膜，便于指示落水位置。这种抗浸服结构简单、尺寸宽大、脚部和服装一体，可以直接快速地穿在衣服外面。

②日常穿用型（constant wear immersion suits）：用于水域或近水域活动时日常作业、工作、娱乐时穿用的抗浸服，允许穿用者进行身体活动而并不觉得受到妨碍。

(a) 一次性使用　　　　(b) SOLAS认可型

图 10-1　两种紧急穿用的抗浸服

相当于工作用抗浸服，适合于渔业、航空、钻井平台等水域作业人员平时工作时穿用，不影响日常工作，具有一定的透湿量，不慎落水后也可以在短时间内提供一定的抗浸保暖性能（图 10-2、图 10-3）。根据穿用的目的和场合不同，还可以进一步细分。这种抗浸服多会配套可以承力的橡胶类鞋子、配套便于操作的手套，整体结构要便于日常活动，服装结构强度及织物理化性能要求均较好，最好具有一定的透湿性能；同时，具有极好的防水密封功能，保证落水后，又能够起到抗浸功能。

图 10-2 军用湿式抗浸服

（2）根据抗浸保温原理不同，可分为干式和湿式抗浸服两种。

①干式抗浸服（dry suit, dry immersion suit）：使用过程中没有水进入的服装，基本为全密闭连体或半密闭连体结构，带有极好防水性能的水密拉链，和防水织物一层，构成密闭结构的防水层，将冷水和人体皮肤隔离，起到良好的隔热保温效果。如图 10-3 和图 10-4 所示的均为干式抗浸服。

(a)　　　　(b)　　　　(c)　　　　(d)

图 10-3 全密闭式抗浸服

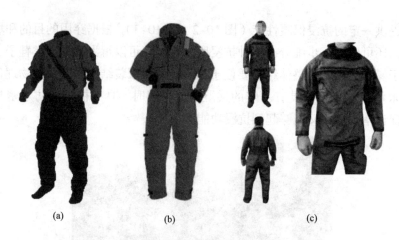

(a)　　　　　　　　(b)　　　　　　　　(c)

图 10-4　连体半密闭式抗浸服

②湿式抗浸服（wet suit, wet immersion suit）：使用过程中，允许有限的水进入。一般为弹性紧身结构，服装紧贴人体，入水后部分冷水进入，并由穿着者的体温使进入的水逐渐变暖，在人体与服装间形成一个温水层，进一步将外界的冷水和人体皮肤隔离而实现抗浸保暖。该类服装只适用于水温相对较高，如 15 ℃以上的水域环境中。在低于 10 ℃的水域中，必须要使用干式抗浸服。湿式抗浸服最早由美军发明并用于"蛙人"部队的军事潜水行动，即相当于潜水服，通常需要配备深潜用的呼吸装置，如图 10-2 所示。随着大众水上活动的日益广泛，湿式抗浸服被广泛用于水上运动，如浅潜水、冲浪、帆船等，并日益发展成为一个新的品类——湿式潜水服。

（3）根据构成不同，分为抗浸保暖服（或抗浸防寒服）与抗浸服两种。抗浸保暖服由抗浸防水层和保暖层构成，同时提供抗浸和保暖功能；抗浸服只具有抗浸防水层，使用时要加穿保暖服并配套使用。

（4）按照结构不同，分为连体全密闭式、连体半密闭式及分体式三种。

①连体全密闭式：可以将除了口、鼻在外的整个身体，包括脚部、手部全部密封，如图 10-3 所示，多用于干式抗浸服和具有极好抗浸保暖功能的抗浸服。

②连体半密闭式：将不包括脸部、手或脚部的整个身体进行密封，通常会在脚腕、手腕和颈部有防水密封结构，如图 10-4 所示，可用于干式和湿式抗浸服。

③分体式：结构为上衣、下裤，可以单独使用，尤其是裤子，如图 10-13 所示。鞋子和裤子一体的抗浸裤也被农业和渔业人员使用，在寒冷冬季用于浅水域的捕鱼、挖藕等。

（5）根据浸入保暖性不同，也有不同分类方法。比如，我国标准 GB 9953—1999《浸水保温服》根据抗浸保温服保暖能力不同，分为绝热型和非绝热型两种。其中，绝热型抗浸保温服，确保穿着者在水温为 0 ~ 2 ℃的静水中，历时漂浮 6 h，人体直肠温度下降不超过 2 ℃；而非绝热型抗浸保温服确保穿着者在水温为 5 ℃的静水中，历时漂浮 1 h，人体直肠温度下降不超过 2 ℃。这种划分和 SOLAS 的要求一致，分别对应 ISO 15027 的 A 级和 D 级。

同时，ISO 15027 也通过浸入 CLO 来区分不同保温等级的抗浸服，按照浸入 CLO（Imm CLO）的不同，分为四个等级，A 级为 0.75 Imm CLO，B 级为 0.5 Imm CLO，C 级为 0.33 Imm CLO，D 级为 0.2 Imm CLO。

各种分类方法的抗浸服见表 10-1。

表 10-1　抗浸服的分类

划分标准	名称	定义	特点
使用场合不同	日常穿用型	在近水域或水域工作人员穿用	不影响日常活动
	紧急使用型	也称弃船型，紧急情况下 2 min 内可穿用和脱卸	结构宽松、成本低
作用方式不同	湿式抗浸服	允许有限水进入服装内，由穿着者体温将进入的水变暖，形成一个温水层，隔绝冷水，又称湿式潜水服、湿式抗浸	ISO 15027 规定的 D 级、多为弹性紧身结构
	干式抗浸服	不允许水进入服装内	极好的防水性能和密封结构
构成不同	抗浸保暖服	或抗浸防寒服，由抗浸层和保暖层，构成同时提供抗浸和保暖功能	我国空勤人员用抗浸防寒飞行服
	抗浸服	使用时要加穿保暖层配套使用	单独的防水层
保暖能力不同	绝热抗浸服	水温 ≤ 2 ℃的静水中，漂浮 6 h，人体肛温下降不超过 2 ℃	抗浸且保暖层配套、连体密闭结构
	非绝热抗浸服	水温 ≤ 5 ℃的静水中，漂浮 1 h 人体肛温下降不超过 2 ℃	保暖层相对较薄、连体密闭结构
结构不同	连体全密闭式	将整个身体包括手、脚及除口、鼻外的头部全部密封	极冷下的潜水服、长时间漂浮待救用
	连体半密闭式	将不包括脸部、手或脚部的身体其他部分密封	寒冷水域日常工作用
	非连体式	上衣、下体分开	寒冷水域日常工作用

同时，和其他救生衣一样，抗浸服，尤其是用于漂浮待救的抗浸服，通常还需要提供回归反射膜、救生衣灯或者哨笛等示位装置。

10.2　连体干式抗浸服

从抗浸保暖的角度而言，干式抗浸服是真正意义上的抗浸服，不允许水浸入。

10.2.1　连体全密闭式

连体全密闭式抗浸服，将包括手、脚及除了口、鼻外的头部都包裹在内的全密闭式抗浸服，如图 10-3 所示。包含大身、鞋套（或鞋子）、手套以及必不可少的水密拉链。

图 10-3 中（a）所示抗浸服采用聚氨酯涂层锦纶面料，并经过超声波焊接接缝处形成一体式服装，内层为泡沫保暖材料，手部、肩部都配有反光膜，可用于冰上救援；（b）所示为抗浸服采用涤纶覆 TPU 膜、针织内衬的防水面料，手部和脚部和服装一体化，接缝处涂层聚氨酯胶，头部为氯丁橡胶制备的半封闭帽；（c）为 100% 氯丁橡胶闭孔泡沫，膝盖和肘部进行了加固，经久耐用，脚部为厚底踏步靴，可以直接行走，配备有一体化不锈钢 D 型环胸带，便于救捞和勾挂在船边；（d）和（c）基本类似，只是脚部不是厚底踏步鞋，而是一体化的氯丁橡胶脚套，为 USCG 认可且符合 SOLAS 的要求。

这四种抗浸服中，（a）和（b）采用防水涂层织物作为主体，适合工作或漂浮待救用；整套服装具有极好的水密性能，通过增加配套的保暖层，可以达到不同等级的保温性能要求，满足落水人员在寒冷水域漂浮待救的需求，可以长达数小时之久。而（c）和（d）采用氯丁橡胶为主体，成本较高，适合于冷水环境下、隔绝水的潜水服，尤其是（d）款，采用了连手连鞋的一体化结构，而且是三指手套结构。

这四种抗浸服的结构特征如下。

（1）除了眼睛和口鼻外，需要全部密闭，保证水不能够接触皮肤。这要求接缝处需要密封；为了便于穿着，至少需要一条拉链，如图 10-3 所示的四件服装，均带有一条从头、肩部到腰、腹部的水密拉链；在手腕、脚腕、头颈部不可避免的接缝处，需要严格密封。

（2）通常为了穿着方便或者紧急救援，抗浸服需要配套可以直接行走的厚底鞋子，以及手套部分需要宽大，以便可以直接套在现有的服装上穿用，节省时间。

（3）对于用于短时间作业用的全密闭抗浸服，为了穿着舒适，水密拉链不会直接拉到脖子以上，如图 10-1（b）所示；而是在脖颈处采用橡胶材料密闭，在手腕处也采用类似结构，便于进行各种操作。

（4）同时，为了便于行动，全密闭的手部和脚部可以采用和大身一样的轻薄型织物，然后再配套大号的防水橡胶鞋和手套等。如图 10-3（d）所示，需要配备另外的鞋子。

10.2.2　连体半密闭式

连体半密闭式抗浸服，不包含手、脚、头部在内的半密闭式结构，如图 10-4 所示。多用于工作时穿用，落水后可短时间内防止冷水浸入，保证体温。

图 10-4 中，（a）所示连脚部的连体半密闭式抗浸服，采用防水透气面料和水密拉链，颈部和手腕处采用氯丁橡胶或乳胶防水密封，其中，氯丁橡胶的防水性能刚好，可配套防水袜和空气净化阀，膝盖和肘部可复合耐磨锦纶面料。（b）所示为一种可同时提供浮力的鞋、手套和帽子的连体式抗浸服，为 USCG 批准的 III/V 型 anti-exposure suit，可以提供不低于 68.6 N（7 kgf）的浮力，全套服装接缝密封完整，手腕处为闭合氯丁橡胶，具有防风防水隔热罩，也适合寒冷水域工作用。（c）所示为美国空军用的 CWU-74/P 型 anti-exposure suit，是在 CWU-62/P 和 CWU-27/P 型基础上改进而成，为水上飞行员日常飞行时、在常规飞行员内配套穿着，由 Nomex®/Kevlar® 阻燃外层和 Nomex® 针织内层之间复合一层防水透气薄膜层压而成，颈部和腕部可膨胀后形成密闭环防水，横向两根水密拉链。

这种抗浸服多为面临着落入寒冷水域风险环境下作业时穿用，不适合用于紧急情况下、落水后的长时间待救；也不适合用于寒冷水域需要全密闭的潜水服，其结构特征如下。

（1）都不包括帽子、手套，部分连有脚套，便于日常工作。

（2）腕部和脖颈部位都有氯丁橡胶类密封圈。

（3）部分自身具有保暖层，适合寒冷气候下工作使用。

（4）面料多采用防水透气透湿面料作为抗浸防水层，部分在臀部和肘、膝盖部位有锦纶耐磨层。

（5）必要的时候，需要配套氯丁橡胶制备的防水靴和手套（图 10-5）。

（6）也可以配备单独的橡胶弹性头套。

233

(a) 7028型   (b) 7027型   (c) H045BLK型

图 10-5　氯丁橡胶防水保护鞋及手套

10.2.3　穿用和闭合结构设计

因为需要良好的连体密闭性以便防止水进入，因此，如何穿用及闭合干式抗浸服就显得非常重要。通常有三种便于穿用的进入方式，包括通过颈部进入、从衣服前面进入以及从衣服后面进入的三种设计。其中，通过颈部穿用和闭合的结构设计多用于一次性、可快速穿脱的薄膜性防水抗浸服，如图10-1（a）所示。简单的袋型结构设计，颈部拉链拉开后，直接进入，然后拉上拉链、闭合服装即可。这种结构，闭合并不紧密，需要配合设计良好的救生衣，使得口出水高度较高，否则入水时会从面部漏水。

常用的是从衣服前面或后面穿用和闭合的结构设计。这两种方式，无论哪种结构设计，都需要用到性能优良的水密拉链，而不是普通的防水拉链。这种拉链直到20世纪80年代才具有较好的品质和性能，将在11.4节中进行介绍。在此之前，干式抗浸服总是会或多或少地进入部分水。

10.2.3.1　从衣服前面穿用和闭合的设计

带有连续式颈部橡胶领圈、开口式颈部橡胶领圈、风帽密封的抗浸服都可以从前面进入。有以下几种具体设计。

（1）由下至上的直拉水密拉链闭合。拉链可从胯部沿垂直方向运行到喉头前面，如图 10-6（a）所示，这是最早使用的款式，直接在颈部密封闭合，硬挺的拉链往往导致下巴肿胀不适；将拉链稍微偏移颈部中央，可避免对喉结的伤害，如图 10-6（b）所示，但是如果拉链拉头过硬，一样也会导致下巴部位的不适。

一种改进的方法是将拉链从胯部向上运行到帽子正前方，如图 10-3（d）所示；或者运行到帽子侧面位置，如图 10-3（a）和（c）所示。

这种上下直拉拉链型结构设计，便于穿脱，尽管将脖颈处的密封橡胶剖开了，但是通过水密拉链的闭合，也实现了脖子处或脸部的良好水密密封。缺点是拉链紧贴脖子或面部，总是或多或少会造成不适感。

(a) 直拉到喉头前方　　　　　(b) 直拉到喉头侧方

图 10-6　上下直拉拉链型

（2）对角斜拉拉链型。对于采用连续橡胶领圈密封的，拉链就难以直接拉到脖颈处，必须要从大身开口进入。包括有以下几种方式。

从左胯部到右肩或者从右胯部到左肩的对角斜拉拉链是一个非常好的设计，如图 10-7 所示。最好把拉链头端放在肩膀上，而不是胯部，把拉链由下至上斜拉并合。否则，如果闭合尾端在胯部，而使用者没有正确固定，那么防护服会很快被水淹。

(a) 从左胯部到右肩　　　　　(b) 从右胯部到左肩

图 10-7　对角斜拉拉链型

还有一种设计是拉链从左臀部开始，穿过背部，然后斜穿过胸部，直到右肩。

　　这种对角拉链设计非常容易把脚和腿放进防护服，并拉上拉链，而且不影响颈部的防水密封，不会在颈部因拉链造成不适。但是由于密封材料多为不透气透汗的发泡橡胶类，因此，在长时间穿用作业时，颈部同时也会觉得闷热甚至发红。图10-6所示的上下直拉拉链型，在作业时，可以将颈部或帽子部位的拉链，只在入水时紧急拉上即可。

　　（3）W型拉链设计。衣服的躯干部分由W型拉链拉开成两半。从脐的一侧开始，沿对角线向上和向后绕着胸部后部，然后沿对角线向下回到脐的另一侧，如图10-8所示。优点是可以单手操作，且提供了最大的孔径。防护服可以只穿一半，例如，在船员室或舰桥上只穿了一半，前面的袖子交叉在胸前。

图10-8　W型拉链设计

　　（4）水平拉链设计。通过一个从右至左腋窝横过胸部的水平开口进入和闭合，如图10-4（c）所示。由于拉链和织物的缩率等不匹配，且拉链需要在腋窝处转变方向，这样导致衣服中的褶皱很难处理好。在拉合拉链时，需要将手臂平伸直，拉链和织物长度应该在水平方向一致；而拉合后，手臂下放状态时，由于拉链完全刚度大，会导致织物出现明显的褶皱。

10.2.3.2　通过衣服后面穿用和闭合

　　通过衣服后面穿用和闭合的结构共有两种。第一种是采用封闭的马蹄型拉链，如图10-9所示，这个过程从左胸的前面开始，绕着左肩穿过肩胛骨的尖端，绕着右肩向下到右胸的前面。如果尺寸设计合适的话，采用一只手即可完成整个拉合过程，衣服也容易折叠，穿起来也十分方便。就像W型的拉链防护服，一样也可以只穿一半，然后把袖子打结后放在身前。

　　另外一种方式是后背的水平拉链，可以从肩到肩，如图10-10（a）所示；也可以从腋窝到腋窝，如图10-10（b）所示。这种结构折叠方便，也容易穿。但是，需要有人帮助才能够拉上拉链，多用于潜

图10-9　马蹄形拉链

(a) 肩到肩　　　　　　　　(b) 腋窝到腋窝

图 10-10　后背的水平拉链

水服。

这种从衣服后面进入和闭合的结构，和从前面进入的结构一样，领部都需要单独的密封，包括采用橡胶密封圈或者直接采用橡胶帽进行密封。

10.2.4　领部的密封结构设计

一件性能优良的干式抗浸服，除了眼、口、鼻在内的正面脸部可以暴露外，其余部位均要尽可能地实现全密闭。对于日常穿用型的抗浸服，大部分时间是需要穿着该服装，在甲板、钻井平台等上作业的，手、脚、胳膊、腿等都需要进行必要的动作，因此，在不影响日常活动，又要能够在紧急情况下实现在水中的较好的密封是非常困难的。

对于颈部的密封，共有三种结构。

（1）直接通过连在衣服上的、一定宽度的圆形橡胶弹性脖套实现密封。在颈部使用宽的橡胶套 / 橡皮筋之类的密封部件，防止水从脖子处进入服装，整套衣服不配帽子。非常适合作业，并配套救生衣使用，将人体保持在口高出水面的漂浮姿态。

为了和其他部位连接，套在脖子上的橡胶套需要和服装结合，如果是上下直拉拉链型，则脖套部位也需要拉链进一步闭合，如图 10-6（a）所示。工作的时候，可以拉开拉链，紧急情况下快速拉上拉链，具有弹性的橡胶部分会随着拉链紧急包裹颈部。但是，如前所示，这种在门襟处直上直下、正在颈部中央闭合的拉链会使得下巴不舒服甚至引起肿胀。

为了改进这个问题，可以在脖子里面增加一个柔软的针织织物脖套，如图 10-11（a）所示，并将拉链上端降低至领窝，这样就可以避免拉链对下巴或颈部皮肤的伤害。这个要求护脖设计良好，以免在紧急快速闭合中被拉链卡住。

也有尝试通过在脖子部位增加一个可以快速收紧的棘轮型设计，来密封

237

颈部，如图10-11（b）所示。这样，就可以不用采用弹性橡胶紧贴脖子了。但是，这种设计不可避免存在漏水问题，主要在于颈部并不是一个简单的圆柱体，而是一个复杂的椭圆形，喉部向前突出，难以通过圆形的收紧部件实现真正密封。

不含帽子的抗浸服，最有效且成熟的颈部密封是采用圆形橡胶套或针织面料／发泡橡胶复合材料，如图10-11(c)及图10-7所示。存在的不足就是，如果脖子上紧贴的弹性密封材料不透气不透汗，则日常工作时依然会不太舒服，而且需要采用斜拉拉链等结构设计来实现穿脱。

(a) 内衬针织脖套　　　(b) 通过棘轮闭合　　　(c) 橡胶或橡胶复合针织密封

图10-11　颈部密封结构

相比较而言，这种颈部密封结构设计，还是适合日常穿用型，因为头部和颈部非常自由；如果将密封部件内置，且材料具有一定的透气性能，外层再进行一定的美观结构设计，就形成了如图10-4（a）和（b）所示的连体抗浸服。

（2）连帽子的颈部密封设计。为了避免拉链拉到颈部密封的不舒适，直接用橡胶或橡胶复合材料帽子上的拉链进行颈部密封。一种拉链斜拉至帽子一侧，如图10-3（c）所示；一种拉链在帽子前面正中间直接拉到口、鼻处闭合，如图10-3（d）所示。通过弹性橡胶材料与拉链的配合，对帽子紧贴脸部的边缘进行密封。这种结构的问题在于，拉链需要紧贴脸部皮肤导致不适。

一种改进的结构是，拉链连着帽子拉到口下，进一步配上一个单独的橡胶／发泡橡胶复合材料脖套；另外一种设计是避开拉链，直接采用弹性橡胶头套，如图10-3（b）所示，可以在入水前带上帽子。这种设计对橡胶或橡胶复合材料的弹性要求较高。

（3）一次性使用、快速穿脱型。对于供集体在弃船紧急情况下使用，且在短时间内有救生艇／阀等救援工具待救的一次性、快速穿脱的抗浸服，通过简单、便宜的拉绳闭合拉链，是非常适合的一种颈部密封方法，如图 10-1（a）所示。拉绳最好置入橡胶套并黏附在衣领上。需要注意的是，这种情况下，配备的浮力设备需要尽可能地使口、鼻的净出水高度高些，比如，大于12 cm，否则的话，水容易从拉链上端和脸部位置进去。

10.2.5　手/脚部位的密封结构设计

手部和脚部处于身体供血的最远端，往往具有比身体其他部位更低的温度。人们经常手脚冰凉，尤其是手指部分，如果需要工作的话，5 个手指最好能够戴上手套分开。

针对手部和脚部的密封结构，通常有以下几种。

10.2.5.1　直接和服装连成一体

（1）直接采用大身面料实现脚部和手部的一体化结构。一个简单的办法，是采用服装面料，直接形成连脚、连手的一体化全密闭结构。如图 10-1（a）所示，直接采用连体的方形结构包裹双脚，手套连体，只分开拇指。这种保温方式，双脚被包裹在一个较为宽大的套子里，如果需要进行攀登梯子和沿扶梯行走的话，会非常笨拙且不容易。一般只适合于紧急情况下在水上和救生衣配套使用。

图 10-1（b）和图 10-3（d）为双脚/双腿分开包裹的连体结构，前者配备了五指手套，而后者配备了单独的三指龙虾爪型手套，如图 10-12 所示。

因为材料的保温性能与受保护体的形状密切相关，同样的材料及环境条件下，保温材料包覆在圆柱形受保护体上时，保温性能比去包裹平板材料时的

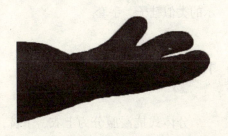

图 10-12　标准的三指龙虾爪型手套

保暖性能下降很多。这导致对非常窄的圆柱体，如手指，采用同样的保温材料保护时，其保温值会大幅度下降。而图 10-12 所示的三指龙虾爪型手套结构，兼顾了手指的灵活和可操作性，又增加了手指部位被保护的平板面积，提高了保温性能。

对于脚部而言，直接采用面料，即使分开双脚，也不好行走。如果胶套足够大，把鞋子放在里面穿的话，走起路来一样不太容易。如果脚套部位尺寸较小，可以在防水织物外层直接制作出一个带镶齿的鞋底，而在配套的鞋子里面内部也刻出一个对应的凹槽结构。这样便于鞋套和脚的稳定结合。

（2）采用单独的材料，将脚部和手部与大身一起形成连体密闭结构。抗浸服的面料多为较薄的防水透湿面料，或者柔软的发泡橡胶复合织物，直接采用面料连体形成的鞋及手套，即使是五指分开、特别合脚，材料的柔软、轻薄、均质化的特性，还是会导致手、脚的行动不便。为了提高脚部和手部的行为能力，往往需要采用其他材质，比如橡胶发泡鞋或手套，然后通过热合、超声焊接等技术，复合在大身上，形成一体化的连体密闭结构，如图10-3（a）（b）（c）所示。

这种结构，鞋子和手套的设计性大大增强，可以根据需要制备适合行走、潜水、攀爬等用途的鞋子，制备可以进行不同精细化操作的手套。最为关键的是，需要在鞋和面料的接缝处、手套和面料的接缝处进行极好的密封，否则，会出现渗漏现象。接缝处，除了胶粘、热合外，通常还需要贴一层或多层防水密封膜。

10.2.5.2 密封脚腕和手腕，单独配鞋和手套

最便于作业用的手/脚部密封方式时，采用橡胶类密封材料单独在脚腕、手腕处密封，然后配套防水鞋和手套。这种结构广泛用于各类日常穿用型的抗浸服，如前面所有的不连手和脚的服装。具体的密封形式如图10-11（c）所示，一层薄薄的弹性橡胶材料紧紧贴在手腕。使用时，配套如图10-5所示的类似鞋子、手套。

10.3 分体式干式抗浸服

分体式抗浸服分为上衣、下裤，如图10-13所示，适合于在人体全部落入水中、风险较小的浅水域或近水域环境，以及救援会非常及时的场合下，日常作业时穿用，可以根据需要单穿下裤或配套穿用。比如，冬季在浅水（水深不超腰部的）区域进行作业，可以单穿需要配套鞋子的下裤，如图10-13（a）所示，采用防水织物及防水拉链制备，配备聚氯乙烯泡沫绝缘围嘴。或者单穿连鞋一体化的下裤，如图10-13（b）所示。这两类服装，在我国冬季，经常为渔业或农业从业者，进行浅水捞鱼、冬季挖藕等作业时穿用。这类服装使用时，多为单独使用，且可以随时进行休闲或更换，因此，可以不考虑透气性的问题。该类服装的防水材料从便宜的PVC涂层胶布、橡胶，到贵的三层复合的防水透湿面料及发泡橡胶复合材料等均有。

如图10-13（c）所示上衣为抗浸漂浮夹克，采用涂层防水面料制备，内

有泡沫等浮力材料，可提供不低于 68.6 N（7 kgf）的浮力，配有风帽，接缝处均为密封结构。

(a) 不带鞋子的抗浸裤　　(b) 带鞋子的抗浸裤　　(c) 抗浸漂浮外套

图 10-13　分体式抗浸服

10.4　湿式抗浸服

湿式抗浸服又称 wet suit，目前，国内的湿式潜水服、水母衣等，都属于该类产品。图 10-14 为典型的连体湿式抗浸服，具有极好的弹性，完全贴合身体。如前所述，水可以浸入这种衣服的内部，所以，湿式抗浸服必须贴身穿着，这样，当衣服内部浸入少量的水，水在衣服和身体之间形成薄层，水因体温的缘故不再冰凉，形成一层温水层，由此发挥一定的保温效果。研究表明，即使水温 25 ℃，不穿湿式抗浸服的受试者，能在水中浸泡也很少超过 1 h。进行水上作业或活动时，水温在 27 ℃以上时可不穿湿式抗浸服，水温 20 ℃左右穿湿式抗浸服，水温在 10 ℃以下则需要穿干式抗浸服。

事实上，这种服装只是一种简易的潜水服，不是深海用的极其专业的潜

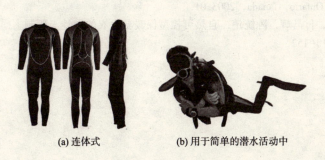

(a) 连体式　　　　　　(b) 用于简单的潜水活动中

图 10-14　湿式抗浸服

水服，称作水上运动服更合适。多用于水温相对较高、从事活动时间相对较短的场合，如从事跳水、冲浪、快艇、水上自行车及铁人三项全能等水上运动中穿着的衣裤。也适用于包括警察、新闻记者、水中施工人员等因工作关系需要在水中或水上进行活动时所穿着的抗浸保温服装。

这种湿式抗浸服的特点如下。

（1）具有极好的弹性，贴合人体，允许少量的水进入。

（2）多用于各类水温相对较高的水域水上活动，因此，不同于干式抗浸服，其结构设计十分流畅，符合运动学原理。

（3）当作为简易潜水服使用时，需要配套呼吸装备和脚部配套装备等。

（4）多采用发泡橡胶复合弹性面料制备而成，厚度可从 1.5 mm 到 10 mm以上，渗入的冷水被衣服隔绝，不会再渗透出去并迅速由体热传导变热。

近些年，由于潜水、帆船等运动的大众普及，湿式抗浸服越来越被广泛用于各类水上运动时的保温服，并避免身体受到海洋中动植物的伤害，慢慢已经发展成为了一个品种结构繁多的门类。2005 年，欧盟已经制定了潜水服的标准 EN 14225-1 *Diving Suits Part1*：*Wet Suits Requirements and Test Methods*，第一部分就是湿式潜水服，并于 2017 年进行了修改完善。

因此，随着科技不断进步和更新，以及大众对水上救生的认知和防护意识的提高，一方面，干式抗浸服也会走进大众日常生活中；另一方面，已经用于大众水上运动的湿式抗浸服品类也将日益多样化，受到市场、研究及设计人员的重视，逐渐形成独立的品类和体系，比如湿式潜水服。

参考文献

［1］Transport Canada, Marine Safety Directorate. Survival in cold waters: Staying alive［R］. Ottawa, Ontario, Canada, 2003, 01.
［2］朱建梁，付昌辉，陈统销. 自热可控型保暖救生衣的设计与研制［J］. 科技展望，2014（9）：152.

第 11 章　抗浸服用主要材料与部件

本章介绍抗浸用两种主要织物，包括防水透湿织物和发泡橡胶复合针织织物；以及起到闭合作用的水密拉链。

11.1　抗浸服用织物类别

抗浸服基本是由防水保温织物，通过水密拉链，形成的一个完整的防水、保温体系。

防水保温织物通常是一层完整的防水织物外层，再加上可以提供热绝缘或保温性能的内层。这两层可以单独分开，也可以复合起来作为一层使用。

（1）防水层和保温层分开。防水外层最早采用氯丁橡胶或氯丁橡胶涂层橡胶，橡胶防水性能非常好，同时也不能够透过任何汗水，导致未落水前工作用时不舒服；而且，早期的橡胶还不能够发泡，柔软度及舒适度均不太好。

20世纪70年代，PVC涂层布已成为较普遍的救生服衣料。这样的涂层织物面料防水效果好，可用于制作紧急场合穿戴的抗浸服。但因其不透湿，穿上这种面料制作的服装，人体表面产生的汗不能以蒸汽的形式排出体外，在服装的内表面冷凝成水而产生黏湿、发闷等不舒适的感觉，严重影响人体正常的生理功能，因此，该面料不能用以制作日常穿用的抗浸服。由于PVC涂层布太硬，而且不够环保，目前已被淘汰。

20世纪70年代，英国研制了细特（高支）高密的 Ventile® 棉防水织物。一种经过拒水整理的高密度纯棉织物，入水后棉纤维吸水膨胀使得纤维间孔隙变小，水不容易进入，且透气。我国20世纪80年代也研制出类似产品。但是，单层织物静水压不够，需要使用双层，成本高，且双层织物的透气也不足，也被淘汰。

同样在20世纪70年代，美国研制成功了 Gortex® 透气不透水四氟乙烯薄膜，开发了最早的 Gortex® 复合织物以及 Nomex® 复合 Gortex® 的阻燃复合织物。这种防水透湿膜压三层复合织物是最为理想的防水织物，其防水性能和透湿性能，可以根据需要进行设计和调节，非常适合制备在落水后可以得到及时救助、在日常甲板或平台上进行工作穿用的抗浸服。采用涂层覆膜织物制备的单独防水层抗浸服如图10-3（b）所示。

保暖层可以采用日常用的各类保暖织物，包括空气层针织保暖织物、发泡橡胶或泡沫保暖材料、起绒类保暖织物。可以根据需要的保暖性能进行选择。如图11-1所示的各种保暖织物。图11-1（a）为双面摇粒绒制备的保暖内层，织物CLO可达0.84 CLO；图11-1（b）为涤纶絮片制备的保暖内层，絮片CLO可达2 CLO以上。因为单独的保暖层和常规保暖织物的区别并不大，因此，本章不单独介绍该类织物。

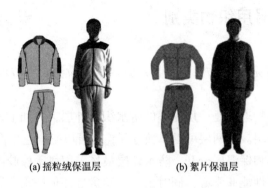

(a) 摇粒绒保温层　　　　　　(b) 絮片保温层

图11-1　两套不同的保暖内层

防水层和保温层分开的结构更加实用，便于维护和保养，且可以选择不同的保温层适应不同的环境需求。

（2）防水层和保温层结合在一起。该类织物也包括两种。

一是防水透湿织物直接复合单面摇粒绒之类的保暖内层，如图11-2所示。外层为防水织物，中间为防水或防水透湿薄膜，内层为保暖的、可复合的单面绒类织物。这种织物可能存在的一个问题是，织物接缝处的密封，不如单独的

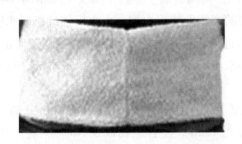

图11-2　复合保暖层的防水织物

防水织物容易，接缝处的静水压会是一个问题。此外，防水层和保暖层复合在一起，就需要根据不同的场合制备不同静水压、不同保暖性的复合织物，单一服装的适用范围就会比较狭窄；而且，复合了绒类保暖织物的材料和水密拉链的结合也不容易。因此，该类织物比较适合制备落水风险较小、落水后可以得到及时救援的、日常穿用的抗浸漂浮衣，对拉链的防水要求也不高。

　　第二种是弹性面料复合一定厚度的发泡橡胶构成的发泡橡胶复合织物。橡胶制备工艺技术也有了长足发展，日益成熟的有机发泡橡胶技术改善了橡胶厚重、硬挺的问题，可以制备具有闭孔泡沫结构、更轻且柔软的橡胶片材，在其两面复合弹性、耐磨的针织面料，制备弹性、轻质的发泡橡胶复合织物，完全防水，但是不透气。这是目前广泛应用于各类湿式、干式抗浸服的另外一大类材料，根据厚度的不同，具有不同的保温性。常用的厚度多为 2 ~ 10 mm，具体见 11.3 介绍。

11.2　抗浸用防水织物

　　防水织物由最早的氯丁橡胶涂层防水胶布，发展到高支高密全棉织物，再到 PVC 胶类涂层织物，到目前的聚氨酯（TPU）、聚四氟乙烯（TPFE）覆膜的防水透湿织物，技术在不断推进中。

11.2.1　性能要求

　　抗浸服以防水透湿面料为抵抗水入浸的主要材料时，防水透湿面料和水密拉链、密封胶条等一起构成连体式的密闭系统，全面抵御液态水通过各种途径进入导致的人体热量的大量快速散失。可以通过涂层或覆膜实现防水织物。根据 ISO 15027—2012 规定，抗浸服用涂层织物，除了必需的各项色牢度、颜色、拉伸强力、耐高低温及盐雾等要求外，涂层织物还需要考核如下指标，见表 11-1。

表 11–1　抗浸服用涂层织物指标要求

指标		要求	测试方法
黏合强力	初始	≥ 50 N/50 mm	ISO 2411：1991 5.2.2.1，速度 100 mm/min
	（70 ± 1）℃淡水中浸泡（336 ± 0.5）h 后	≥ 40 N/50 mm	

指标	要求	测试方法
撕裂强力	≥ 25 N	ISO 4674 方法 A1
挠曲	9000 次无破坏	ISO 7854 方法 A
断裂强力,室温或淡水平衡(24±0.5)h	≥ 200 N/50 mm	ISO 1421
断裂伸长率,室温或淡水平衡(24±0.5)h	≤ 60%	

可见,该标准规定了织物在初始和淡水浸泡后的黏合强力,涉及接缝处的剥离及渗漏情况;还有室温及淡水浸泡平衡后的断裂强力及伸长率、撕裂强力等指标。对织物静水压及透气性并没有提出具体要求。一方面织物静水压可以通过服装的浸入 CLO 来整体考核;另一方面透气性在该服装中是优化指标,而不是必须指标。但是,在研发和生产过程中,还是需要考虑这两个指标,以便于进行服装整体进水测试时能够达到要求。

但是,对于防水透湿织物,并不是简单地要求防水性能越好、透湿量越大,则越好。

着抗浸服的人员在水中呈直立工作状态或漂浮待救状态,以极限条件考虑,抗浸服所用面料必须能抵抗相当于一个人身高的静水压,才能保证在水压长时间作用下,保持穿用人员的体温;从舒适性角度考虑,在岸边或甲板工作时,面料应该能及时排出人体产生的汗液或汗气,才能保证人体不会有闷湿感,在低温骤然来临时,可防止汗液冷凝导致人体冻僵。因此,一定的静水压和透湿量是防水透湿面料的最重要性能。

使用场合不同的抗浸服,需要的防水透湿织物是完全不同的。对于日常工作穿用的分体式或半密闭式抗浸服,由于着穿该类服装的人员多在工作场合,附近一般有完善的救援措施,采用的防水透湿面料,则要求防水性能和透湿性能尽可能高,满足日常穿着的透湿需求以及落水后短时间内的抗浸要求,减缓冷水渗透进入服装接触人体的速度。对于远洋海域、紧急条件下使用的全密闭式抗浸服,则要求防水性能尽可能好,有一定的透湿量,但是不能够在一定水压下进入过多的水。

如表 11-2 所示的几种防水透湿织物,这几种抗浸服面料均存在透湿量高而静水压低的普遍问题,10 kPa 的静水压相当于 1 m 深的水压。通过试验表明,这几种抗浸服面料在水中穿用不到 30 min 后,都出现了脚部发冷、部分有进水现象;且由于透湿量大,其他部位面料内侧也有潮湿感。因此,这些面料只能够用于日常穿用型抗浸服,这些防水透湿织物的透湿量,对于紧

246

急、长时间待救场合穿戴的抗浸服而言，都偏大，会导致服装进水。

表 11-2 几种抗浸服面料的静水压和透湿量

	防水透湿织物 1	抗浸服面料 1	防水透湿织物 2	防水透湿织物 3	测试方法
透湿量 / (g·m^{-2}·d^{-1})	5600	3600	6050	4940	GB/T 12704—2009
静水压 / kPa	10	23.5	10.4	7.3	FZ/T 01004—2008

考虑到漂浮于水面上的抗浸服用极限条件，抗浸服所用面料必须能抵抗相当于一个人身高的静水压，以身高 1.75 m 计，对应需要静水压大于 20 kPa 的面料；同时根据抗浸服在水中漂浮 1 h，进水量不大于 200 g 的国家标准规定，考虑面料拒水功能丧失、完全只有功能膜层来抵抗水压的极限情况，抗浸服用面料以 4.2 m^2 计算，其透湿量应该小于 1200 g / (m^2·d)，且有一个让人体感觉舒适不闷的下限值。

11.2.2 结构

抗浸服用的防水透湿面料为复合结构，如图 11-3 所示。可以分为两种，一种如图 11-3 (a) 所示，通过涂敷一层防水胶实现防水透湿，也可以进一步复合底布，形成类似图 11-3 (b) 所示的复合结构；一种如图 11-3 (b) 所示，由面布、薄膜和底布构成，层层之间也需要通过胶粘或热塑复合实现。下面主要介绍第二种复合结构。

外层织物通过水密性胶料和功能性薄膜复合，然后再贴合针织内层织物构成。在此结构中，外层织物主要承担防水性能以及各类力学物理性能如耐磨、抗撕裂强力、延伸性以及色牢度等方面的性能，而外层织物的防水性能、强力及延伸性能主要由基布原料、组织和密度、后整理的控制来实现。功能性薄膜是防水或防水透湿功能实现的关键，该薄膜和水密性胶料一起，必须有效阻止通过面布的液态水并传导出从里布传导过来的湿气。内层织物则主要用以保护功能性薄膜在使用过程中的破坏，并方便穿脱，其弹性、强力、与面布和薄膜的黏合性能和质量是主要性能。

因此，图 11-3 (b) 所示的防水透湿织物，其功能性薄膜通过水密性胶料与外层织物和内层织物紧密结合，来承担面料的防水透湿性能，主要通过两方面来实现：一是堵塞织物表面的缝隙孔洞，形成水密层，使织物通过密闭系统连接后不进水；二是功能性薄膜必须同时具有抵抗液态水和透过气态水

247

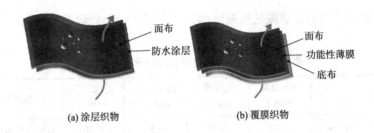

面布
防水涂层

面布
功能性薄膜
底布

(a) 涂层织物   (b) 覆膜织物

图 11-3　抗浸用防水透湿面料示意图

的功能。显然，前者决定于水密性胶料和功能性膜料与织物的黏结程度，即胶料和膜料的黏结性能；后者决定于功能性膜料的微孔结构和防水透湿原理。

11.2.3　复合用织物

图 11-3（b）中，外层织物（即面布）的主要功能是骨架支撑及保护功能膜层。抗浸服在穿着使用过程中，外层面料要经受相互摩擦或外界物体的磨蹭作用，有时甚至有可能受到坚硬或锋利的外界物体的刮蹭威胁，因此，选择的面料要有良好的力学性能，而且还应具备耐霉变性、耐腐蚀性、耐气候性等性能。

（1）外层织物用纤维。目前，常用的纺织纤维中，天然纤维强度、耐磨性及耐霉菌、耐虫蛀性等性能都比较差，不适于作为外层织物；合成纤维中，普通的高强纤维主要有锦纶和涤纶两大类，尤其是高强锦纶 6，以其优异的耐磨和高模量（1.1 GPa）性能广泛用作工业丝，也被广泛用作抗浸、救生衣的耐磨防护层；同样强度的高强涤纶也可以作为外层织物用纤维。具体性能见表 11-3，可见，除了锦纶，涤纶也基本具备较好的耐化学、耐霉菌及一定的耐磨性能。

表 11-3　高强涤纶和锦纶的相关性能特点

纤维	模量 / GPa	玻璃化温度 / ℃	软化点 / ℃	熔点 / ℃	耐磨性	耐霉菌、虫蛀	耐化学药品腐蚀	耐酸性	耐碱性
涤纶	1.3	80	238	255	优	优	优	强	弱
锦纶 6	1.1	70	160～180	220	极优	优	优	弱	优

除了锦纶、涤纶织物外，阻燃芳纶等也被用于阻燃防水面料外层。

（2）外层织物组织。抗浸服面料要求尺寸稳定性好，在长期反复的使用过程中不易发生变形和伸长，以免由于变形而使复合面料的层与层之间发生分离；同时，织物表面应该具有极好的平整度，保证和其他层具有良好的黏合性能。因此，外层面料的组织应该选用平整度高、交织点多而紧密的结构，如平纹组织或斜纹组织。由于平纹组织的交织点多于斜纹组织且平整度高，机械嵌和作用优于斜纹组织，且平纹组织结构经纬向差异小于斜纹组织，因此，以平纹组织获得的层压剥离强力更好些。

需要对外层织物进行拒水、防污等涂层整理。

（3）内层织物。内层织物主要对高聚物功能层进行防护，并改善穿着舒适性，防止穿用过程中对功能膜层的损伤。从穿着舒适性及材料的重量考虑，最好采用经编针织物。

不同规格的内层织物对密封条的粘接效果和密封性能影响不同：纱线越粗，密封条的粘接效果和密封性能越差，但纱线太细的内层织物在层压复合时胶点容易穿透针织布不利于层压复合加工。

表11-4是在层压复合设备上进行层压复合后测试的结果。虽然30旦的涤纶经编针织布具有轻薄、柔软的优势，但在复合时，胶点容易穿透轻薄的针织布导致胶和设备等外界物质有粘连，使得层压复合加工困难。70旦的涤纶经编针织布由于纱线粗、表面不平整度高，熔融密封条不能较好地填满薄膜与里布之间的空隙，引起封条处的防水性降低。而50旦涤纶经编针织布，既能满足层压复合加工性的要求，又满足了后续接缝缝合处的热熔胶条密封处防水度的要求。

249

表11-4 不同内层衬里经编针织布的性能

	层压复合加工性	封条处的防水性（kPa）
3.33 tex（30旦）涤纶经编布	差	31
5.56 tex（50旦）涤纶经编布	良好	31
7.78 tex（70旦）涤纶经编布	良好	15

11.2.4 功能膜层

可以根据实际需求，选择不同透湿量和防水性能的薄膜。对于干式抗浸服，以及长时间待救的抗浸服，如11.2.1所述，透湿量不能够太大。

防水透湿功能膜按照透湿机理可以分为两大类：即建立在微孔透湿机理上

的防水透湿功能膜（又称微孔膜）和建立在亲水基团透湿机理上的防水透湿功能膜（又称无孔膜）。其中，第一种膜，主要以 PTFE 薄膜为代表；第二种主要是以 TPU 和 PTFE 膜为代表，其中又以 TPU 使用更为广泛、技术更加成熟。

下面介绍几种服装常用的防水透湿膜。

（1）PTFE 微孔膜。PTFE 微孔薄膜表面形态是具有蜘蛛网状的微孔结构。微纤维之间形成孔隙，微纤维排列方向与拉伸方向基本平行；纤维束的连接处即为结点，它是由许多微纤维纠缠相连形成。PTFE 膜属于非对称性膜，膜的正反面微孔尺寸有差异。膜的截面微孔尺寸比其表面的微孔尺寸大，纵横向微孔尺寸也有差别，纵向微孔大于横向。膜的截面是一种网络结构，在孔的三维结构上有网状连通、孔镶套、孔道弯曲等非常复杂的变化，可能由多个微孔组成一个通道，也有可能一个微孔与多个通道相连。

该膜表面每平方厘米能达到十多亿个微孔，每个微孔直径（0.1 ~ 0.5 μm）只有水分子直径（20 ~ 100 μm）的几百分之一，比水蒸气分子（0.0003 ~ 0.0004 μm）大上万倍，使水蒸气能通过，而水滴不能通过，利用这种微孔结构可达到优秀的防水透湿功能；另外，因为该孔极度细小和纵向不规则的弯曲排列，使风不能透过，从而又具有防风性和保暖性等特点。

目前，聚四氟乙烯微孔薄膜的生产工艺有压延膜法、车削膜法和拉伸膜法。拉伸膜法可以分为单向拉伸和双向拉伸，通过结构分析及实际测定，只有双向拉伸膜才具有良好的微孔结构。

该膜属于微孔透湿机理，是利用水蒸气分子和水滴体积的巨大差别来实现防水性与透湿性这两个相互矛盾性能的统一的。微孔膜层压织物及微孔涂层织物的透湿属于微孔透湿机理。微孔涂层或层压织物的防水，是建立在膜层的疏水性、膜层上的微孔尺寸与水滴尺寸巨大差异的基础之上的。抗浸服的外表面完全为液态水所包围，使得微孔涂层或层压织物存在明显局限性。微孔涂层或层压织物外表面被液态水完全包围时，由于静水压的作用，经过一定的时间，水分子就会经由膜层上的微孔从微孔涂层或层压织物的外侧渗入，因而达不到良好的防水效果。另外，当去污剂沾污油脂或脏物而沉积在微孔中时，将阻碍水蒸气的透过能力。由表 11-5 可知，微孔膜的透湿率较高，在实际使用过程中，需要特别注意，防止在长时间静水压作用下发生渗水。此外，TPFE 膜比较贵，也限制了其应用。

（2）TPEE 亲水无孔膜。热塑性聚酯（TPEE）是含有聚酯硬段和聚醚软段的嵌段共聚物。其中聚醚软段和未结晶的聚酯形成无定形相，而聚酯硬段部分结晶形成结晶微区，起物理交联点的作用。防水透气型 TPEE 材料常用的硬度范围在 30 ~ 70D（邵氏硬度），熔点 150 ~ 250 ℃，中等分子量，要求其具有一定量的亲水基团，比例范围在 20% ~ 90%，具有一定的耐水解和耐溶剂性能，同时要有较好的柔韧性和延展性等。

防水透气材料中，TPEE 材料具有明显的优势，加工方式易控制产品的性能均匀性和外观，也有利于产品的轻薄化可达到 5 μm 左右。网状结构的存在，让延展和回复能力方面保证了产品不会变形或者在使用过程中不容易被破坏；最重要的是其透湿透气能力，ISO 11092 的湿阻测试结果显示可达 0.1 m^2·Pa/W，其通过渗吸方式可大量地透过二氧化碳、氧气、溶剂、药物气氛等与其结构分子亲和的气体分子；其无孔的特性保证了阻隔性能的优异；聚酯聚醚结构赋予了 TPEE 很好的耐高低温性能，低温柔顺，抗冲击性好；耐用方面也很优秀，与 PTFE 相比，其抗水解、耐候性、耐磨性在同一级别相比时，均有明显的优势；具有很好的环境友好性能，可回收也可降解，同时也有助于在各种应用中获得很好的碳足迹。

TPEE 薄膜属于无孔防水透气膜，主要是利用高分子材料聚醚链段中亲水基团对气体分子的亲和能力来实现，称作"吸附—扩散—解吸"原理。在一定温度和湿度梯度下，水汽等气体分子与亲水基团以氢键和其他分子间力作用，于湿度高的一侧吸附水分子，通过高分子链上的亲水基团传递到湿度低的一侧解吸，其防水的原理则在于材料自身的连续性和较大的膜张力强度，因此，该种原理的材料具有自动调整透气能力的功能，其透气的均匀性取决于厚度。

（3）TPU 亲水无孔膜和微孔膜。TPU 材料是由软段（二元醇）结构和硬段（二异氰酸酯与小分子二元醇）结构交替构成的嵌段聚合物。

防水透湿型 PU 膜分为无孔薄膜和微孔薄膜两种，制备方法有 3 种：流延成膜、压延成膜和吹塑成膜。其中流延和压延法均可用来做无孔薄膜和微孔薄膜，而吹塑成膜法只能用来做无孔膜。两种薄膜的性能对比见表 11-5。

表 11-5　微孔膜技术和亲水无孔膜技术的性能对比

性能	无孔薄膜	微孔薄膜
防风性	好	稍差
透过气体的选择性	有选择性	无选择性
气味隔离性	优良	差
耐水压	高	有一定限制

251

性能	无孔薄膜	微孔薄膜
防止液体通过	能	能防止一些
遇水膨润现象	明显	低
隔离微生物	绝对隔离	经特殊处理可隔离
表面活性剂的敏感性	不敏感	敏感，可能漏水
灰尘的影响	无	细微尘埃可能堵塞微孔
透湿率	由低到高，与薄膜厚度有关	高，与薄膜厚度有些关系
撕裂强度	高	低
手感	薄膜厚时会影响	柔软
价格	由低到高	由中到高

TPU 亲水性薄膜在分子结构上由单一组分的共聚物构成，其硬段和软段沿着大分子链交替排列。由于软段中存在亲水性基团，位于内界的水蒸气可通过吸附并利用湿度差从软段中扩散到外界。同时，由于硬段疏水能有效阻止外界水滴渗入、透过薄膜，起到防水作用。水蒸气分子在 TPU 薄膜中的渗透过程包括"吸附—扩散—解吸"。由于 TPU 薄膜中亲水性分子的存在，水蒸气分子吸附于高湿度侧膜表面，亲水性基团与水蒸气分子之间的氢键缔合使得水蒸气分子向湿度低的方向发生扩散，从而使水蒸气分子到达低湿度一侧，然后解吸到外界环境，从而完成扩散作用的整个过程。由于湿度梯度的增加，解吸过程加强，从而增加膜的渗透性。当温度升高时，分子运动加剧，软链段中极性基团活动频繁，加强了极性基团与水蒸气分子之间的氢键作用，有利于水蒸气分子的渗透。亲水性薄膜对温度和湿度很敏感，其透湿性能取决于薄膜的厚度及其他化学结构和交联程度。

（4）功能膜层的选用实例。可以采用亲水性无孔涂层或薄膜，比如，聚氨酯防水涂层织物及 TPU 薄膜层压复合织物。如前所述，它是利用聚氨酯大分子上的亲水基团对水分的化学吸附作用来导湿，其作用主要是阻止水的浸入，又能排除人体代谢的汗液。其导湿方向受温度和湿度的影响，如果服装内侧温度或湿度高于外面，传递水分子的方向将是由里向外，即可以将湿气导出。当工作人员穿用工作服在甲板上工作时，体表汗液导致体表湿度高于服装外侧湿度，此时，汗液通过亲水薄膜导出；当工作人员长时间漂浮于水面时，服装外侧湿度显然大于体表湿度，但体表温度此时高于服装外侧，此时，体表水蒸气也具有通过薄膜向外侧转移的趋势。同时，由于 TPU 薄膜上无微孔，液态水及空气不能通过薄膜层，因而具有较高的耐水压性和很好的防风性，能有效地降低抗浸服表面的对流和蒸发散热。

两种不同牌号的亲水性 TPU 薄膜，在同样工艺条件下，其复合面料性能见表 11-6。由于在层压复合过程中，聚氨酯薄膜会经受温度、拉伸等作用而引起薄膜损伤，不同类型的薄膜对温度、拉伸的耐受力不相同。一般来说，透湿性越大的薄膜，对温度的耐受力越小。同时，透湿量和静水压存在问题，透湿量大的织物，在一定水压长期作用下，液态水会慢慢渗入织物内部，导致其静水压低。薄膜 A-9045 虽然具有较高的透湿度，但是其复合织物的静水压较低。

表 11-6　相同工艺不同 TPU 薄膜及其复合面料性能

牌号	类型	相对密度	防水度 /mm	透湿度 /(g·m^{-2}·d^{-1})	复合面料静水压 / kPa
1125E	聚醚型	1.23	≥ 10000	≥ 6000	32
A-9045	聚醚型	1.21	≥ 10000	≥ 10000	18

11.2.5　层压复合工艺

根据使用要求及粘接方式的不同，层压复合工艺可以大致分为：胶黏剂涂布层压复合、浆料胶点复合、热熔胶点层压复合、热熔膜层压复合、火焰层压复合等。

胶黏剂涂布层压复合工艺是在纺织品上整体涂胶黏剂，因此，粘接牢度较强，但是层压织物手感相对硬挺，适合于制作对粘接牢度要求较高的气密类层压复合材料。浆料胶点复合与热熔胶点复合均属于点状上胶，上胶方式有凹版辊转移和圆网印花等方式，所制得的层压复合材料手感柔软，透气性好。热熔膜层压复合工艺是利用热塑性的胶黏薄膜经过热压熔融来取得粘接效果的，主要特点是生产过程环保无毒。火焰层压复合是利用火焰熔融聚氨酯泡沫等材料的表面来取得粘接效果的，主要用来生产汽车用纺织品和装饰类纺织复合材料。

根据抗浸服复合材料对透湿性和柔软手感的要求，可采用胶点层压复合工艺。采用的胶点层压复合工艺为：先将涤纶（或锦纶等）外层织物外层进行拒污防水处理，并加以烘干和培烘处理；然后在外层织物内侧分别涂胶两遍，一遍胶起到微孔阻水效果，一遍胶起到网状弹性效果；将涂胶面继续和功能膜层进行层压贴合；贴合后，在膜表面涂上具有良好弹性的网状胶；最后将胶面和针织内层织物进行层压贴合，得到成品。

其中，涂胶两次中，第一次的微孔阻水层大大增加了面料的静水压，第二次的网状弹性膜层将功能膜层和外层织物及内层里料较好黏合，且不影响功能膜层的各项性能。同时，由于亲水性 TPU 薄膜，通过化学作用和体表散发汗液结合，并将水蒸气传递至外层织物，通过其尺寸介于液态水和气态水之间的微孔将水蒸气传递到环境中。表 11-7 为一种抗浸服用防水面料的各项性能指标。具有 32 kPa 的静水压和 700 g/（$m^2 \cdot d$）的透湿量，其外层织物和功能膜层具有较好的剥离强力；同时，为了面料手感以及功能要求不一样，内层里料和功能膜层的剥离强力不高；也具有较高的经纬强力和撕裂强力。

表 11-7　一种干式抗浸服用防水透湿面料各项性能指标

项目		数值	测试方法
静水压 /kPa		32	FZ/T 01004—2008
透湿量 /（$g \cdot m^{-2} \cdot d^{-1}$）		700	GB/T 12704—2009
断裂强度 /（$N \cdot 5\,cm^{-1}$）	经向	800	GB/T 3923.1—2013
	纬向	650	
撕裂强度 /N	经向	30	GB/T 3917.3—2009
	纬向	30	
剥离强度（膜与里布之间）/（$N \cdot 5\,cm^{-1}$）	经向	7	GB/T 3923.1—2013
	纬向	9	
剥离强度（膜与面布之间）/（$N \cdot 5\,cm^{-1}$）	经向	15	GB/T 3923.1—2013
	纬向	15	

11.3　闭孔发泡橡胶复合织物

11.3.1　结构及性能

1960 年，日本采用闭孔氯丁橡胶海绵薄片制成了 7 套潜水服（湿式抗浸服）；随后，1964 年，锦纶基布贴合单层海绵薄片织物出现了；1965 年，用锦纶织物双面贴合海绵薄片的织物制备的湿式潜水服诞生了。这种织物，就是目前抗浸服使用的闭孔发泡橡胶复合织物的雏形，广泛用于各类湿式抗浸服及干式抗浸服，尤其是前者。

当穿着湿式抗浸服时，身体表层和衣服中间处还是会进水，当冷水进入身体时，体温会慢慢地将冷水加热到与体温相等的温水，将身体和外层的冷水隔绝，而服装使用的发泡橡胶层也起到了隔热保温的效果。保温的效果因材料的厚薄而有所不同，越薄保暖效果越差，越厚保暖效果越好，但是太厚的衣服将会阻碍行动的灵活性并增加浮力。

当用于干式抗浸服时，需要结合水密拉链，制备成连体密闭结构，如图10-3（c）和（d）所示，结构可以更加宽松些。发泡橡胶复合针织物起到完整的防水层和保温层的作用。

同防水织物一样，该复合织物需要多层复合，如图 11-4 所示。分为发泡橡胶双面贴合针织弹性织物，如图 11-4（a）所示；也有发泡橡胶单面贴合针织弹性织物，如图 11-4（b）所示。前者的使用日益广泛，后者在使用过程中，发泡橡胶直接贴合人体，因其滑动性差，导致脱穿困难且不太舒服。因此，将发泡橡胶面直接用作潜水服内里时，需要对表面实施涂层处理。

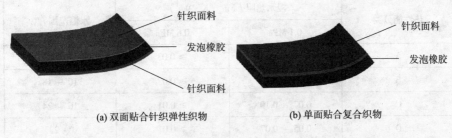

（a）双面贴合针织弹性织物　　　　（b）单面贴合复合织物

图 11-4　抗浸用闭孔发泡橡胶复合织物

理论上而言，具有弹性的针织面料都可以作为表层和里层的复合用织物。目前，常用有锦纶长丝弹力针织物、涤纶长丝弹力针织物等。也可以用兼具强力和弹性的双组分聚酯弹性丝织物。

中间层为闭孔发泡橡胶片材，常用的有氯丁橡胶（CR）、丁苯橡胶（SBR）、氯丁橡胶与苯乙烯—丁二烯橡胶（即丁苯橡胶 SBR）的混合胶（SCR）。其中，高端产品以 CR 使用最多，其手感柔软，闭孔发泡成型好，保暖，弹性高；SBR 的性能接近天然橡胶，价格较低；SCR 是由 CR 与 SBR 按照一定比例混合而成的胶，柔韧性良好，CR 占比不同，则弹性和柔韧性有所差异。

常用复合面料的厚度在 0.5 ~ 10 mm。其中，在热带或亚热带潜水，较常用的为 1 ~ 3 mm。在较凉的水温需要较厚的 5 mm 或以上的湿衣。

对于该类材料，在 ISO 15027 Immersion Suit 中并没有给出特别详细的要求。通常，抗浸服会对整件服装考虑进水量、浸入 CLO、耐高低温、耐油等测试，这同时也对使用的材料进行了考核。在 EN 14225 Diving Suit Part 1：Wet Suit 中进行了较为详细的性能要求，尤其是对其浸入水中的热性能、水中耐压缩变形性能等进行了规定。和之前的标准相比，更加贴合实际使用情况，评价指标也日益科学化。此外，和救生衣用泡沫浮力材料类似，也应该具有耐高低温度、耐海水暴露、水中耐压缩等性能。具体如下。

（1）隔热性能。在浸入水中后的隔热性能是该类材料最重要的性能。采用浸入 CLO 来评价材料在水中的隔热性能，这非常适合湿式抗浸服用材料，因为该类服装穿着过程中是部分进水的。EN 14225 的规定如下。而 ISO 15027 是对整件服装进行浸入 CLO 的测试，适用于各类抗浸服。材料热性能分类见表 11-8。

表 11-8　材料热性能分类（基于 0.1 MPa 和 0.6 MPa 表面压力下的浸水热阻）

热性能分类	浸水热阻 / ($m^2 \cdot K \cdot W^{-1}$)		水温范围 / ℃
	0.1 MPa	0.6 MPa	
A	≥ 0.15	≥ 0.03	7 ~ 12
B	0.10 ~ 0.15	≥ 0.02	10 ~ 18
C	0.07 ~ 0.10	≥ 0.01	16 ~ 24
D	0.05 ~ 0.07	≥ 0.01	> 22

（2）水中耐压缩变形性能。放入（20±2）℃水中，在 3 min 压强增至 –0.6 MPa，维持 10 min，然后 5 min 内释放压强，反复多次后，材料厚度变化不大于 5%。也可以采用反复循环压缩试验进行测试。

（3）拉伸性能。经受（150±5）N 的拉力保持 10 s 不断裂，不可回复的伸长率不大于原始长度的 5%。

（4）耐高低温度实验。在 65 ~ 70 ℃ 和 –20 ~ –30 ℃ 的高、低温时分别放置一段时间，并循环多次后，判断材料表面是否有龟裂、扭曲等。不同标准规定不同，比如，ISO 15027 规定的高、低温度分别为 65 ℃ 和 –30 ℃，放置时间为 8 h；而 EN 14225 针对该类材料的规定是（70±3）℃ 与

16 h ± 30 min 和（–20 ± 3）℃与 3 h ± 5 min。

（5）耐海水暴露试验。在水温为 15 ~ 25 ℃的人造海水中放置 8 h ± 15 min 后，无明显损坏迹象。

不同具体用途的产品，需要根据实际情况制订具体指标。

11.3.2　闭孔发泡氯丁橡胶

11.3.2.1　组成及结构

抗浸服最早规模化使用的材料就是氯丁橡胶，之后发展为复合织物的发泡氯丁橡胶。

氯丁橡胶（CR）是由 2- 氯 –1，3- 丁二烯为主要原料，通过均聚或少量其他单体共聚经由乳液聚合制成的聚合物，分子量一般为 10 万 ~ 20 万，密度为 1.15 ~ 1.25 g/m³，玻璃化温度为 –45 ℃，有极性，具有规整的分子排布和可逆的结晶性。

这种橡胶分子中含有氯原子，与其他通用橡胶相比，具有优良的抗氧、抗臭氧性，不易燃，着火后能自熄，耐油、耐溶剂、耐酸碱以及耐老化、气密性好等优点；其力学性能也比天然橡胶好，故可用作通用橡胶，也可用作特种橡胶。主要缺点是耐寒性较差、比重较大、相对成本高，电绝缘性不好，加工时易粘滚、易焦烧及易粘模。

抗浸服用的氯丁橡胶为采用有机发泡剂实现的闭孔泡沫，内部含有独立、互不连通的微孔，一方面具有极好的防水效果，一方面空气滞留在微孔中起保温隔热作用。

根据工艺不同，泡孔结构也有不同。一种由普通的发泡氯丁橡胶压缩制成，如将 7 mm 的压成 4 mm，不但厚度变小，密度变大，而且重量也会变轻，其泡沫结构为大而均匀的圆形，如图 11-5（a）和（b）所示，在各种条件下反复使用 3 ~ 5 年后，会发生破裂，而影响其防水性能。其中，（a）的泡沫结构较为不均匀，这种多用于要求不高的湿式抗浸服。一种直接由高质量的橡胶经高温高压制成，泡沫结构致密且小，如图 11-5(c)所示。弹性和防水性能更佳，且寿命也更长。

除了闭孔泡沫结构要求外，发泡氯丁橡胶还应该具有较高的伸长率、拉伸强度以及撕裂强度，且不吸水。另外，还要考虑潜水

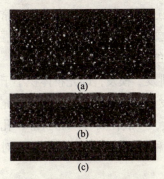
(a)
(b)
(c)
图 11-5　发泡氯丁橡胶泡孔结构

257

时承受水压时的弹性模量、美观、手感和阻燃性等因素。一般选用氯丁橡胶（CR），从发泡性、可塑性和强度方面考虑，最好选用非污染性的硫黄改性氯丁橡胶（CR）。

为了减轻穿着对活动能力的限制，部分湿式抗浸服不同的部位对材料厚度要求也不尽相同，如四肢部位采用比躯干部位薄得多的材料，仅在较为重要的部位采用厚的材料，这样可以最大限度地保持穿用者进行自由运动的能力。由于单纯的泡沫氯丁橡胶外表容易被刺穿或撕裂，因此，大部分都至少在氯丁橡胶外部粘贴针织面料。有些还会在衬里和氯丁橡胶之间加入一层薄的钛金属，这样可以将散发的热量反射回穿用者的皮肤，保持身体温暖。

11.3.2.2　制备工艺

发泡氯丁橡胶制品的配方中，除了一般橡胶制品需用到的配合剂，还需要有发泡剂及发泡助剂，同时还需添加大量的增塑剂。发泡剂有无机和有机发泡剂两类，其中，无机发泡剂制得的泡沫片材一般均为开孔泡沫，因孔眼较大、分解温度不稳定，目前已较少使用。有机发泡剂制成的泡沫片材一般均为闭孔泡沫，孔眼细小且均匀、放气量也大，以释放氮气为主；分解温度较高且稳定，不会在炼胶时分解。氮气是一种不活泼气体，且最不容易从橡胶中散逸出来。

常用的有机发泡剂主要有下列几种。

①发泡剂 A：化学名称偶氮二甲酰胺，在橡胶中分解温度 160～200 ℃，放气量为 240 mL/g，分解产生氮气，一氧化碳和少量的二氧化碳。

②发泡剂 OBSH：化学名称二苯磺酰肼醚，在橡胶中的分解温度为120～140 ℃，分解产生氮气和水蒸气，放气量为 125 mL/g。

③发泡剂 DPT：化学名称二亚硝基五亚甲基四胺，在橡胶中的分解温度为 130～190 ℃，分解产生氮气，放气量为 250 mL/g。

为了获得更好的发泡效果，氯丁橡胶在发泡过程也会添加发泡助剂。常用的发泡助剂有水杨酸、尿素等。发泡助剂在橡胶中能降低发泡剂分解温度，加速发泡剂的分解，因而能使发泡硫化出来的海绵更均匀一致。

闭孔发泡橡胶制品的成型硫化可分为模发和跳发。模发，即先将体积小于模腔的混炼胶放在模具内，让胶料在模具内充分发泡，充满模具，一次硫化充足。此种方法制得的发泡橡胶制品，其视密度较大，一般在 0.4～0.8 g/cm³，孔眼一般在 0.5～1.5 mm，此种方法适宜于制造各种发泡片材，包括形状相对复杂的制品。

跳发，也可称作膨胀法，或二次硫化法。其特点是混炼胶基本充满模具，硫化到一定程度（在正硫化点前）即开模，发泡制品很快就跳出模具，待冷却后，再次放入在第二个模具内硫化一定时间，以稳定其质量和尺寸。用此种方法制得的发泡橡胶制品，其视密度较小，可达 0.15 ~ 0.4 g/cm³，孔眼更细小在 0.3 ~ 0.8 mm。此种方法最适宜制造平板类海绵制品，不适宜制造形状复杂的海绵制品。

在橡胶发泡工艺中，硫化和发泡速率的匹配是研究橡胶发泡材料的基础，二者速率是否能够匹配良好是发泡技术的关键。混炼胶能够成功地发泡，最重要的是，硫化过程与发泡剂分解过程应基本同步。

抗浸用闭孔发泡氯丁橡胶复合织物，可以采用二次硫化工艺制备，流程如下：

检验原材料→制备母料→批料检验→配合→混炼→挤出成型→一段硫化→二段硫化→检查→切片→复合基布→产品出厂

介绍制造 300 mm × 300 mm × 10 mm 氯丁橡胶发泡片材的方法。氯丁橡胶发泡片材的配方（质量份），见表 11–9。

表 11–9　氯丁橡胶海绵胶板的配方

氯丁橡胶	100	高耐磨炉法炭黑	30
氧化锌	5	变压器油	15
氧化镁	4	邻苯二甲酸二丁酯	10
硬脂酸	4	碳酸钙	30
防老剂	2	发泡剂 BN	5
合计	205		

259

先用一个模腔尺寸为 230 mm × 230 mm × 7 mm 的胶板模具来进行第一次硫化，硫化温度为 140 ℃，硫化时间为 15 min，海绵胶板在第一次硫化后，冷却停放 4 h 以上。再用一个模腔尺寸为 315 mm × 315 mm × 10 mm 的胶板模具，硫化第二次，其硫化温度为 140 ℃，硫化时间为 12 min。这样即可制得视密度为 0.3 g/cm³，孔眼为 0.5 mm 左右的均匀细孔的氯丁橡胶海绵胶板。

在硫化时与金属表面接触的发泡片材（俗称海绵）叫作表皮面。为了使微孔不表露，与切开的海绵面相比，此面的硬度较高，表观密度较大，弹性模量、拉伸强度以及伸长率也比较高。制品的形状要与用途和要求相适应，有单面切片（粘贴基布）/ 单面表皮面，双面切片（双面粘贴基布）/ 双面表皮面等几种类型。还有，在二段硫化时为提高强度采用不锈钢丝或者树脂网做成网状的类型。也有用添加陶瓷硅粉的方法，依靠人的体温产生远红外线来提高保温性能。

11.3.3 闭孔发泡丁苯橡胶

用于抗浸服的发泡丁苯橡胶（SBR）的性能相同和发泡氯丁橡胶是一样的，也需要防水保温，柔软，具有优良的弹性和回复性能，优良的耐候性能等。

11.3.3.1 构成及类别

丁苯橡胶（SBR）是最大的通用合成橡胶品种，也是最早实现工业化生产的橡胶之一。它是丁二烯与苯乙烯的无规共聚物。其力学性能、加工性能及制品的使用性能接近于天然橡胶，有些性能如耐磨、耐热、耐老化及硫化速度较天然橡胶更为优良。

与其他通用橡胶一样，丁苯橡胶是一种不饱和烯烃高聚物。丁苯橡胶能进行氧化、臭氧破坏、卤化和氢卤化等反应。在光、热、氧和臭氧结合作用下发生物理化学变化，但其被氧化的作用比天然橡胶缓慢，即使在较高温下老化反应的速度也比较慢。光对丁苯橡胶的老化作用不明显，但丁苯橡胶对臭氧的作用比天然橡胶敏感，耐臭氧性比天然橡胶差。丁苯橡胶的耐低温性能稍差，脆性温度约为 −45 ℃。

丁苯橡胶按聚合体系可分为乳聚丁苯橡胶（ESBR）和溶聚丁苯橡胶（SSBR）两类。

乳聚丁苯橡胶根据聚合温度的不同，分为高温乳聚丁苯橡胶和低温乳聚丁苯橡胶两大类。一般乳聚丁苯橡胶苯乙烯含量为 23.5%，苯乙烯含量高于 40% 的称为高苯乙烯丁苯橡胶，结合苯乙烯达到 70% ~ 90% 者则称为高苯乙烯树脂。此外，还有充油乳聚丁苯橡胶和充油充炭黑乳聚丁苯橡胶。乳聚丁苯橡胶主要用于轮胎胎面胶、胎侧胶，也广泛用于胶带、胶管、胶辊、胶布、鞋底、医疗用品及其他工业制品，并少量用于电线、电缆等非橡胶制品中。

溶聚丁苯橡胶是丁二烯和苯乙烯在烃类溶剂中采用有机锂引发阴离子聚合而制得的共聚物。溶聚丁苯橡胶具有耐磨、耐寒、生热低、回弹性高、收缩性低、色泽好、灰分少、纯度高以及硫化速度快等优点。溶聚丁苯橡胶有纯溶聚丁苯和充油溶聚丁苯两类。溶聚丁苯橡胶主要用于制造轮胎，制造皮带、刮水板、窗框密封及散热器软管等工业用零部件，制造胶鞋、雨衣、毡布、手套、风衣及气垫床等日用品，应用相当广泛。溶聚丁苯橡胶是兼具多种综合性能的橡胶品种。其生产工艺与乳聚丁苯橡胶相比，具有装置适应能力强、胶种多样化、单体转化率高、排污量小、聚合助剂品种少等优点，是今后的发展方向。

丁苯橡胶发泡材料，是丁苯橡胶的革新，是一种性能更加优越的新型的橡胶合成材料，应用广泛，在行业内也叫 SBR 泡棉、潜水料。丁苯橡胶粒子与其他原料经过共混融炼，加热发泡剂分解后释放出二氧化碳和氮气等气体，并在橡塑共混基体中形成分散而较均匀细孔的化合物，制备得到闭孔发泡 SBR，如图 11–6 所示。闭孔 SBR 发泡橡胶特点如下：泡孔为独立结构，具有优异的防水性、保温防寒性能，同时也不透气；质轻柔软，硬度低，韧性极佳，具有良好的伸缩性及回弹性；极佳的耐候性、耐臭氧老化性；耐油性良好，仅次于丁腈橡胶。这些特性使其和氯丁橡胶一起，成为了广泛使用于抗浸服、潜水服等水上运动的产品用材料。

图 11–6　闭孔丁苯橡胶发泡材料

11.3.3.2　发泡制备工艺

发泡橡胶配方中，发泡剂是唯一可以产生泡孔结构的物质，它用量不大但是作用相当重要。发泡剂的品种和用量，以及发泡剂在不同胶料中的分散程度和产生气体的溶解度，共同决定了发泡橡胶的泡孔大小和泡孔密度。如图 11–7 为不同发泡剂作用下的泡孔结构，明显可以看出，右图的泡孔结构更加致密且均匀。

对于发泡橡胶中发泡剂的主要要求是：储存稳定性好，常温下不易分解；无毒、无臭，不产生污染；在高温下，短时间内完成发气作用，且发气量可调节；分解充分，产生的热量少；粒度均匀，易分散。

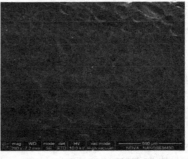

图 11-7　不可发泡剂用量下发泡 SBR 橡胶的泡孔结构

闭孔丁苯橡胶一般采用化学发泡剂进行发泡，常用的有 N，$N-$ 二亚硝基五亚甲基四胺、偶氮二甲酰胺和 4，4- 氧代双苯磺酰肼三种。

一般的发泡剂在通常的橡胶硫化温度下，不能分解发泡，需要加入发泡助剂来调节其分解温度，此外，有些发泡助剂还可减少气味并改善发泡橡胶制品的表皮厚度。常用的发泡助剂有有机酸和尿素及其衍生物。前者有硬脂酸、草酸、硼酸、苯二甲酸、水杨酸等，多用作发泡剂 N，$N-$ 二亚硝基五亚甲基四胺的助剂；后者有氧化锌、硼砂及有机酸盐，多用作发泡剂偶氮二甲酰胺的助剂，但分解温度只能降低至 170 ℃左右。发泡助剂的用量一般为发泡剂用量的 50% ~ 100%，使用发泡助剂时，还要特别注意对硫化速率的影响。

制备发泡丁苯橡胶除了需要设计出合理的配方外还要掌握好加工工艺，比如，生胶的塑炼和混炼工艺、胶料的停放、硫化与发泡成型。与一般的实心橡胶制品硫化过程不同，发泡橡胶在硫化过程中同时发生两种化学反应过程，即发泡剂分解放出气体和橡胶在硫化剂作用下的交联反应。这两个过程的匹配程度越高，制得的发泡橡胶泡孔大小越均一，泡孔分布越均匀，因此，制备发泡橡胶的过程中要严格控制温度、时间等工艺因素，同时注意整个加工流程的连续性和稳定性，否则容易造成发泡质量的波动，无法制得合格的发泡橡胶制品。发泡丁苯橡胶制品的硫化成型也可采用模发和跳发来进行。另外，将含有发泡剂的胶料通过挤出机挤出或用压延机压成一定厚度的胶片，然后将挤出半成品或压延胶片连续通过热空气炉或液体硫化介质、微波炉、沸腾床等连续硫化设备，进行发泡、定型，也可制得丁苯橡胶海绵制品。

11.3.4　基布与胶

理论而言，具有弹性的针织面料都可以作为表层和里层的复合用织物。目前，常用有锦纶长丝弹力针织物、涤纶长丝弹力针织物等。也可以用兼具强力和弹性的双组分聚酯弹性丝织物。

在发泡橡胶和面料贴合时，需要用到黏合剂，如图 11-4 所示，在表层织物和发泡橡胶片层之间、在内层织物和发泡橡胶片材之间，都需要采用胶黏剂进行连接。

氯丁橡胶海绵和基布之间或海绵断面之间的粘接，主要是采用氯丁橡胶溶剂型胶黏剂。然而，溶剂型胶黏剂由于使用了甲苯、醋酸乙酯及甲基乙基甲酮等有机溶剂，所以，从安全卫生和环保方面考虑，急切期望胶黏剂能够水基化。胶黏剂除了要考虑常态下的强度和耐水强度外，从制造工艺的要求方面考虑，还要求具有耐溶剂性。

氯丁胶黏剂对被粘材料有着优良的粘接性能，它所形成的粘接胶膜有着良好的物理特性和耐老化性能。氯丁胶黏剂制备简单，但在使用中也存在一些问题。

（1）粘接胶膜特性。氯丁橡胶是一种综合性能十分优良的合成橡胶。氯丁胶黏剂经粘接作业后，在被粘材料间形成氯丁橡胶粘接胶膜，它具有良好的橡胶弹性、可挠性、拉伸强度、抗蠕变性能，还具有优良的耐久性，可长期耐热、紫外线、氧、臭氧的老化；耐燃烧；良好的抗酸碱、耐化学药品、耐水性能。此外，对多种油类有良好的抗耐性能。用于制备胶黏剂的几种橡胶性能对比见表 11-10。

263

表 11-10 胶黏剂用各种橡胶性能比较

项目		氯丁橡胶	天然橡胶	再生胶	丁苯橡胶	丁腈橡胶	丁基橡胶
力学性能	弹性	优	优	良	尚可	尚可	尚可
	拉伸强度	优	优	良	尚可	良	尚可
	伸长率	优	优	差	尚可	尚可	良
耐久性	耐高温	良	差	尚可	尚可	良	差
	耐低温尚可优			良	尚可	尚可	优
	耐天候	优	差	差	尚可	良	优
	耐蠕变	优	尚可	尚可	尚可	良	差
耐介质性能	水	优	尚可	尚可	良	良	良
	酸	良	尚可	尚可	良	良	优
	碱	良	良	良	良	差	优
	石油	良	差	差	尚可	优	差
	芳香溶剂	尚可	差	差	差	良	差

（2）粘接性能。粘接强度主要取决于胶黏剂对被粘材料的黏附性及所形成粘接膜胶的拉伸强度和抗蠕变性能。氯丁橡胶含有氯原子，使得它的分子结构具有高极性。由于被粘材料表面大多数具有极性，因而氯丁橡胶胶黏剂通常与被粘材料间有良好的亲和性，能促进表面的湿润，置换被粘物件表面的空气，使胶黏剂与被粘材料表面紧密接触。一般情况下，氯丁胶黏剂与被粘材料间有极良好的黏附性能。表 11-11 列举了氯丁、丁腈、天然橡胶胶黏剂对常见几种材料的黏附效果。

表 11-11　常用橡胶胶黏剂的黏附性能

项目	天然橡胶	丁腈橡胶	氯丁橡胶
木材	尚可	良	优
金属	尚可	优	优
橡胶	优	良	优
玻璃	良	良	优
皮革	良	良	优
纸	良	良	优
织物	优	优	优
陶瓷	尚可	尚可	优

几种橡胶胶黏剂的黏附强度对比列于表 11-12。

氯丁胶黏剂对被粘材料所具有的好的黏附性能，加上它所形成的粘接胶膜有着良好的拉伸强度和抗蠕变性能。因此，使用在多种材料的粘接时，都会获得好的粘接强度和理想的粘接效果。

表 11-12　各种橡胶胶黏剂的黏附强度

项目	氯丁橡胶	天然橡胶	再生胶	丁苯橡胶	丁腈橡胶	丁基橡胶
剪切强度	良	尚可	差	良	良	良
剥离强度	优	优	差	差	良	差

（3）其他方面。

①氯丁胶黏剂通过品种的选择及配合方法的调整，能在很大范围内调节胶黏剂涂层的黏性保持时间、初黏力及耐热性能，使用方便，涂层胶膜依靠

氯丁橡胶自身的结晶特性，不经硫化即可迅速获得相当高的凝聚力，在使用温度条件适当的情况下，可不经硫化直接使用。通常为了提高耐热性，扩大应用范围，在胶黏剂中添加叔丁基酚醛树脂配制成接触型胶黏剂，或添加聚异氰酸酯等硫化剂制备成室温硫化胶黏剂。

②氯丁胶黏剂在制备及使用中也遇到一些困难。就生胶而言，氯丁橡胶分子结构中含有少量 1，2- 二氯丁二烯链段，它所连接的烯丙基氯原子富有反应性，易与其他原子或原子团反应，在光、热作用下生成氯化氢，导致橡胶分子链的支化、交联，形成凝胶结构，这将影响它在溶剂中的溶解性能。从胶黏剂看，在应用过程中也经常会遇到一些问题，如，与储存性相关的冻结、分层和凝胶化问题；与作业性相关的是在某些场合黏性保持性、涂覆性和喷涂性达不到要求；粘接软质塑料一类的物件时，被粘材料内所含有的增塑剂，会向黏着层界面及内部移动，降低粘接强度。

氯丁胶黏剂的性能受到配方、加工制造技术和装置等因素的影响，可通过生胶品种选择，树脂、填充剂、溶剂等种类和用量的调节来加以掌握。由于氯丁橡胶聚合技术进步，品种不断增加，尤其是发展了一些氯丁二烯与其他单体共聚物及聚氯丁二烯接枝聚合物，有效地改进了氯丁胶黏剂的某些性能，使其能适应一些特定材料的粘接，扩大了应用范围。同时，氯丁胶黏剂的制造技术也发生着深刻变化。

11.4 水密拉链

密封拉链是干式抗浸服用的最重要的密闭辅件，如图 11-8（a）所示，不同于普通的防水拉链。除了具有普通拉链的可操作性、柔软性外，最主要的特点是必须具有密封性，即在闭合状态下，能隔绝空气、光线、尘埃和水等，即使在一定的压力和弯曲情况下，也能保持其密封性能。对于抗浸服用密封拉链而言，必须具有足够的耐静水压和气密性能、容易开合、能耐受高低温、具有良好的环境适应性能。

拉链由独立的拉头将两条织带内侧牙齿部分啮合起来，弹性织带受到外侧牙齿的压缩而紧密接合，内压通过织带被固定在外牙上，拉动拉头使两根织带合拢时，有弹性的织带在外牙作用下将被压缩成如图 11-8（b）所示，从而形成双层密封状态。水气密封拉链在保持了普通拉链的柔软性和操作性的基础上，隔离了外部的液体、空气、气体、水蒸气、灰尘和光。

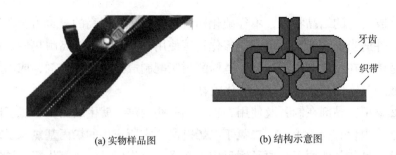

(a) 实物样品图　　　　　　　　(b) 结构示意图

图 11-8　水气密封拉链结构示意图

显然，和普通拉链一样，水气密封拉链主要由牙齿、胶带及拉头构成。

牙齿多采用合金材料，如铜 62%、镍 14%、亚铅 24% 的铜镍合金材料，拉头也采用金属类材料，如铝青铜材质。

织带由基布和胶黏剂构成。其中，基布可以采用聚酯、锦纶等常用高强化学纤维制备；而胶黏剂常用的品种有氯丁橡胶（CR）、聚氨酯（PU）和聚氯乙烯（PVC）三种。其中，PVC 有聚氯乙烯的特性，随着时间的变化，气密度渐渐消失。为了实现良好的水密性能，保证织带和牙齿的密合，基布两边都需要涂敷胶，如图 11-9 所示，且比例不同，以保证可在牙齿作用下发生挤压变形并紧密结合。

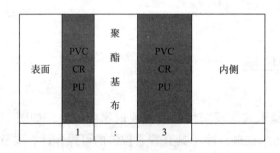

图 11-9　织带结构示意图

表 11-13 为几种水密拉链的性能指标，可以根据抗浸服使用的环境，包括水温、浸入的水深等条件，来选用合适的水密拉链。

表 11-13　几种水密拉链的性能指标

编号	4TZN	4TZN	8TZN	8TZN	12TZN
织带用胶	PVC	CR	PVC/PU	CR	CR
链条宽度 / mm	5.2		6.95	7.0	10.3

续表

编号	4TZN	4TZN	8TZN	8TZN	12TZN
链条全宽 /mm	64.0		70.0		97.0
链条横拉强度 /kgf	≥ 30		≥ 50		≥ 100
上止端拉裂强度 （W–SEAL）/kgf	≥ 30		≥ 30	≥ 35	≥ 50
上止端纵拉强度 （S–SEAL）/kgf	≥ 20		≥ 35		≥ 35
下止端拉裂强度 /kgf	≥ 30		≥ 35		≥ 50
气密度 /（kgf·cm⁻²）	≥ 0.2	≥ 0.3	≥ 0.3	≥ 0.7	≥ 1.0
水深 /m	2	3	3	7	10

注　强力测试方法按照 JIS–S 3015。1 kgf=9.8 N。

参考文献

［1］石强. EPDM/EVA 基泡沫型橡塑材料吸水性能和导电性能的研究［D］. 长春：吉林大学，2002.

［2］刘操. TPE 薄膜的特点和应用［J］. 聚氨酯，2005（10）：62–65.

［3］许建雄. 氯丁橡胶加工与应用［M］. 北京：化学工业出版社，2012.

［4］武易明. 潜水衣用发泡氯丁橡胶的改性技术及应用性能研究［D］. 上海：华东理工大学，2011.

［5］热塑性弹性体代替聚氯乙烯用于管材和薄膜［J］. 石油化工，2008.

［6］陈超. 热塑性弹性体/纳米无机复合柔性超疏水膜制备及其性能研究［D］. 北京：中国矿业大学，2019.

［7］汪胜. 新型 TPU 薄膜层压复合织物的制造工艺研发［D］. 上海：上海大学，2018.

［8］林裕卫，蔡朝辉，吴耀根. TPEE 在防水透气材料中的应用及其特性［J］. 国外塑料，2012，30（9）：44–48.

［9］林裕卫，蔡朝辉，吴耀根. 热塑性聚酯弹性体 TPEE 材料的成型加工技术［J］. 国外塑料，2012，30（8）：39–42.

［10］武易明，易红玲，孙建波，等. 发泡 CR 材料的制备与老化性能研究［J］. 橡胶工业，2011，58（9）：539–544.

［11］李登科，徐德亮，宋尚军，等. 防水透湿织物中 PTFE 复合膜的研究进展［J］. 有机氟工业，2011（1）：31–33.

［12］吕海宁，薛元，蔡再生. PU 型防水透湿层压复合织物的制备工艺及研究进展［J］. 聚氨酯工业，2010，25（2）：5–8.

［13］鲍丽华. 防水透湿层压织物的性能研究与开发［D］. 北京：北京服装学院，2010.

267

［14］杨宝娣，顾平. 海洋救生浮力材料的发展与应用［J］. 国外丝绸，2008（5）：29-31.

［15］江红. 热塑性弹性体增韧薄膜防水复合面料黏弹性的表征研究［J］. 上海纺织科技，2008，36（9）：23-24.

［16］何格. 新型防水透湿PTFE层压织物的性能研究［J］. 现代商贸工业，2007（9）：291-292.

［17］石磊. 丁苯橡胶发泡材料的制备、结构与性能研究［D］. 广州：华南理工大学，2013.

［18］邵改芹. 防水透湿织物研究新进展［J］. 产业用纺织品，2004（6）：42-45.

［19］吕百龄. 实用橡胶手册［M］. 2版. 北京：化学工业出版社，2010.

［20］张玉龙，李长德. 泡沫塑料入门［M］. 杭州：浙江科学技术出版社，2000.

［21］邓本诚. 橡塑并用与橡塑共混技术［M］. 北京：化学工业出版社，2002.

第12章 抗浸服的保温及其他性能

在第 1、10、11 章中，分别系统介绍了抗浸服的定义、重要性、研究发展历史、分类、干式和湿式抗浸服的典型品种及其密封结构、抗浸服用防水织物及发泡橡胶复合织物、水密拉链。对于用在水温低于 15 ℃以下寒冷水域的干式抗浸服而言，其整体和局部防水保温性能，是其核心和本质，也是值得深入研究和探讨的问题。

12.1 水中人体热交换物理过程及因素

12.1.1 水中人体热交换物理过程

2.3.1 节中，从物理角度，介绍了人体在水中失温的原因及影响因素。

考虑一个完全浸没于水中的人体（裸体），在温度低于体温的冷水中，通过和冷水的热传导和热对流换热，逐渐丧失热量。

通过热传导的传热量为：

$$Q_{cond} = Ak \cdot \Delta T/l$$

通过热对流的传热量为：

$$Q_{conv} = Ah \cdot \Delta T$$

式中：A 为热交换的表面积；k 为导热系数，W/（m·K），为物体的固有属性，水的导热系数为 0.61 W/（m·K）；l 为热传导距离；h 为传热系数，W/（m²·K），随着流体的流动状态变化；ΔT 为温差。

12.1.2 人体在冷水中散热速率的影响因素

从上述水中人体热传导、热对流物理过程分析可知，影响人体在冷水中散热速率的因素有以下几项。

（1）介质的导热系数和比热。15 ℃水的导热系数为 0.5872 W/（m·K），比热为 4.1966 kJ/（kg·K），空气的导热系数为 0.023 W/（m·K）。

（2）热交换的表面积。相当于浸没入水中的人体表面积。与人体浸没到水中的程度有关。这和人体暴露在空气中不同，穿着服装的人体暴露于环境空气中的部位很少，只有脸部、手部等；而落水人体，即使穿着服装，水也会浸入到人体表面的各个区域，换热表面积基本和浸没入水中的人体表面积等同。

（3）人体与环境之间的温度梯度。冷水温度和体温差别越大，热量丧失越快。

（4）人体周围的介质（空气或水）的相对运动。不同状态的水的换热系数不同，与静态水相比，大风大浪的流动水域会加速失温。

（5）人体的产热量及自身的失温速度。与人体的脂肪、姿势、行为及身体健康有关。若脂肪、姿势行为的调整和颤抖产生的热量小于热交换损失的能量时，就会失温。产热速度快，失温速度就较慢。由于个人体质的差异，即使处于相同环境中，热量的损失速度也是不同的，失温速度因个人情况而异。

12.1.3 水中着抗浸服失温影响因素

考虑一个穿着抗浸服（防水）的人体（着穿保温层）浸没入水中，"人体—服装—水"这个系统中，人体皮肤表面温度 T_s 高于抗浸服内表面温度 T_{fi}，高于服装外表面及水温 T_w。人体到服装之间存在温度梯度，服装外表面温度即为水温。

浸入到冷水后，首先，服装会在静水压作用下被慢慢压缩，服装与人体之间的保暖静止空气层会大幅度减少，服装内保温层相应的隔热能力较暴露于空气中时下降；其次，人体热量通过热传导和热辐射的方式，慢慢向服装内表面传导，直到温度平衡；进一步的，服装内表面热量传导到服装外表面，并以对流、传导方式和冷水进行热交换，如图 12-1 所示。

因此，着抗浸服浸没入水的人体，除了前述裸体浸没入水的失温性能影响因素外，还有以下影响因素。

（1）人体表面和服装内表面之间的静止空气层厚度及是否容易被压缩。通常，人体穿着保温层，再穿抗浸防水层，而保温层主要通过轻质、蓬松材料实现。显然，厚度越厚，服装保温性能越好；越容易被压缩，保温性能损失越大。研究表明，当人体浸没到水中达到脖子部位时，静水压挤压会导致服装损失高达 57% 的保温性能，这个数据会根据服装蓬松度差异而又有所不同。但是，抗浸服在水中的保温性能肯定大幅度下降。这也是为何要通过浸入 CLO 来考核抗浸服保温性能的原因之一。考虑一个身高 1.75 m 的人体，

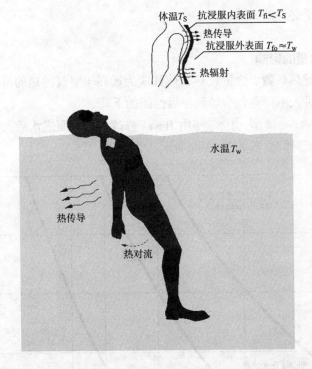

图 12-1　"人体—抗浸服"系统和环境之间的热交换示意图（再改）

完全直立浸没入水中，最末端服装需要受到约 17.5 kPa 的水压作用。

（2）抗浸服的进水性能。是否有水进入及进水量，会影响抗浸服在水中的保温性能。没有水进入的情况下，人体通过空气热传导及热辐射，和服装进行换热；有水进入时，人体通过水的热传导，和服装进行换热，将大大增加换热量。1000 mL 水的渗漏，会导致抗浸服保温性能降低到不进水时的 22%。

基于前述理论分析，结合抗浸服使用过程中的实际情况，需要从以下因素对着抗浸服的人体的保温性能的影响进行研究，包括水温、头部浸没、风浪、抗浸服的进水量、抗浸服品种、局部如手指部位的保温等。

271

12.2　抗浸服的保温性能

除了本节下面已经引用的文献外，还有与本节相关的重要的工作报告如下：Hall 等人（1954、1956、1958），Beckman 等人（1966），Hall & Polte（1960）和 Goldman 等人（1966）。这些报告（具体见章后参考文献）都为本节的内容做了必要的支撑。

12.2.1　进水量的影响

水的高导热系数、大的比热，使其成为远高于空气的热的良导体。抗浸服中，水的进入不可避免会导致保温性能的下降。

源自 Wiessler 模型，1987 年由 Hayes 修改，抗浸服进水后人在不同水温下的预估存活时间曲线如图 12-2 所示。

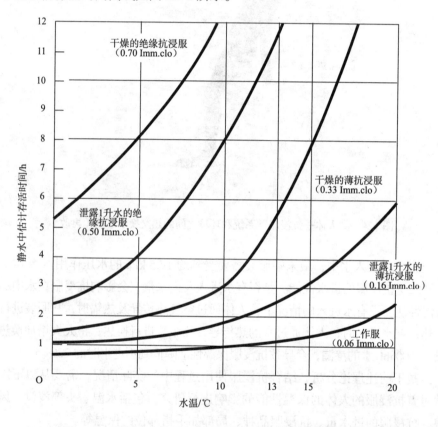

图 12-2　不同进水量下穿抗浸服的人在静水中的估计存活时间

由图 12-2 可知，带有保温层的抗浸绝缘服中泄露 1 L 水，保温性能从 0.7 Imm.CLO 下降至 0.5 Imm.CLO，5 ℃的静水中估计存活时间减少大概 4 h；只有防水层的、薄的抗浸服中泄露 1 L 水，Imm.CLO 值从 0.33 下降至 0.16，保温性能下降接近一半。在静水中估计存活时间，随着水温越高，差距越大，在 20 ℃静水中，估计存活时间减少 3.5 h 左右。同时，没有任何抗浸功能的工作服的浸入 CLO 只有 0.06，在 20 ℃静水中，存活时间不到 2.5 h，在

10 ℃静水中，存活 1 h 左右。

　　由于拉链的水密性能、袖口、领口等密封部位难以完全密封，不可避免地会有水渗入到抗浸服中；此外，接缝处经常使用到的黏合剂类，在水的浸泡下，黏合作用也存在减弱的效果，导致渗水；用于干式抗浸服的面料，包括防水织物及发泡橡胶复合针织织物，在长时间的水压及水的浸泡作用下，材料会发生变形及挤压，也会存在渗水。

　　水进入后，润湿内部的保暖材料及人体表面，加速人体热量通过湿态纺织材料传导出去。有研究表明仅 500 g 的水渗入干式抗浸服中，会使隔热效果降低 30%；对于一身高 1.80 m 的人，泄漏 1620 g 的水，会使服装的绝缘性能减少 50%。因此，一件不进水的干式抗浸服对于较低水温失温的防护是非常关键的。

　　相关的标准也进行了明确的进水量的规定。MSC81（70）规定，穿抗浸服后，静水中漂浮 1 h 或 20 min 游过 200 m 距离时，进水量不超过 200 g；GB 9953—1999 规定，穿抗浸服后，静水中漂浮 1 h，进水量不超过 200 g，身体全部没入水中，进水量不超过 500 g。在现行 ISO 15027 标准中，对于跳水测试的干式抗浸服，要求进水量不大于 500 g；着抗浸服游泳后，进水量不能够大于 200 g；并且要求测试服装的浸入 CLO 值前，需要测试服装进水量，然后在这个进水量的情况下测试服装的浸入 CLO。

12.2.2　不同品种的保温差异

12.2.2.1　着不同抗浸服的人体在水中的冷却速率

　　20 世纪 50 ~ 80 年代，诸多研究者及研究所进行了基于人体模型及真人的抗浸服的浸入 CLO 及保温性能的对比研究。尤其是在 20 世纪 70 ~ 80 年代，澳大利亚、加拿大、芬兰、荷兰、挪威、瑞典、英国和美国（基本上是海上操作人员在冷水中工作的国家）进行了一系列浸入式救生服的评估测试。1978 年，进行了加拿大最大的人体浸没水中的生理试验，评估了 23 种不同的军用和民用抗浸服。服装共分为三类：含闭孔泡沫保暖层的干式抗浸服、无保暖层的干式抗浸服以及闭孔泡沫湿式抗浸服。20 名受试者浸入到不列颠哥伦比亚省班菲尔德市 11.8 ℃的海水中 2 ~ 3 h。结果表明这些衣服的失温冷却速度也分为三类，其中，含保暖层的干式抗浸服冷却速度最慢（0.31 ℃/h），无保暖层的干式抗浸服的冷却速度最快（1.07 ℃/h）。

　　1987 年，USCG 的 Steinm 等对 8 名受试者着穿不同的服装在静水和 10 ℃、有风浪的水中的冷却速率进行了测试。如图 12-3 所示，着不同服装的冷却速率差异很大，其中，穿宽松的干式抗浸服，如飞行用抗浸服 FS 和涂层织物干式抗浸服 FC 时，人体冷却速率最快，可达 3.5 ℃ /h 左右；当穿紧身的连体湿式抗浸服 SWS 或带有保温层的甲板工作服 DS 和抗浸服 IS 时，人体的冷却速率最慢，达到 0.5 ℃ /h 左右；而短的湿式抗浸服 SWS、宽松的机组人员湿式抗浸工作服 AC 及宽松的船员抗浸工作服 BC，冷却速率居中，但是在静水和风浪中的差异较为明显。

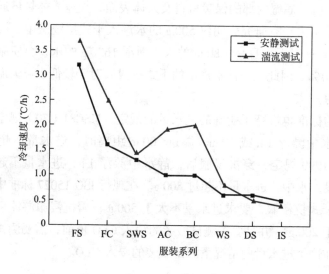

图 12-3　静水与湍流下不同服装的冷却速度（℃ /h）

12.2.2.2　服装的浸入 CLO

通过真人测试核心温度，存在一定的困难，无论是在实验操作上，还是数据的重现性上，还会因为个体差异导致实验误判。1966 年，Bogart 等人采用人体模型测试了抗浸服的 Imm.CLO，均在 0.87 ～ 1.34。

根据人体模型获得的服装 Imm.CLO，结合 Wiessler 模型，可以预估抗浸服在不同水温下的存活时间。图 12-4 为美国 Mustang® 公司实测其不同品种抗浸服的 Imm.CLO 及其对应的预估存活时间。

可知，0.4 Imm.CLO 的抗浸服可以在 5 ℃水中预估存活 2 h；0.9 Imm.CLO 的抗浸服可以在 5 ℃水中预估存活 10 h 以上；而 0.25 Imm.CLO 的传统鱼服在 5 ℃水中预估存活 1 h 左右；0.06 Imm.CLO 在 5 ℃水中预估存活不到 1 h。显然，不同的浸入 CLO 可以清楚地表征抗浸服在水中的保温性能及预估存活时间。

12.2.2.3　不同类型抗浸服所需要的浸入 CLO

基于多年的研究数据，结合抗浸服的具体使用情况，不同类型的抗浸服

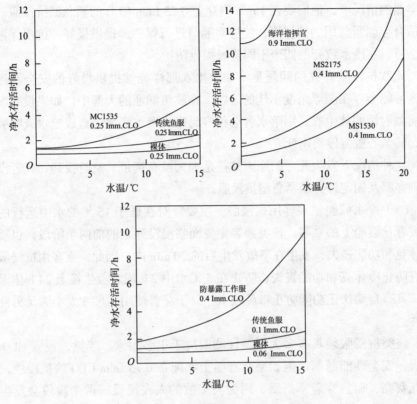

图 12-4　不同抗浸服实测的 Imm.CLO

的保温性能完全不同。

（1）日常穿用型抗浸服。这类服装主要用于冷水浴日常作业人员，包括港口/河流引航员、大面积冷水域上空飞行的直升机飞行员、直升机乘客、专业渔民和渔农场经营者、桥建筑工人等。必须根据实际情况，包括水温、最快能够得到救援的待救时间，来选择不同保温性能的抗浸服。

在保证有救援即将到来，幸存者可以在 90 min 内获救的情况下，最低要求是使用 0.25 Imm CLO 的干式防护服（相当于 ISO 15027 规定的 C 级），减少浸入冷水后，因 2 ~ 3 min 内发生的冷休克，或 30 min 内可能发生的功能丧失而导致的死亡，并且可以满足某些职业需要长时间穿着的舒适性要求。但是，如果不能保证在 90 min 内获得救援，则必须更换 0.75 Imm CLO 的干式抗浸服（相当于 ISO 15027 规定的 A 级），但是可能会很热，很不舒服。

（2）弃船紧急性抗浸服。很多时候水上工作的职业，如海上运输公司的专业船员，海上石油钻井平台的船员常常面临着不得不弃船的可能性。在要求弃船的情况下，他们要在 1 min 内穿上 0.75 Imm CLO 的紧急型抗浸服。这类适合弃船紧急用的抗浸服，能够对船员进行保护，提供极好的抗浸保温性能，可以在冷水致死的四个不同阶段提供防护。

此款抗浸服存在的问题是不如救生衣那样能够提供极好的安全漂浮姿态，可能会存在漂浮角度不佳的问题。在波涛汹涌的大海中，如果没有配套带防溅射帽的救生衣，则落水者会很容易吸入海水海浪，造成呛水或呼吸困难，甚至心脏骤停而溺死。

这种情况下发生死亡的原因往往是因为没有携带、及时找到、或者没有正确穿戴及固定好弃船紧急型抗浸服。

（3）冷水域船舶乘客用抗浸服。主要针对在低于 15 ℃ 的水中运行的游轮或春秋渡船上的乘客。该类乘客主要面临浸没死亡的前两个阶段，也就是冷休克和功能丧失，发生在事故发生后的 30 min 内。因此，乘客用抗浸服应具有防止冷休克和功能丧失；防止在 5 ℃ 水中 2 h 或者救生筏上 24 h 体温过低；具有自动扶正功能防止口鼻呛水；易于穿着使用，尺寸大小满足男性和女性。

该类抗浸服须具有多大保温性能取决于很多因素。当然，浸入 CLO 值越大，安全性能越高。但如果所有船上都配备 0.75 Imm CLO 的抗浸服，不仅花费高，而且穿着不舒服。因为大多数的人在浸没前两个阶段会发生死亡，所以综合考量，简易轻便的 0.25 Imm CLO 抗浸服具有更高性价比。

12.2.3　手部的保温

在使用过程中，人们发现即使穿着和抗浸服同样材质连体的手套，在身体感觉温暖的情况下，手部依然感觉冰凉，保温效果不佳。影响手指在寒冷环境中的灵活性和抓握力，导致难以进行自我救援等过程中必要的操作。

对于抗浸服防水保温性能的测试，往往考核身体核心温度，即直肠温度。对人体而言，因为区域不同，经常会有局部温度过低的现象发生，尤其是手、脚及臀部等供血末端。Heuss 等人通过研究，建议规定手的最低温度标准为：局部皮肤温度 15 ℃，神经温度 20 ℃，肌肉温度 28 ℃。

手部局部低温是由于冷水中血管收缩、供血量不足造成，在浸没过程中导致手指灵活度变低。例如，在 5 ℃ 冷水中浸泡，最大握力下降 16%，不能完成某些自救，导致救助困难。因此，抗浸服的设计中，需要单独考虑手部的保温。

因为材料的保温性与受保护体的形状有关，导致手部的保温比身体的保温更加困难。同等条件下，保温材料在圆柱形受体上的保温性能远低于球体及平面体，而且，圆柱体直径越小，同样厚度材料包覆条件下，CLO 越低，如图 12-5 所示。对于平面受体，包覆用织物的厚度与其保温性能几乎成线性关系，即随着包覆用织物厚度增加，CLO 也线性增加。而对于 1/2 英寸的球体受体，随着包覆用保温织物厚度的线性增加，保温性没有显著的增加；同样，对于 1/2 英寸的圆柱受体，保温性随包覆用保温织物厚度的增加也不明显。也就是说，当采用同样的保温材料包覆平面物体和小直径圆柱和球体时，要达到同样的保暖量，平面受体需要的保温材料的厚度要远小于小直径的圆柱形和球形受体。

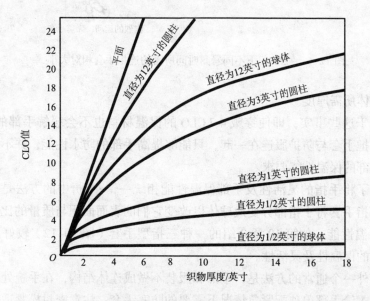

图 12-5　理想织物在平面、圆柱和球体上的保温（1 英寸 =2.54 cm）

　　同时，在形状相同的条件下，直径越小，对保温材料厚度越不敏感。达到同样 CLO 时，小直径的圆柱形受体需要更厚的保温材料。这一点，在建筑保暖工程上得到了实验验证。

　　根据这个物理现象，手指作为小直径圆柱体，保温是困难的。对于平面衣服，衣服的保温性能随着厚度增加而线性增加；而手指为圆柱形，保温材料厚度的增加，不会显著提高其在手指部分的保温性能。Van Dilla 制作了一个简单的手部需要保温材料尺寸大小的示意图，如图 12-6 所示，显示了在不同工作负荷下、不同暴露时间下，使双手保温所需的手套的相对大小。显然，在静止状态暴露 6 h，作为小圆柱体考虑的手部需要的保温材料厚度远

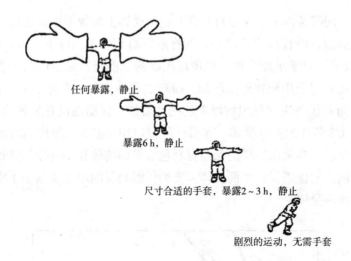

任何暴露，静止

暴露6 h，静止

尺寸合适的手套，暴露2～3 h，静止

剧烈的运动，无需手套

图 12-6　-28.9℃下不同暴露时间所需的连指手套相对大小

高于身体所需厚度。

　　基于这些事实，即使穿戴 4.7 CLO 的保温材料也不会缓解手部的降温。因此，把手套与防护服连在一起，只能够提高手部的防水性能，并不能够满足手指部的保温性能要求。

　　为了将手指的灵活性及手部保温性能相统一，一个折中的方法是，可以制成连指手套将手指部分变成球体以改变它们的表面面积与质量的比，进而改善保温性能。如第 10 章介绍的一种三指型手套（图 10-12）较好地兼顾了手指的保温性及灵活性。

　　另外一个通常的方法是，手部和服装不做成连体结构，在手腕处进行防水密封，给手部单独配紧急情况下需要的防寒手套。注意密封松紧适当，过于紧的话，会压迫血管导致供血不畅；松则存在渗漏水的风险。

12.2.4　风浪的影响

　　在抗浸服和冷水的对流换热中，水的传热系数［W/（m² · K）］与水的流动状态密切相关。静水中，没有流体流动，抗浸服和水之间通过热传导进行传热；当有风浪时，抗浸服和运动的水流进行对流换热。这两种不同的热交换方式，也导致了抗浸服在静水和湍流中的保温性能完全不同。

　　1966 年，戈德曼等人采用人体模型测试，第一次注意并准确记录到在湍流的水中和静止的水中，某种抗浸服的绝缘性由 0.76 Imm CLO 下降到了 0.71 Imm CLO。1987 年，USCG 的 Steinm 等研究发现，在 11 ℃、有风浪的水中，当穿着宽松的湿式抗浸服时，人体的核心冷却速率和皮肤温度的下降明显大于静水中的速率和下降情况，但是在紧身的湿式抗浸服或干式抗浸服上，影响不是特别明显。1991 年，Romet 等人进一步证实了 Steinm 的研究，在湍流条件下，与静水相比，湿式潜水服的绝缘性能平均降低了 29.7%。

1994 年，Sowood 等在模拟 60 cm 波浪高的动态水中，利用人体模型测试表明干式抗浸服的绝缘性能比在静水时下降了 30%。同年，Tipton 研究证实了在 6 级模拟风力、浪高 15 cm 和模拟降雨量 36 L/h、15 s 的初始浸没条件下，着抗浸服的预估存活时间由 6.8 h 降到了 4.8 h。同年，Ducharme 和 Brooks，对比研究了抗浸服在静水和 70 cm 浪高的动态水中的绝缘性能，当采用人体实验时，抗浸服的保温性能损失范围为 14% ~ 17%；当采用假人模型时，抗浸服的保温性能损失可达到 36%。这一方面表明了风浪大小对抗浸服保温性能的影响，另一方面表明了人体模型与真人存在较大的差异。

所有的测试都可以肯定，风浪的确加速了着抗浸服人体的热量损失。Steinm 在静水和湍流中采用真人测试了核心体温的冷却速率，如图 12-3 所示，测试时的场景图片如图 12-7 所示。表明，当穿着宽松的湿式抗浸服时，人体的核心温度冷却速率和皮肤温度的下降明显大于静水中的速率和下降情况，但是在紧身的湿式抗浸服或干式抗浸服上，影响不是特别明显。

图 12-7 USCG 在 10℃ 静水和激流中的真人降温测试

1996 年，加拿大海军在哈利法克斯港进行了海上真人测试，6 个受试者浸入 2.5 ℃、浪高 2 m 的海水中。浸入结束时，干式抗浸服在静水中的平均浸入 CLO 为 1.24，与在 60 ~ 70 cm 的海浪中使用相同抗浸服获得的测试数据没有明显差异。因此，到目前为止，在没有人进行更大浪高模拟测试时，均假设在大约 1 m 浪高时，抗浸服的保温损耗为 15%。

12.2.5 头部浸没的影响

Steinman 针对头部浸没对人体失温的影响进行了研究。采用对头部具有保护的全密闭结构的干式抗浸服一套、同样结构但是头部没有帽子保护的干式抗浸服一套；两件救生衣，一件可以保持头部在水面上，一件可以使得头部半浸没到水中。在 10 ℃水中 1 h 后的核心体温下降情况见表 12-1 。

表 12-1　头部是否浸没的核心体温下降情况

着装情况	头部浸没情况	核心体温下降情况
着救生衣	头部在水面上，不穿衣服的身体在水中	1.4 ℃
	头部在水面下，不穿衣服的身体在水中	2.2 ℃
着抗浸服	帽子保护的头部在水面下，着抗浸服的身体在水面漂浮	0.4 ℃
	没有保护的头部在水面上，着抗浸服的身体在水面漂浮	0.1 ℃

注　头部在水面下，是指平躺于水面时，耳朵以下部位入水；头部在水面上，是指头部完全离开水面。

可以发现，核心体温的降温速度的增加与浸入的全身表面积（头颈部后侧和上前胸）的增加有关，而不是与流过头部的热量增加有关。但是，头部浸没到冷水中，的确会加快核心体温降低，从而影响思维和判断力。因此，需要尽可能保持头部离开冷水水面。

12.2.6 小结

基于真人测试以及人体模型测试，对不同抗浸服及其进水量，在不同的风浪条件、不同头部浸没条件下，以及手指部保温性能的测试研究及分析基础上，可以得出几个结论。

（1）抗浸服在空气和水中的保温性能不同，会明显下降。当浸没到脖子部位时，由于静水压的作用，抗浸服的 CLO 会下降 50% 以上。

（2）对不同抗浸服的浸入 CLO 的测试以及存活时间的预估表明，通过浸入 CLO 可以评价不同抗浸服在冷水中的抗浸保温性能。这也是 IMO 及 ISO 等制定抗浸服等级标准的基本依据。

（3）抗浸服进水后，会影响其抗浸保温性能。不同结构的抗浸服的保温性能下降不同。虽然可以直接限定抗浸服的进水量，但是更为有效的评价方法是，在允许一定进水量的条件下，直接测试浸入 CLO。

（4）风浪的确降低了抗浸服的浸入 CLO，但是在目前实验的 70 cm 风浪高的范畴类，抗浸服的 CLO 并不是随着风浪的高度呈现线性变化。

（5）手指部位的保温比较困难，连手一体的服装结构并不能够保证手部的保暖性，从而影响手部的灵活性。

12.3　抗浸服的漂浮性能

如 10.1.1 所述，抗浸服设计和使用初衷，只是提供一个密闭的防水层，以隔绝冷水的浸入导致的人体失温。但是，在实际使用时，无论是绝热抗浸服，还是只具有单独防水层的抗浸服，当被穿着后，最外的防水层在人体上形成的密闭结构，恰好构成了一个类似的固有浮力囊。

抗浸服多用于适应 10 ℃以下的寒冷水域。在这个水温时，环境温度也是很低的。无论抗浸服自身是否配套了保温层，在这个环境下，人们总是会穿具有一定 CLO 的保温层，来抵御落水前后的寒冷环境伤害。而保温层材料，多为轻质、蓬松、富含静止空气的保暖材料，如蓬松的摇粒绒、三维卷曲中空涤纶絮片、中间垫有支撑材料的空气层织物等。这些保温织物，当进一步配套完全防水且连体密闭的抗浸防水层时，就会形成一个包裹在全身的固有浮力囊，在水中会提供一定的浮力，完全可以将人体漂浮于水面，如图 12-8（a）所示。

但是，这种漂浮姿态却是比较危险，且不是一种稳态漂浮。在第 5 章中，介绍了救生衣需要提供稳态漂浮，如图 12-8（b）和（c）所示，躯干角度和垂直方向的夹角最好在 30°～ 90°的范围。救生衣可以提供足够的翻转力矩和浮力分布，保证无意识的人体保持头部高出水面并保持安全漂浮姿态。即使有风浪将人体翻转至口、鼻朝下的位置，救生衣依然可以再次翻转人体至口、鼻朝上的位置。

(a) 着抗浸服　　　　　　　(b) 着救生衣　　　　　　　(c) 着救生衣

图 12-8　着抗浸服和救生衣的人体的漂浮姿态

抗浸服并不考核浮力、浮力分布等漂浮性能，只是由于抗浸服的使用方式导致其提供了浮力，使得人体在水面呈现漂浮状态。大部分抗浸服的漂浮姿态几乎都是平躺，在 ISO 15027 中，也专门提醒了干式抗浸服会使人体在水中呈现平躺姿态。但是，这种姿态相当不稳定，一方面需要有意识的人为抬头才可以保持头部高出水面；一方面，难以抵抗风浪的袭击和翻转，不能够适应长时间的安全漂浮待救需求。

因此，抗浸服在设计和使用过程中，需要注意以下两点。

（1）在短时间不能够获得救援的情况下，需要和救生衣配套使用。

（2）在设计之初，最好可以结合救生衣的浮力分布，适当设计保温层的结构。

12.4 性能要求及测试方法

抗浸服性能包括防水性能、抗浸保暖性能、漂浮性能、功效性能及其他性能。

12.4.1 防水性

适用于干式抗浸服，且不同的标准有不同的要求。比如，MSC81（70）规定，穿抗浸服后，静水中漂浮 1 h 或 20 min 游过 200 m 距离时，进水量不超过 200 g；GB 9953—1999 规定，穿抗浸服后，静水中漂浮 1 h，进水量不超过 200 g，身体全部没入水中，进水量不超过 500 g。这些防水性能要求适合用于连体式的、保暖性能要求高的抗浸服。

防止进水的目的是为了保证人体热量不损失。因此，进水量的多少不能够直接衡量抗浸服保暖性的好坏。ISO 15027 中也规定了对干式抗浸服的防水性能进行测试，要求跳水后进水量不大于 500 g，游泳后进水量不大于 200 g。并把跳跃后的进水量作为保暖性能测试中的服装进水的阈值。

ISO 15027 规定的测试方法大致如下：受试者穿着干式抗浸服（不提供浮力的，需要配套救生衣），进入水中保持 2 min 预湿服装，然后爬出来站 1 min 去除外层黏附的水，称重作为防水试验前的毛重。在预湿和称重后，从（$4.5+^{0.5}_{0}$）m 处跳下，衣服应没有损坏或脱离。跳入可让人体全部没入的水中，游动 20 min，游过至少 350 m。游完爬出，站 1 min 去除表面黏附的水，再次称重。重量的增量作为保温测试中的进水量数据。

其他标准规定也基本类似，但是在跳台高度、游动时间及距离、称重方面有所不同。

12.4.2 抗浸保温性

抗浸保温性是抗浸服最重要的性能。抗浸的目的是保证人体核心温度不低于 35 ℃，从而避免出现低体温现象，影响生命。通常用两个指标衡量抗浸保温性，一是人体核心体温下降不大于 2 ℃时对应的水温及时间，二是浸入 CLO。

12.4.2.1 人体核心体温下降时间及水温

人体核心体温下降需要通过真人进行测试（图 12-9），其中，核心体温一般测试人体直肠体温。具体如下：身高在 1.6 ~ 1.9 m、体重、睡眠正常、没喝过酒精饮料的 6 个受试者，将温度传感器探头置于规定部位和直肠部位，如图 12-9 所示，受试者按照规定穿上衣服。衣服内包含由防水测试获得的进水量，然后浸入到静水中并保持放松状态，漂浮。全程有医生在场，提供医疗保障。空气温度小于 10 ℃。温度传感器精度为 ±0.2 ℃。

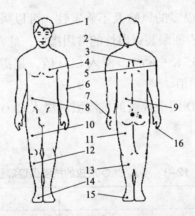

图 12-9 测试时的温度传感器放置位置

1—额头 2—脖子 3—右肩胛骨 4—左上胸骨 5—右臂上定位 6—左臂下定位
7—左手 8—右腹部 9—左脊柱 10—右前大腿 11—左后大腿 12—右小腿
13—左小腿 14—右脚背 15—左脚后跟 16—小指

其中，平均皮肤温度 MST 为：

$$MST=(0.7S1+0.175S3+0.175S4+0.07S5+0.7S6+0.05S7+0.19S10+0.2S13)$$

式中：Sn 为图 12-9 中 n 指示处的温度。

人体平均温度 MBT 为：

$$MBT=(0.5T_R+0.5MST)$$

当人体核心温度下降 2 ℃或在 16 个传感器点任何一处的皮肤温度降至

283

10 ℃超过15min时，应该停止试验。判断抗浸服达到表12-2所示的级别情况。

表 12-2　抗浸服的抗浸保温性能

级别	水温 / ℃	时间 /h	核心温度降 / ℃	备注
A 级	2	6	≤ 2	SOLAS 的绝缘抗浸服
B 级	2	4	≤ 2	—
C 级	5	2	≤ 2	—
D 级	10	2	≤ 2	D 级，相当于 SOLAS 的非绝缘抗浸服，主要包括湿式抗浸服

GB、IMO、SOLAS 对抗浸保温的要求和表12-2类似。GB 9953 和 IMO 规定了两档，一档为绝热型抗浸服，相当于表12-2中的 A 级；另一档为非绝热型，相当于表中的 D 级。

12.4.2.2　浸入 CLO

用真人测试存在很多的风险及不确定性，可以采用暖体假人进行浸入 CLO 的测试。CLO 是表征服装保温性的常用指标，是表示各种服装相对热阻值的单位，1CLO=0.155 K·m²/W。浸入 CLO 值，是指当服装浸入水中并受到静水压作用时的热阻值。

表 12-3 为 A/B/C/D 四个等级的抗浸服的浸入 CLO 值和核心体温下降的对应关系。

表 12-3　浸入 CLO 对应的抗浸保温等级

等级	A	B	C	D
浸入 CLO 值（假人测试）	0.75CLO	0.5CLO	0.33CLO	0.2CLO
核心温度下降（真人测试）	6 个受试者在 <2 ℃的水中 6 h，核心体温 ≤ 2 ℃	6 个受试者在 <2 ℃的水中 4 h，核心体温降 ≤ 2 ℃	6 个受试者在 <5 ℃的水中 2 h，核心温度 ≤ 2 ℃	6 个受试者在 <5 ℃的水中 1 h，核心温度 ≤ 2 ℃

其中，D 级真人测试也可以是，6 个受试者在 <15 ℃的水中 2 h，核心体温 ≤ 2 ℃。

通过浸入 CLO 可以预测一个人在冷水中的体温下降速度，进一步和不同水温下的使用时间建立对应关系，见表12-4。

表12-4 不同保温等级对应的时间和水温

水温/℃	保温等级			
	A (0.75 CLO)	B (0.5 CLO)	C (0.33 CLO)	D (0.2 CLO)
<5℃	6 h	2.5 h	1.5 h	1 h
5 ~ 10℃	9 h	4.5 h	2.5 h	1.5 h
10 ~ 15℃	15 h	7 h	4 h	2 h
> 15℃	24 h	15 h	6 h	3 h

服装的浸入 CLO 测试方法如下。

可以测试服装 CLO 的暖体假人（包括能够控制和测量相关部位温度，进行加热和控制等），能够将假人颈部以下浸入到水中、在水进入到测试服装内时不至于短路，且在水里和水外均能够校准。暖体假人按照规定先穿上一定的保暖服装，比如棉质内衣（短袖、短裤）、长袖厚棉衬衫、棉裤、腿肚长袜子、合适的鞋等，这些服装在标准干态下，用假人测试的服装热阻值应该为 1 CLO 左右。

在前述基础上，穿上抗浸服，抗浸服内包含防水性能测试中获得的进水量对应的水。将穿上抗浸服的假人浸入到水中，进行服装 CLO 测试。

该测试方法比较科学且省去了真人测试的不确定性和危险性。适合开发设计阶段使用。

12.4.2.3 假人模型测试的问题

用于测试的暖体假人应和真人在表面轮廓和形状上具有 50% 相似度，并且至少有 9 部分，包括头部、上身、左右臂、臀部、左右大腿和左右小腿，能够穿上测试服装通过程序设置对温度进行测量和调控，可输入、计算、记录和显示参数。假人模型应能在水中正常运行，即使颈部以下进入水中不会造成短路，在水中、水外均能校准。应用于假人模型测试的服装如上所述，热阻值为 1CLO 左右。

使用尺寸大约为 50% 的男性人体测试对象来定义浸没位置，包括，并且其水中重量应为（55 ±10）N，以使该测试与使用人体测试对象的测试相关联。两种测试均应显示相同的结果。穿着泳衣的男性受试者的水中重量是在正常呼吸周期的底部，下巴尖和耳垂底部接触水的情况下测量的。水中重量是 10 个读数中最高的重复值，如果没有重复，则为第三个最高值。

利用人体模型进行浸入 CLO 模拟测试，可控性强，安全系数高，温度

285

可靠，重现性高，但是由于人体模型和真人之间存在的差异，还不能模拟人在冷水中的正式状态与遇冷的刺激反应等，因此，测试结果也有差异。通常，采用假人模型测试获得的动态水中的浸入 CLO 损失率要大于真人测试的损失率，如 12.2.4 所述。因此，采用假人模型测试浸入 CLO 值，还需要进一步改进假人，使其在冷水等刺激中的反应更加接近真人。

12.4.3 水中性能

除了抗浸保暖性和防水性外，还需要考核如下需要在水中进行测试的性能。

（1）跳跃测试。在（25 ± 2）℃环境下，从（$4.5 +_{0}^{0.5}$）m 处跳下，双脚先入水。抗浸服应该没有任何损坏。

（2）游泳测试。能够游过（25 ± 5）m 的距离，并攀上高出水面 30 cm 的刚性平台。平台上悬一根绳子，直径 12 mm。受试者应在 5 min 内完成攀爬。

（3）翻转测试。游三下，放松，手臂放在两侧，腿并拢，脸向下。然后，系统应该能在 5 s 内自动翻转人体到脸朝上的平衡位置。不自带浮力的抗浸服需要和救生衣配套测试。

（4）醒目测试。当受试者处于平衡态时，所必须面积的反光材料必须在水面上。且面积不少于 400 cm² 或 300 cm²。

（5）水中穿脱。应该能够在 2 min 内系牢任何附属部件。应该能够从包装中取出手套并在 3 min 内戴上。

（6）视野范围。按照 IMO 规定的方法进行测试。20 mm 的塑料管弯曲成直径 2 m 的半圆。在半圆上每隔 150 mm 做个标记。将塑料管放在头的两侧测试。首先没穿抗浸服时决定其基本的视野范围；然后穿用抗浸服和救生衣时，在同样的漂浮位置决定其视野范围，抗浸服和救生衣不应该将其视野范围在每一边减少到 60° 以下。

（7）自动复正。要求能够在落水 5 s 内将人体翻转至正面朝上的位置。其中，ISO 15027 要求弃船紧急型抗浸服的口出水高度大于 120 mm。GB 和 IMO 也规定抗浸服应该在落水后 5 s 内，能够翻转人体到口高出水面 120 mm 的姿态。

12.4.4 活动性能

抗浸服穿用后，一般会比较臃肿，影响人体的活动。各个标准都会规定一定的考核指标，以验证着抗浸服的人体的活动性能。日常穿用型和紧急用抗浸服的性能要求和考核方法见表 12-5。

表 12-5　ISO 规定的两类抗浸服的活动性能

	日常穿用抗浸服	紧急用抗浸服
穿脱	在（20±2）℃、无人帮助下，在 2 min 内可以打开包装并穿上衣服	
	三个带包装的衣服被放置于（-5±2）℃ 24 h，在 5 min 内可打开并穿上衣服	三个带包装的衣服被放置于（-30±2）℃ 24 h，在 5 min 内可打开并穿上衣服
行走	以 2.5 ~ 3 km/h 的速度，沿带至少四个不小于 90 拐角的光滑潮湿的通道行走 120 m；每个受试者两次，平均时间不大于不穿用抗浸服所需时间的 10%	以 2.5 ~ 3 km/h 的速度，沿带至少 1 个不小于 90 拐角的光滑潮湿的通道行走 30 m；每个受试者两次，平均时间不大于不穿用抗浸服所需时间的 25%
攀爬	攀爬直梯 3 m，每个受试者两次，平均时间不大于不穿用抗浸服所需时间的 10%	攀爬直梯 3 m，每个受试者两次，平均时间不大于不穿用抗浸服所需时间的 25%
灵活性	应该能够弯腰，捡起一根直径 8 ~ 10 mm 的绳子，绕着腰间并在前面打上一个结； 双膝跪地，向前倾斜，双手撑在离膝盖 450 mm 的地面处； 把手放在胸前，伸展双臂直到头顶，十指相扣，充分的地伸展手臂； 右膝跪地，左腿弯曲成 90° 左脚着地，用右手拇指触摸左脚趾； 在身前充分伸展手臂，双手相扣，从左到右扭转上身 90°； 双脚分开一肩宽站立，手臂下垂。抬起手臂到胸前并和地面平行，尽可能往下蹲； 右膝跪地，左腿弯曲成 90°，左脚着地，左臂自由下垂，充分伸展右臂至头顶	应该能够弯腰，拿起铅笔，写字、捡起一根直径 8 ~ 10 mm 的绳子，绕着腰间并在前面打上一个结
跳跃	能够从（4.5+$_0^{0.5}$）m 的高度垂直跳入水中，无损坏	
游泳登台	能够游过（50±5）m 的距离，并攀上高出水面 30 cm 的刚性平台，平台上悬有一根直径 12 mm 的绳子，应在 5 min 内完成攀爬	

12.4.5　颜色

和救生衣一样，抗浸服也是水上救援用装备，其外观颜色应该是国际通用的警示色。无论是荧光色，还是非荧光的警示色，ISO 15027 都对露出在服装外面的材料颜色做出了详细的色度坐标及亮度系数要求。分别见表

12-6 和表 12-7。色度坐标及亮度系数测试应使用 CIE 15：2004 中规定的程序，在 D65 光源、2°标准观察仪下，测量材料样品的颜色。试样应具有一个反射率小于 0.04 的黑色底层。在（20±2）℃和 65%±5% 相对湿度下对试样调湿不低于 24 h。

表 12-6　材料的黄色、橙色和红色非荧光色的色度坐标 x 和 y 及亮度系数 β

颜色	色度坐标		亮度系数
	x	y	β
黄色	0.389	0.610	> 0.35
	0.320	0.490	
	0.405	0.400	
	0.500	0.500	
橙色	0.500	0.500	> 0.25
	0.405	0.400	
	0.470	0.330	
	0.600	0.400	
红色	0.610	0.400	> 0.15
	0.470	0.330	
	0.525	0.270	
	0.700	0.300	

表 12-7　材料的黄色、黄橙色、橙色、橙红色和红色荧光色的色度坐标 x 和 y 和亮度系数 β

颜色	色度坐标		亮度系数
	x	y	β
荧光黄色	0.380	0.610	> 0.60
	0.320	0.490	
	0.370	0.440	
	0.440	0.550	
荧光黄—橙	0.440	0.550	> 0.50
	0.370	0.440	
	0.420	0.390	
	0.505	0.490	

颜色	色度坐标		亮度系数
荧光橙	0.505	0.490	> 0.40
	0.420	0.390	
	0.460	0.350	
	0.575	0.425	
荧光橙一红	0.575	0.425	> 0.30
	0.460	0.350	
	0.488	0.320	
	0.630	0.360	
荧光红	0.630	0.360	> 0.20
	0.488	0.320	
	0.525	0.280	
	0.695	0.300	

这些材料颜色同时还需要满足各项色牢度要求，包括干摩擦色牢度、湿摩擦色牢度等。

12.4.6　其他性能

包括和救生衣类似的耐油、耐火、耐温等性能要求。

（1）耐油。在（20±2）℃下，将衣服浸入到柴油（engine oil）下100 mm 保持 24 h，取出，擦去表面的油。衣服应能承受 1000 mm 的静水压和不大于 150 N 的接缝拉伸强力而无损坏。

（2）耐火。在体积为（460×350×60）mm³ 的容器内，先加 10 mm 深的水，再加 40 mm 深的油，放在通风处。将衣服折叠，使颈部和脚部靠近并保持水平。使得衣服底部离测试盘上边缘（250±20）mm、距火焰水平距离为2 m。将衣服以恒定速度移过火焰，和火焰接触时间为 2 s，移出至 2 m 的水平距离停止试验。移出后，衣服不续燃或续熔超过 6 s。

（3）翻转箱测试。将衣服放入翻转箱内以 6 r/min 的速度翻转 150 次，取出，没有损坏和功能损失。

（4）温度循环测试。整件衣服，包括任何附件，经受（-30±2）℃和（65±2）℃的温度循环试验。放置（65±2）℃下 8 h，取出，置于室温下，

289

至第二天；（-30±2）℃下 8 h，取出，放于室温下，至第二天；重复上述试验 9 次。检查材料有无破坏。干式抗浸服继续进行防水测试，颈部高出水面 300 mm 保持 1 h，测试进水量。在此测试要求下进行温度循环和穿上之后，防护服系统的外部和内部结构部件应无明显损坏。此外，在温度循环和穿上之后，应根据 12.3.1 进行防水性能测试。

此外，由于手部保温的困难性，需要对手部动作的灵活性进行一定的考核。需要在 3 min 内取出并戴上手套。

参考文献

[1] GAYDOS H F. Effects of localized hand cooling versus total body cooling in manual performance [J]. J. Appl. Physiol., 1958, 12: 377–380.

[2] HALL J F, POLTE J W, KELLEY R L, et al. Skin and extremity cooling of clothed humans in cold water immersion [J]. J. Appl. Physiol., 1954: 188–195.

[3] HALL J F, POLTE J W. Effect of water contact and compression on clothing insulation [J]. J. Appl. Physiol., 1956, 8: 539–545.

[4] HALL J F, KEARNEY A P, POLTE J W, et al. Body cooling in wet and dry clothing [J]. J. Appl. Physiol., 1958, 13: 121–128.

[5] BECKMAN E L, REEVES E, GOLDMAN R F. Current concepts and practices applicable to the control of body heat loss in aircrew subjected to water immersion [J]. Aerospace Medicine, 1966, 37: 348–357.

[6] HALL J F, POLTE J W. Thermal insulation of air force clothing [R]. WADD Report, 1960, 9: 60–657.

[7] GOLDMAN R F, BRECKINRIDGE J R, REEVES E, et al. "Wet" versus "Dry" approaches to water protective clothing [J]. Aerospace Medicine, 1966, 37: 485–487.

[8] OAKLEY E H N, PETHYBRIDGE R J. The prediction of survival during cold immersion : results from the UK national immersion incident survey [R]. INM report No. 97011, 1997, 2.

[9] HAYWARD J S, LISSON P A, COLLIS N L, et al. Survival suits for accidental immersion in cold water : design–concept and their thermal protective performance [D]. Dept. of Biology, Univ. of Victoria, B.C. 1978.

[10] STEINMANN A M, HAYWARD M J, NEMIROFF J S, et al. Immersion hypothermia : comparative protection of anti–exposure garments in calm versus rough seas [J]. Aviat. Space Environ. Med., 1987, 58: 550–558.

[11] BOGART J E, BRECKINRIDGE J R, GOLDMAN R F. Thermal evaluation of us navy antiimmersion "Dry" suits [R]. USARIEM Report, 1966.

[12] HEUSS R, HEIN A M, HAVENITH G. Physiological criteria for functioning of hands in the cold [J]. Appl. Ergonomics, 1995, 2 (1): 26.

[13] NEWBURGH L H. Physiology of Heat Regulation and the Science of Clothing [M]. New York and London : Hafner Publishing Co., 1968.

[14] ROMET T T, BROOKS C J, FAIRBURN S M, et al. Immersed cold insulation in marine work suits using human and thermal data [J]. Aviat Space Environ. Med., 1991, 62: 739–746.

[15] SOWOOD P J, BROOKS C J, POTTER P. How should immersed suit insulation be measured? [C]. Proc. 6th Int. Conf. Env. Ergonomics, 1994, 9: 150–151.

[16]TIPTON M J. Immersion fatalities: hazardous responses and dangerous discrepancies[J]. J. Roy. Nav. Med. Serv., 1995, 81: 101–107.

[17] DUCHARME M B, BROOKS C J. The effects of wave conditions on dry immersion suit insulation : a comparison between humans and manikin [R]. DCIEM Report 96–R–46, 1996, 6.

[18] BROOKS C J, DUCHARME M B. Measurement at sea of the effects of wave motion on the insulation of dry immersion suits [J]. Aerospace Med. Assoc. Mtg, Chicago, 1997, 5.

[19] HYPOTHERMIA.Drownning and cold–water survival [C]. RADM Alan M, Steinman USPHS/USCG（Ret）, PVSS 会议 PPT.

第 13 章　潜水服的结构与性能

随着大众潜水运动的兴起和日益广泛，潜水服作为水下运动个体防护救生装备之一，近 10 年来得到了飞速发展。作为水下活动防护装备，潜水服需要和呼吸器、脚蹼等配套使用。比如，在海边浅潜用的潜水装备，就是由湿式潜水服配套呼吸器和脚蹼等属具构成。由于呼吸系统、脚蹼等可以完全单独选用，本章谈论的潜水服，指的是不含呼吸系统的、潜水穿的单纯的服装。

潜水服的核心功能是防止水中运动失温，而水中低温防护也是抗浸服的核心。因此，潜水服的发展和抗浸服的发展难以完全分开，尤其是双方通用的失温防护材料，这些材料在 11.4 节中进行了阐述。

本章重点介绍潜水服的定义和发展历史，与抗浸服的关系，及其分类、结构、性能要求及测试。

13.1　潜水服的定义和沿革

13.1.1　定义

潜水服是指需要在水中进行呼吸的水下活动用服装。需另外配备呼吸系统，帮助人体在水中进行呼吸。

海水水面温度平均在 −2 ~ 30 ℃，水下温度更低；人体体温和皮肤温度均高于该温度，如前文 2.3 和 10.1 所述。因此，无论是在炎热夏季还是寒冷冬季，在水中活动不可避免会遇到失温伤害。所以，潜水服的核心功能是提供一定的保温性能，防止人体在水中因热量散失导致的低温伤害。因此，潜水服对材料的保温性能提出了明确要求。

13.1.2　与抗浸服的异同

只是从名字和定义而言，抗浸服和潜水服似乎不存在相关性。

水中伤害主要来自溺水死亡和水中低温失温伤害。救生衣提供的安全漂浮功能防止溺水死亡，营救无意识的落水人体。抗浸服则用于避免低温的水与人体接触而失去热量，防止水中低温失温伤害。

用于水下活动的潜水服，不可避免存在失温伤害，需要失温防护。因此，最初简单的潜水服，是由抗浸服配套水下呼吸系统构成。比如，夏季大众的潜水活动，穿的 wet suit（俗称湿衣），就是湿式抗浸服，然后配套上呼吸装置，便可以进行潜水活动了。

13.1.2.1　不同点

从定义看，两者完全不同。潜水服是用于潜水员在水下活动的防护装备，配套齐全的潜水服系统，主要提供水下呼吸、失温保护、便于水下活动等功能；抗浸服只是用于落水人员在水中的失温防护。因此，两者使用的对象、环境等都不同，见表 13-1。

表 13-1　潜水服和抗浸服的区别

	潜水服（Diving Suit）	抗浸服（Immersion Suit）
定义	在水下运动所需要的服装	防止因为水的接触导致的寒冷伤害的服装
使用对象	需要进行水下活动的潜水员等	寒冷水域、近水域等作业、娱乐、活动等人员
使用环境	水下、需要呼吸系统	水面、近水域
功能	防止水下运动失温保护 便于水下运动，防止水中生物伤害 提供水下呼吸系统（可以通过呼吸器单独提供）	提供水面失温保护 提供漂浮待救功能

13.1.2.2　相同点

从表 13-2 可以看出，抗浸服和潜水服的相同点在于，都用于水域中的人体失温防护。

在潜水过程中，人体和水的热交换存在以下特点。

（1）水面或水中平均温度总是低于人体皮肤温度。

（2）潜水过程中，水和人体的换热表面积是整个人体表面积，远高于空气中的换热面积，如 12.1 分析所述。

（3）水具有高导热和大比热，导致水是远高于空气的热的良导体。

因此，春夏秋冬任何季节的潜水，基本上都需要一定的失温防护，只是防护等级不同。

随着人们对水中失温防护的认识，抗浸服由最早的不允许水进入的干式抗浸服发展到允许部分水进入的湿式抗浸服，由使用于极冷水域，比如 10 ℃以下的服装发展到 15 ℃左右使用的服装。比如，在 2002 年 ISO 15027 规定的 D 级抗浸服，是指在 15 ℃水域 2 h，核心体温下降不大于 2 ℃；2012 年，D 级抗浸服修订为在 10 ℃水域 2 h，核心体温下降不大于 2 ℃。

因此，简单的潜水服可以看成是由抗浸服配套水中呼吸系统而成。这就导致了抗浸服和潜水服存在密不可分的相关性和共同点。比如，根据保温原理，潜水服和抗浸服都分为 wet suit 和 dry suit。

表 13-2　潜水服和抗浸服的相同点

		抗浸服（Immersion Suit）	潜水服（Diving Suit）
根据失温作用原理分类相同	湿衣（Wet Suit）	部分水可以进入	部分水可以进入，可以减少水在潜水员身体表面流动
	干衣（Dry Suit）	不允许水进入	不允许水进入
10 ℃及以下寒冷水域		干式服装	干式服装
主体材料		防水织物复合针织物的发泡橡胶	防水织物复合针织物的发泡橡胶
服装结构		湿式抗浸服为弹性紧身结构	为便于运动，多为弹性紧身结构部分干式，也较为宽松

13.1.3　历史沿革

由于具有同样的水中保温功能，采用同样的材料制备，潜水服（diving suit）和抗浸服（immersion suit）的发展存在不可分隔的历史渊源。但是，也存在各自不同的主线。

潜水服是潜水作业的重要装备，广泛用于军事及民用潜水。潜水服最早是在 1617 年，由凯斯勒设计，但是没有进行实际使用。1679 年，意大利人博雷利在前人的基础上对潜水服进行改造，制作了世界上第一套潜水服，这套潜水服避免和减轻了水下压力，但是没有防护功能，无法深入水下。1715 年，莱思布里奇制作了一种皮制潜水服。1819 年，英国人西贝发明了一种比较成功的水面气泵式潜水衣，配以钢制的头盔，可以潜到水下 75 m 的深处。1857 年，法国人卡比罗尔发明了橡皮制成的潜水衣，这种潜水衣经过以后的多次改进，至今仍在使用。

和抗浸服、救生衣一样，潜水服的迅速发展也是在第二次世界大战后。

第二次世界大战中，法国海军士兵潜入海中，在敌舰的船底下安放炸药，为保护潜水人员在低温的海水中不致被冻死，开始研制潜水服，并于战后成功开发。现存记录表明，潜水服是由法国发明、由美国实现了商业化并销往世界各地。

1960 年秋，日本采用黑色的闭孔氯丁橡胶（CR）海绵薄片，制成了 7 套潜水服，用于渔民潜入海里捕捞鲍鱼。当时的潜水服与现在的潜水服根本无法相比，它较硬、较重、伸缩性也小。然而，随着材料的改进，这种潜水服在短短数年的时间内就普及到了日本全国。1964 年，在单层发泡橡胶海绵薄片上粘贴锦纶基布；1965 年发泡橡胶表里两面都粘贴锦纶针织面料的双面潜水服诞生。

可见，潜水服的发展是从湿式服装（wet suit）切入的，而抗浸服的发展是从干式服装（dry suit）切入的。最早使用的抗浸服是由氯丁橡胶或氯丁橡胶涂层形成一个完整、密闭的防水干式抗浸服，由于穿着作业时不透气、难受，在发泡橡胶用于潜水服后，才于 20 世纪 60 年代末，由美军开发了一种可以进水的湿式抗浸服用于空军飞行员，使用过程中允许少量水进入，依靠人体体温温暖后形成温水层，隔开冷水和人体，防止体温丧失。这种服装具有弹性，紧贴人体，这和现在的湿式潜水服一样。

随着大众水上运动的兴起和丰富，潜水服的用途日益广泛和多样化，不仅用于水下运动，其他各类水上运动包括帆船、冲浪、摩托艇等，也广泛使用潜水服。现阶段，人们对于闭孔发泡橡胶、橡胶复合用织物、胶黏剂等潜水服材料，以及它们的加工技术、制造设备进行综合性开发和改良。

13.2　潜水服的分类及结构特征

13.2.1　潜水服的功能及分类

在南纬 40° 与北纬 40° 之间的区域，240 m 深处平均水温约比表面水温低 8.5 ℃，600 m 深处平均水温约比表面水温低 14 ℃。由于水下温度一般比海面低，且水的导热系数比空气大 25 倍、比热比空气大 1000 倍，所以，水下低温对人体的影响要比水面大得多。有研究表明，即便水温 25 ℃时，不穿潜水服的受试者，在水中浸泡很少能超过 1 h。

潜水员在水下作业时，容易接触到像水螅、海葵或海草等，当它们遭到破坏时，会释放出大量刺疱体，接触到人的皮肤会导致皮炎。据统计，从事水下清洗工作的潜水员，海生物刺胞性皮炎的发病率竟然高达 93.6%。湿式潜水服较好的贴体性，会对人体表面皮肤形成一个保护层，阻止水生物进入身体，从而可以降低皮肤病的发病率。

因此，潜水服的功能主要如下。

（1）保护潜水员不受高水压、低水温环境的影响，维持人体正常的温度，从而进行安全有效的水下作业。

（2）保护潜水员身体不被礁石割伤，以及水母海葵等生物性的伤害。

除此之外，还需要具有良好的延伸性、弹性和舒适性，使人体各部位伸缩自由，使服装贴合人体，便于水下游动。

根据保温原理、结构款式、加热方式、应用场景不同，潜水服有不同的分类方法。其中，根据加热方式不同，潜水服可以分为主动加热/冷却和被动式两大类；根据结构款式不同，可以分为连体式、分体式、连体密闭式等不同结构；根据应用场景不同，可以分为浅潜用和深潜用。根据保温原理分，可以分为干式和湿式潜水服两种，这也是最主要的分类方法。具体见表 13-3。

表 13-3 潜水服的分类

分类依据	具体类别	说明
保温原理	干式潜水服	多为连体密闭式，用于寒冷或污染水域潜水工作
	湿式潜水服	多为连体或分体，用于水上娱乐休闲、浅潜、温暖水域
结构款式	连体密闭式	多用于寒冷或污染水域，干式潜水服
	连体半密闭式	干式及湿式潜水服都用，需要在手腕、脚腕及脖颈处进行密封
	分体式	湿式潜水服，各类水上休闲娱乐运动用
加热方式	主动加热/冷却	配备有主动加热/冷却装置的潜水服，通过外源保证人体处于舒适的温度区域
	被动	通过保温材料防止热量损失的、大多数的湿式和干式抗浸服
应用场景	深潜	主要指水肺潜水，利用压缩空气瓶在水下呼吸，配套穿潜水服
	浅潜	又分戴着伸出水面的呼吸管在较浅水面的浮潜和通过自身肺活量调节呼吸屏气尽量往深潜的自由潜水

13.2.2 干式潜水服

干式潜水服完全与水隔绝，和抗浸服一样，由防水层和保温层构成。理论上而言，这两层可以单独分开使用，也可以通过复合技术结合成一体。

通常采用的材料有以下两种。

一是防水或防水透湿织物，在涤纶或锦纶基布上进行覆膜，也可以进一步复合针织网眼内层形成，如图 11-3 所示，在 11.3 节进行了介绍；该织物构成单独的防水层，在寒冷水域需要配套保温层穿用，保温层介绍见 11.1 节所述。

另外一种为发泡橡胶或发泡橡胶复合针织面料构成，如图 11-4 所示，厚度为 3 ~ 10 mm，在 11.4 节进行了介绍。该织物具有一定的厚度和保温性能。这也是湿式抗浸服常用的材料。

干式潜水服通常有两种结构，一是连体全密闭结构，二是连体半密闭结构。

（1）连体全密闭结构是指将头部、脚部和手部都密闭在内的结构，如图 13-1（a）所示。主要用于水温很低的、需要长时间作业的寒冷水域，比如 10 ℃以下；或者水域污染严重的水下作业。如图 13-1（a）所示为用于冰水潜水用的全密闭干式潜水服，由 5 mm 可拉伸的阻燃氯丁橡胶制备而成，连手、脚、头部一体化结构，通过水密拉链在前门襟处闭合，穿脱方便。具有极好的抗浸保温性能，可用于渔船、商船队和石油平台等。还配备有防浪花溅射面罩，热绝缘性能极好的三指手套，可净化空气的趾阀，充气式头部支架，SOLAS 级反光带等。除了潜水服还需要配备可净化空气的阀门，使用时配套呼吸器外，这种干式潜水服和抗浸服几乎一样。所采用的水密拉链、氯丁橡胶等材料都相同。

（2）连体半密闭式结构为不包含头部、手部或脚部的连体结构，如图 13-1（b）所示美国品牌 Scubapro® 的一款干式潜水服，为典型的连体半密闭结构。该结构需要在颈部、手腕或脚腕部单独采用氯丁橡胶圈环类进行密封，整套服装通过水密拉链进行密封，密封结构及设计参照 10.2.3、10.2.4、10.2.5 小节。该服装面料为三层复合防水透湿织物，锦纶织物复合 TPU 防水透湿膜，内衬锦纶针织面料构成；这种面料只提供防水功能，需要配套保温层穿用。上衣和下裤的接缝处缝合并采用胶条进行防水密封；从左肩到右臀侧的水密拉链用以闭合服装，防止水进入。配备有空气充排气阀、半刚性潜水靴、救援用 D 环、潜水面罩等。

干式潜水服主要用于专业的深水、污水作业环境，价格高，操作比较复杂，对潜水员专业素质要求较高，样式多为连体式，通过水密拉链进行密封，和抗浸服一样。不同的是，由于干式潜水服需要潜入水中进行活动，必须要有空气注入和排出系统，以保证潜水员在水中的运动及平衡。使潜水服

(a) 寒冷水域用连体全密闭结构   (b) 连体半密闭结构

图 13-1　干式潜水服

与人体间隔离的气层可以调节，保证在潜水深度增加的情况下，维持保暖性能，同时提供一种浮力调节方法。穿着干式潜水服时，潜水服内有空气，所以必须配戴更多的配重，在水下作业会增大潜水员的体力消耗；着干式潜水服潜水，操作比较复杂，对潜水员专业素质要求较高。因此，干式潜水服多为专业人士使用，且需要经过特别的训练，学习如何控制及使用充排气装置。在使用完干式潜水服后，要浸泡清水及避免阳光曝晒，尽可能存放在通风而阴凉的地方。拉链要经常润滑，不可长期折叠以防止造成泡沫合成橡胶形成无法恢复的皱褶。

13.2.3　湿式潜水服

湿式潜水服允许少量水进入服装，依靠人体体温把进入的水层变为静止的温水层，防止人体和外层冷水的接触，从而实现保温。因此，湿式潜水服需要弹性面料，紧贴人体的结构设计，使温水层尽可能静止在服装与人体之间，尽可能减少温水层和外层冷水层间的流动交换。

湿式潜水服通常采用闭孔发泡橡胶复合弹性面料构成，如 13.2.2 和 11.4 所述，厚度可以根据使用的水域温度进行合理选择。闭孔发泡橡胶内部具有不连通的闭孔结构，柔软有弹性，会随着潜水深度的增加而受压变薄，导致保温性能降低。因此，需要考核该类材料在水中的浸入 CLO 值。

不考虑配套的呼吸器，因为湿式潜水服也不需要配套空气充排气系统，只是一套紧身的水下运动服，因此，湿式潜水服就是湿式抗浸服，英文名称为 wet suit。随着潜水运动的日益娱乐化、大众化，湿式潜水服得到了广泛应用，且价格便宜。平常生活中所说的潜水、跳水、冲浪、快艇等穿着的潜水服大多指的就是湿式潜水服，并在运动及美观设计方面得到了强化。

根据面料厚度的不同可以分为 0.5 ~ 3.0 mm 厚的潜水服、4.0 ~ 6.0 mm 厚的潜水服及 6.5 ~ 7.0 mm 厚的潜水服，用于不同温度和季节的水域。在款式结构方面，有全身连体式、半身连体式和分体式。

全身连体式如图 10–14（a）和 13–2（a）所示，长袖、长裤连体结构，在颈部、手腕或脚腕部密封，贴体性好，拉链在背部。

半身连体式如图 13–2（b）所示，短袖短裤连体结构，为一款常用于热带、2.5 mm 厚度的潜水服。采用锦纶针织面料复合发泡橡胶制备而成，在背面采用对角拉链拉合。同时，通过线条分割设计，增加了运动美学。

分体式包括长袖长裤、短袖短裤款式，分别如图 13–2（c）和 13–2（d）所示，还包括背心、夹克等款式。

(a) 全身连体式　　(b) 连体式短袖短裤　　(c) 分体短袖短裤款　　(d) 分体长袖长裤款

图 13–2　湿式潜水服

13.2.4　结构设计

不同于抗浸服，潜水服因为用于水上 / 下运动，非常注意基于人体功效的结构设计及美学设计，尤其是湿式潜水服。

潜水服的弹性紧身结构，使得拉链的应用必不可少，拉链的闭合严密性利于弹性面料形成紧贴人体的闭合结构。拉链的使用位置、形状也多种多样，如图 13–3 所示，包括前中直开拉链、前中斜开拉链、前中横开拉链、后中直开拉链、U 型拉链及曲线型拉链设计等。这些拉链防水等级要求不如干式潜水服用水密拉链，但对于浸水中多次反复拉伸性能要求较高。不同形状的拉链需要便于穿脱和运动。

从美学角度而言，湿式潜水服通过引入颜色、印花或图案来增加视觉上的美感。在色彩设计上一般选取较为醒目和明亮的色彩，多采用两种或两种以上颜色进行拼接，也有一些精美的印花和图案设计，如图 13–4 所示。一方面，在深色基底上，配上鲜艳且引人注目的绿色、紫色等；另一方面，通过结构分割设计，合理配置对比度高的颜色，如白色和黑色搭配分割人体。色彩的巧妙运用，不仅丰富了潜水服的款式设计，而且还可以起到保护作用。如采用明亮醒目的色彩，可以在发生危险时便于被发现或救援人员搜救。

(a) 前中直开　(b) 前中斜开　(c) 前中横开　(d) 后中直开　(e) U型　(f) 曲线型

图 13-3　各种拉链开口结构

图 13-4　配色鲜艳的潜水服

潜水服的款式设计不仅要考虑款式的多样性，而且要充分满足人体工效学原理，如袖口、裤口拉链的设计，应便于穿脱；肘部、膝盖的防滑耐磨设计，以保护膝盖和肘部，增加耐用性，如图 13-5（a）所示；领部、袖口和脚口全部采用包边设计，不仅圆滑舒服，而且可以在保护颈部和身体的同时，起到一定的密闭作用，持续锁住体温，如图 13-5（b）所示；领口高弹性面料与衣身潜水面料的拼接设计，可以满足运动时的舒适性等，如图 13-5（c）所示。

13.2.5　配件

潜水服常用配件有潜水面罩、手套、潜水鞋，如图 13-6 所示。这些产品多采用锦纶或其他弹性面料复合发泡橡胶片材制备而成。图 13-6（a）为潜水面罩，极好贴合头部形状，减少头部区域的热量损失，里面还配有舒适的长毛绒内衬。13-6（b）为与湿式潜水服配合使用的潜水手套，手掌部分有纹理防滑，为手掌提供良好的抓力；采用2 mm氯丁橡胶材料，可以免受切割、擦伤和刺伤；同时，高弹性的氯丁橡胶材料非常便于穿和脱。13-6(c)为潜水靴，采用100%高伸展锦纶外面和毛绒内衬，2.5 mm软氯丁橡胶与纹理鞋底，提供防滑保护，易穿，适合自由泳者，也适用于小潜水员。

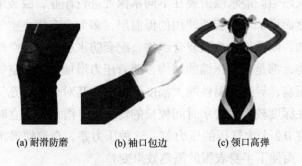

(a) 耐滑防磨　　　(b) 袖口包边　　　(c) 领口高弹

图 13-5　细节处理

(a) 潜水面罩　　　(b) 潜水手套　　　(c) 潜水靴

图 13-6　潜水服配件

　　用于专业或深潜潜水的配件还有呼吸器、脚蹼等。其中，呼吸器属于另外一个专业门类，在此不一一介绍。

13.3　性能要求及测试方法

　　用于水中运动的潜水服，除了需要具有一定的环境适应性、一定的结构牢度等之外，潜水服用个人材料是最重要的部件，其隔热和耐压性能至关重要；干式潜水服除了隔热材料外，闭合结构也至关重要，需要考核整套服装的渗漏性能。此外，还有些特殊性能需要考虑，比如，主动式加热系统、配置的发光材料等部件性能。

13.3.1 隔热材料的性能

隔热材料的性能包括浸入热阻、耐水中反复加压、拉伸强度、永久变形等。

（1）浸入热阻。潜水服需要在不同水深处进行作业，服装承受的静水压随着潜入深度而增加。服装所使用的保温层，多为含有静止空气、结构蓬松的材料，比如，闭孔发泡橡胶复合织物、配套防水层穿用的空气层或摇粒绒内保温层织物，都是容易压缩的结构，随着压力增加，富含空气的泡孔或孔隙结构会被压扁，导致保温性能大幅度下降。尤其对于内含充气空气层的干式潜水服，在深度较大、潜水时间较长的情况下，潜水员直立时头部与足部之间大约存在 0.2 个大气压的压力差，这种压力差，会迫使潜水服的气体充胀于上半身，而使下半身衣服的隔热效果变差。

采用浸入热阻表征隔热材料的保温性能。浸入热阻是指材料浸入到水中测试获得的热阻值。EN 14225-1 将隔热材料的隔热性能划分为 4 个等级（表13-4）。浸入热阻越大，材料保温性能越好，可以在更低水温下使用。比如，浸入热阻大于 0.15 $m^2 \cdot K/W$ 的保温材料，可适用于 7 ~ 12 ℃的水域；而浸入热阻值在 0.05 ~ 0.069 $m^2 \cdot K/W$ 的保温材料，只能够在水温大于 22 ℃的水域使用。

表 13-4　隔热性能等级

热性能等级	表面浸入热阻 /（$m^2 \cdot K \cdot W^{-1}$）	6bar 时的浸入热阻 /（$m^2 \cdot K \cdot W^{-1}$）	水温区间 /℃
A	≥ 0.15	≥ 0.03	7 ~ 12
B	0.10 ~ 0.149	≥ 0.02	10 ~ 18
C	0.07 ~ 0.099	≥ 0.01	16 ~ 24
D	0.05 ~ 0.069	≥ 0.01	> 22

注　1 bar=0.1 MPa。

隔热材料的浸入热阻值，需要借助如图 13-7（a）所示的热力系统组件（TSA），将圆柱形套筒状材料在压力下浸没在水中，通过测试材料的热损失计算获得。所需要的设备及原理示意图如图 13-7 所示。

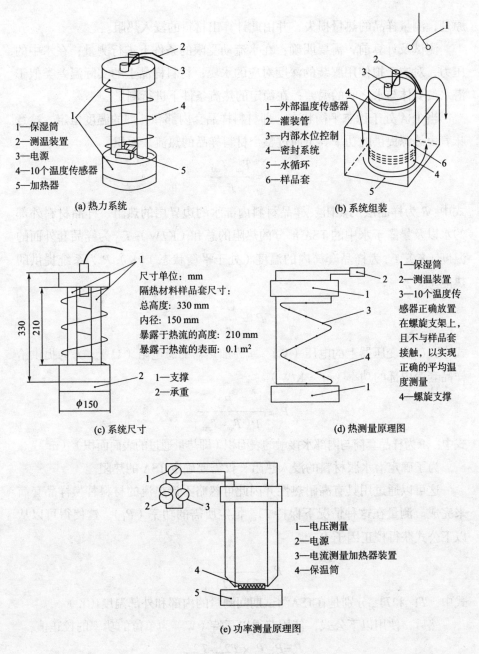

(a) 热力系统
1—保湿筒
2—测温装置
3—电源
4—10个温度传感器
5—加热器

(b) 系统组装
1—外部温度传感器
2—灌装管
3—内部水位控制
4—密封系统
5—水循环
6—样品套

(c) 系统尺寸
尺寸单位：mm
隔热材料样品套尺寸：
总高度：330 mm
内径：150 mm
暴露于热流的高度：210 mm
暴露于热流的表面：0.1 m²
1—支撑
2—承重

(d) 热测量原理图
1—保湿筒
2—测温装置
3—10个温度传感器正确放置在螺旋支架上，且不与样品套接触，以实现正确的平均温度测量
4—螺旋支撑

(e) 功率测量原理图
1—电压测量
2—电源
3—电流测量加热器装置
4—保温筒

图 13-7　浸入 CLO 测量示意图

　　设备内的温度与外部水之间的温差通过调节样品内部的热源来精确补偿样品的热损失。为了测量样品内部和外部水的平均温度，在压力下，不搅动样品内部的水，并且在不干扰对流的情况下，采用 Tian 和 Calvert 微量热法

原理，测量样品的热量损失，并由此计算出材料的浸入热阻。

测试及计算前，需要明确：在水流动受限的条件下进行测量；在水中的压力，对应于拟使用服装的深度对应的水压；材料样品上的实际温差类似于潜水员身体与水之间的温差；在稳定的热流条件下进行测量。

当 TSA 处于稳态平衡状态，即材料样品套内部和外部的温度恒定，这意味着由热源提供的功率等于通过整个材料样品的热流表面积。

$$R = \frac{T_{\text{int}} - T_{\text{ext}}}{P}$$

式中：R 为样品层的热阻、样品材料内部水的边界层的热阻、样品材料外部的水以及暴露于水中的 TSA 部分的热阻的总和（K/W）；T_{ext} 为样品套外面的温度（K）；T_{int} 为样品套筒内的温度（处于平衡状态）（K）；P 为系统提供的热能（W）。

$$P' = \frac{U_2^2}{r_t}$$

式中：U_2 为变压器上的电压（V）；r_t 为加热器的总电阻（Ω）；P' 为提供给样品套筒内部的功率（m² · K/W）。

$$P' = \frac{P}{A^*(T_{\text{int}} - T_{\text{ext}})}$$

式中：A^* 为样品套筒与内部水接触的表面积（即热量通过的表面面积）（m²）。

为了确定潜水服材料的浸入热阻，仅需要确定 TSA 的热阻。

这可以通过用具有高耐热性并因此可忽略不计热流的材料替换样品套筒来完成。测量在这种情况下保持 $T1_{\text{int}}$ 恒定所需的功率（P_1），这使得可以从以下公式获得校正因子 P_s：

$$P_s = \frac{P_1}{T1_{\text{int}} - T1_{\text{ext}}}$$

式中：$T1_{\text{int}}$ 和 $T1_{\text{ext}}$ 分别是在 TSA 测试期间测量的内部和外部温度（K）。

然后，使用以下公式，使用获得以瓦特（W）为单位的功率的校正值：

$$P_c = P - P_s \times T2_{\text{int}} - T2_{\text{ext}}$$

式中：$T2_{\text{int}}$ 和 $T2_{\text{ext}}$ 分别为材料样品测试中测量的内部和外部温度（K）。

根据以下公式确定潜水服材料的浸入热阻，单位为 m² · K/W：

$$P_{ct} = \frac{A^*(T_{\text{int}} - T_{\text{ext}})}{P_c}$$

实际测试时，先将每个样品裁成高 210 mm、直径 150 mm 的圆柱形套筒形式，样品和热流接触的表面积为 0.1 m²。水箱温度均匀在 10 ~ 15 ℃，且设备内的温度与外部水之间的温差应在 25 ~ 30 ℃。每个样品需要在 0.1 MPa（1 bar）绝对压力和 0.6 MPa（6 bar）绝对压力下进行测试。

将样品套筒套在热力系统上［图 13-7（a）］，并通过在绝缘圆柱体上安装密封带将其固定在适当位置，以实现水密密封［见图 13-7（b）和（c）］。向系统中加水，将热力系统组件浸入系统的水中，观察水位控制管中的水位，检查样品套内部是否有漏水现象，将水箱［13-7（b）］中的水温调节至 10 ~ 15 ℃，调节加热器的电源，直到内部水温稳定为止。电压限为 30 V，以避免触电的危险［图 13-7（d）和（e）］。将内部和外部水温之差设在 25 ~ 30 ℃，并在测试过程中保持这一温度。温度保持稳定至少 15 min 后，以至少 0.1 ℃的精度测量内部和外部水温。根据前述公式进行计算。注意测试过程中及结束后，需要观察水位控制管中的水位，来检查样品套内部是否有漏水现象。

提高隔热材料的抗压缩性能及隔热性能是潜水服用材料的研发方向。设计不受压缩的泡沫材料，如用空心玻璃小珠加入材料中去（夹于两层不透水的潜水服材料层之间形成三层结构），由于它不受压缩，就不会在深水中明显丧失其隔热值，从而提高了它的保暖性能，还可以引入主动加热系统。

（2）水中反复加压性能。将样品置于压力室内，在（20±2）℃的温度下，加压至 0.6 MPa（6 bar）绝对压力，进行 10 个加压释压循环。一个完整的加压释压循环包括：在 3 min 内将压力增加到 0.6 MPa（6 bar）；保持压力在 0.6 MPa（6 bar）10 min；在 5 min 内释放压力。在浸入加压之前和之后，样品厚度损失不大于 5%。

（3）拉伸强度和耐永久变形。应承受（150±5）N 的拉伸载荷 10 s 而不会破裂，永久伸长率应小于原始长度的 5%。

样品被夹持于拉伸试验机的夹具中，夹持距离 100 mm。施加（150±5）N 的力拉伸样品并保持该力值持续 10 s，材料不会破裂。测试回复 1 h 后材料两个夹持点的距离，不可回复的永久伸长率不大于 5%。

（4）耐动态撕裂。根据 EN ISO 13995，将材料样品垂直放置，刀片垂直下落带来冲击能量使样品撕裂，调整掉落高度使刀片下落的冲击能量为 1.7 J，刀片下落造成的撕裂应不大于 5 mm，潜水服材料样品平均撕裂长度应小于 40 mm。

13.3.2　整体性能

潜水服的整体性能包括穿脱及水中性能、耐高低温性能、防渗漏、耐海水、接缝强力及其他性能。

（1）穿脱及水中性能。穿脱性能和在水中的实际潜水性能是考核潜水服的关键指标。在不超过一个人的协助下，在（−20±1）℃的环境温度下，潜水服的穿脱时间不得超过10min。

用于浅潜的潜水服需要经受以下潜水测试。将头罩固定在潜水服上，评估颈封、评估面部密封性，至少走25m（在潮湿和不平坦的地面上）；戴上呼吸器（允许协助），将供气软管连接到潜水服，用戴手套的手断开并再次连接，穿上脚蹼；首先从（1.5±0.5）m的高度将脚跳入水中，使用未充气的浮力补偿器浮出水面；使用未充气的浮力补偿器在地面上游泳：面朝下至少25m和面朝上至少25m；用浮力补偿器进行直立的受控下降，并垂直检查所有设备（阀门、重物和刀具）的状态和操作；使用未充气的浮力补偿器检查不同位置的浮力控制；上升至2m，具有从稳定的正面朝下的位置垂直和水平旋转360°到起始位置的能力；使用未充气的浮力补偿器以直立姿势进行受控上升，将脚蹼落入水中，爬上最小高度为1m（距水面）的垂直梯子，落下设备（允许协助）；落下引擎盖。

检查潜水员的皮肤是否因潜水服引起擦伤或其他皮肤伤害。总潜水时间和入水时间至少应为30min。

用于深潜的潜水服需要经受以下潜水测试。每位测试潜水员应进行至少5m深度的潜水，并在水中至少停留15min。每个测试潜水员应执行以下程序：使用未充气的浮力补偿器进行受控下降；检查所有设备的功能，身体状况和操作；检查引擎盖通风孔（如果适用）；使用未充气的浮力补偿器在直立位置进行受控上升。检查潜水员的皮肤是否因潜水服引起擦伤或其他皮肤伤害。

（2）耐高低温性能。将样品放入（70±3）℃的烘箱中16h±30min。从烘箱中取出后，将样品在18~25℃、不低于50%相对湿度下存储至少3h。将样品放入冷却室中，在（−20±3）℃下保持3h±5min。在完成耐低温测试的5min内，将衣服悬挂在（20±2）℃的标准室温下。如果衣服是干式服装，则在最终测试结束后15min将服装充气至（26±1）mbar，并放置15min。经过高、低温测试的潜水服，其表面不应有任何可见的撕裂、接缝损坏、裂缝或变形的迹象。

（3）耐海水性能。将潜水服样品浸没在符合 EN 1809 的人造海水中，在 15 ~ 25 ℃的温度下 8 h ± 15 min。如果没有在淡水中清洗样品，则样品应在 15 ~ 25 ℃的空气中停留 16 h ± 30 min，相对湿度不超过（75% ± 5%）。进行四个循环，每个循环后，潜水服表面不应有任何可见的撕裂、接缝损坏、裂缝或变形的迹象。

（4）防渗漏。这主要针对具有空气充、排系统的干式潜水服。将一件完整的干式潜水服，包括附件（如头罩，头盔，手套或靴子）等，完全浸没在水线正下方的水平位置，在 2 kPa（20 mbar）气压下进行充气操作，潜水服不应持续冒泡。

（5）服装接缝强度。在潜水服接缝处横向裁取宽度为 250 mm、长度足够的样品，夹持在拉伸机夹具间，夹持距离 100 mm，施加（100 ± 5）N 的力保持 5 min。各接缝处没有破裂。

（6）其他性能。浸水会出现多尿现象，对于干式潜水服，连续潜水时间超过 2 h 的干式潜水服系统应与排尿的系统兼容。

根据提供的说明对潜水服进行清洁、消毒和去污。将浓度和浸泡时间加倍，进行 15 次测试。不能够出现可见的撕裂、接缝损坏、裂缝或变形。

服装系统中的闭合部位都应该能够承受（100 ± 5）N 的拉力持续 10 s 而不破坏。

13.3.3　特殊性能要求

（1）主动加热和冷却系统的散热。对于配有主动加热或冷却系统的潜水服，所有有源热力系统均应有散热措施，以减少局部过热或冻结的风险。对于加热或冷却系统发生故障的情况，热力系统应具有足够的剩余容量，以使潜水员返回安全点。如果将防护头罩连接到防护服，则防护头罩与耳朵之间不能形成密封。

（2）耐化学药品。用于具有化学腐蚀性环境的潜水服。潜水服及其部件等，包括接缝、穿透物、封闭物和拉链等，都应该具有极好的防化学品渗透性能。

（3）抵抗生物。用于具有传染源或污染严重水域的潜水服。潜水服及其部件等，包括接缝、穿透物、封闭物和拉链等，都应该防止微生物进入。

（4）耐磨性。对于需要耐磨损的水下工作环境，防护服材料经过 8000 次磨损后，该材料不应泄漏。

（5）可见性。有些潜水服会贴敷反光膜，则其总面积至少为 400 cm^2，符合 SOLAS（1974 年修订版）和 IMO 决议 MSC 47（66）。而且，反光区域应位于衣服的至少两个位置，优先考虑上半身、潜水服的附件或潜水装备中不会被遮挡或覆盖的部位。参照 EN ISO 15027-3：2012 抗浸服的要求，附着在潜水服上的逆反射材料和未附着在潜水服上的相同材料，两者之间的逆反射系数不应有差异。

参考文献

[1] 郭川川，牛立言. 湿式潜水服欧盟标准 EN 14225-1：2017 的解读 [J]. 国际纺织导报，2019，47（10）：28-30.

[2] 李丹. 湿式潜水服浅析 [J]. 国际纺织导报，2016，44（5）：60-65.

[3] 李丹. 女式湿式潜水上衣基础型结构的研究 [D]. 上海：东华大学，2015.

[4] 吴忻舟，杜劲松. 潜水运动力学分析与潜水服设计要点 [J]. 武汉纺织大学学报，2015，28（5）：29-33.

[5] 卢云翔. 湿式潜水裤结构设计方法的研究 [D]. 上海：东华大学，2014.

[6] 仲怡. 穿在身上的"海绵"何为氯丁橡胶 Neoprene 面料？[J]. 中国制衣，2014（1）：52-53.

[7] 武易明，易红玲，孙建波，等. 发泡 CR 材料的制备与老化性能研究 [J]. 橡胶工业，2011，58（9）：539-544.

[8] 那洪东. 潜水服 [J]. 世界橡胶工业，2011，38（5）：28-30.

[9] 顾靖华，倪萍. 潜水服的特点及发展趋势 [J]. 中国个体防护装备，2006（2）：45-47.

[10] 顾靖华，时贵玉. 层压织物在潜水服上的应用 [J]. 上海纺织科技，2005（7）：36-37，45.

[11] 向友. 低温潜水作业用的保暖服 [J]. 化工之友，1994（3）：23.

[12] 武易明. 潜水衣用发泡氯丁橡胶的改性技术及应用性能研究 [D]. 上海：华东理工大学，2011.

附录一 救生衣的选择、使用和保养

一、救生衣的选择

1. 按照救生衣类型进行选择——来自美国海岸警卫队的便利指南

美国海岸警卫队建议在游船时，每个人都必须有一件可穿戴的救生衣。这些救生衣需满足：美国海岸警卫队许可、适合穿戴者的尺寸、救生衣使用状况良好且妥善放置（易取拿）等要求。当船只在搭载 13 岁以下儿童航行时，规定儿童必须穿着救生衣，除非他们在甲板下或在封闭的船舱里。

不同地区水域上，对于年龄的要求可能会有所不同，鼓励船员们就这些要求与他们所在地区划船当局咨询。

跳伞人员穿着降落伞……

足球运动员佩戴头盔……

驾驶员系好安全带……

负责任的船员们穿好救生衣……

一半的事故发生在平静的水面上，死亡事故多发生在海岸附近，由溺水引起。然而，大多数情况下，救生衣存放在船上，而不是穿在人们身上。所有事故都是意想不到的，美国海岸警卫队建议您在划船时将救生衣穿戴完全，而不只是随身携带。救生衣可用于：游船、划船、滑水、打猎、钓鱼、赛事；男人、女人、儿童甚至宠物；会游泳的人和不会游泳的人；各种尺寸的船只；且救生衣用途多样，多种颜色和风格供选择。

如果救生衣合适的话，它将帮助落水者将头浮出水面。救生衣尺寸过大的话，会遮住使用者的脸；尺寸过小，使用者的身体将无法漂浮在水面上；为成人设计的救生衣不适合儿童使用。在使用救生衣前，可以在安全且有监督的情况下，在潜水中试穿救生衣，具体操作如下：检查制造商标签，以确保救生衣适合个人的尺寸和体重；穿上救生衣后，将其系紧，伸直双臂举过头顶，让另一个人抓住手臂顶部的开口，轻轻向上拉；确保在开口上方没有多余的空间，救生衣不要搭在自己的下巴或脸上。救生衣常见款式及特点见附表 1-1。

附表 1–1　救生衣常见款式及特点

救生衣名称	款式	救生衣特点
自动充气式救生衣		在浸泡或手动激活时自动充气 舒适且凉爽 会使昏迷的穿戴者面部朝上 需要定期进行维护 不适合 16 岁以下的儿童或不会游泳的人、不适合浸没式运动（急流潜水、滑水运动等）
手动充气式救生衣		需要手动激活 舒适且凉爽 会使昏迷的穿戴者面部朝上 需要进行定期维护 不适合 16 岁以下的儿童或不会游泳的人、不适合浸没式运动（急流潜水、滑水运动等）
带充气囊式救生衣		在浸泡或手动激活时自动充气 易穿戴 需要进行定期维护 充气后必须置于头顶 不适合 16 岁以下的儿童或不会游泳的人 不适合浸没式运动（急流潜水、滑水运动等）
背心式救生衣		会使昏迷的穿戴者面部朝上 几乎不需要维护 适合不会游泳的人 浮力大 小于离岸救生衣体积
儿童混合动力充气式救生衣		固有浮力，浸没或手动启动时也会自动充气 需要定期进行维护 会使昏迷的穿戴者面部朝上 不适合浸没式运动（急流潜水、滑水运动等）
儿童救生衣		专为可能的沉浸而设计 会使昏迷的穿戴者面部朝上 几乎不需要维护 有针对儿童的特殊安全功能
救援式救生衣		舒适 挺括 几乎不需要维护 无法使昏迷的穿戴者面部朝上

续表

救生衣名称	款式	救生衣特点
背心救援式救生衣		专为可能的沉浸而设计 无法使昏迷的佩戴者面朝上 几乎不需要维护 结构坚固 专为滑水或其他高冲击、高速度的活动
网格迷彩式救生衣		专为捕猎水鸟而设计 右肩绗缝含有射击贴片 网袋储存 特殊剪裁可自由活动 无法使昏迷的穿戴者面部朝上
漂浮外套		适合在寒冷的天气里捕猎水鸟 及臀式，隐藏式兜帽，两向拉链 有助于防止体温过低 无法使昏迷的穿戴者面部朝上
充气钓鱼背心		在浸泡或手动激活时自动充气 包括口袋、皮带和索具 会使昏迷的穿戴者面部朝上 需要进行日常维护 不适用于 16 岁以下儿童和不会游泳的人 不适合浸没式运动（急流潜水、滑水运动等）
旅游和急流戏水救生衣		用于独木舟、皮划艇、漂流和急流活动 特殊剪裁可自由活动 无法使昏迷的佩戴者面朝上 几乎不需要维护
海上背心		用于近海、开放水域和沿海巡航 浮力大 可能有助于防止体温过低 体积庞大 使失去知觉的人面朝上

2. 按照个人情况进行选择

划船的人喜欢阳光和浪花的感觉，所以，不穿救生衣划船是很诱人的，尤其是在天气好的时候。但是，现在的救生衣有各种各样的形状、颜色和尺寸。许多都很薄，很灵活。有些甚至直接嵌入钓鱼背心或搜救外套中。其他的则是像围巾或腰包一样的充气包，直到它们碰到水，就会自动充满空气应当知道的一些有关救生衣的事实。

某些救生衣的设计是为了让使用者的头露出水面，帮助保持一个允许正常呼吸的位置。

为了满足美国海岸警卫队的要求，每艘船必须配备经美国海岸警卫队批准的救生衣。4.88 m（16 英尺）及以上的船只必须至少有一个 IV 型气阀装置。

所有的地区都有关于儿童穿救生衣的规定。

成人尺寸的救生衣对儿童无效，有特殊的救生衣。为确保工作的完成，必须穿一件救生衣，紧贴身体，不能没过孩子的下巴或耳朵。

救生衣应该每年至少进行一次磨损和浮力测试，有积水、褪色或漏水的救生衣应当及时丢弃。

救生衣必须妥善堆放。

一件救生衣，尤其是一件舒适的浮选外套或甲板服，可以帮助你在冷水中生存。

当在出乎意料的恶劣海况下沉没时，当船只发生碰撞被抛出时，当被岩石或水下物体伤害时，当因一氧化碳失去知觉时，当掉入冰冷的水中时，当垂钓过程中失去平衡时，当因为沉重或衣服浸满水而不能游泳时……救生衣会发挥作用。

救生衣满足其他功能：可穿戴式救生衣必须触手可及；必须能够在紧急情况下（沉船、着火等），在合理的时间内可安装；不应堆放在胶袋内，或锁在、存放在封闭的空间内，或在上面堆放其他物品；最好的救生衣就是你要穿的那件、虽然不是必需的，但是当船在航行时应该一直穿救生衣；可穿戴式救生衣可以拯救生命，但前提是必须穿着；气阀设备必须立即可用。

与所在地区的划船安全官员进行核对，儿童救生衣的尺寸主要依据儿童的体重设定。检查标签上的"用户质量"，或审批声明，上面会写着类似"经批准用于休闲船和不载客出租的未经检查的商船，由体重为__kg的人使用"。它们可以被标记为"小于 30""30 到 50""小于 50"或"50 到 90"。国家法律对某些航船活动有相关的救生衣要求。

海岸警卫队建议，许多州要求穿救生衣：如滑水和其他拖曳式活动（使用标有滑水标志的救生衣）、操作个人水上艇（普华永道）（使用救生衣标记为滑水或普华永道使用）、急流划船、帆板运动（根据联邦法律，帆板不是"船"）。具体内容请与所在州的划船安全官员进行核对。联邦法律不要求在赛艇壳、划艇、赛艇和皮划艇上穿救生衣，国家法律不同，与所在州的划船安全官员进行核对。如果是在陆军工程兵部队或联邦、州或地方公园管理局管辖的区域内航船，则可能适用其他法规。根据救生衣材料进行分类见附表1–2。

附表 1–2　根据救生衣材料进行分类

救生衣类型	最小浮力				特点
	穿戴尺寸	类型	固有浮力 /kgf（1 kgf=9.8 N）	膨胀总浮力	
固有浮力（泡沫）	成人	I	10		成人、青少年、儿童和婴儿的大小 会游泳和不会游泳的人均适用 穿戴式和阀门式 有些是专门为水上运动设计的
		II & III	7	—	
		V	7 ~ 10		
	青年	II & III	55 ~ 7	—	
		V			
	儿童 & 幼儿	II	3.2	—	
	阀门式浮漂	IV	9		
			7.5 & 14.5		
可充气式	成人	I	11.5		最小结构 仅限成人尺寸 只建议游泳人士使用 只限穿戴
		II & III	10.2	—	
		V	10.2 ~ 15.4		
混合式（泡沫 & 充气）	成人	II & III	4.5	10	质量可靠 成人、青少年、儿童 会游泳和不会游泳的人均适用 只限穿戴 有些为水上运动使用
		V	3.4	10	
	年轻人	II & III	4.1	6.8	
		V	3.4	6.8	
	儿童	II	3.2	5.4	

二、救生衣的使用

（1）救生衣套在颈上将长方形浮力袋置于身前系好领口的带子。

（2）将左右两根腹带分别穿过左右两边的扣带环，绕到背后交叉。

（3）将腹带穿过胸前的扣带环并打上死结或者固定好扣带环。然后把档部的两根扣带扣牢固。需要注意的一点就是要将带子打死结，以免跳水时受到冲击或漂浮较长时间而松开。

使用救生衣需注意：按要求系好所有的绳子并打死结，反复检查打结处是否系牢，避免落水后因水压冲击而松开；穿戴后的救生衣需紧贴身体，避免落水后因水压冲击而脱落；将配置反光膜、口哨袋暴露在外侧，方便求救。

三、救生衣的日常维护

救生衣提供的浮力（和救生价值）会随着时间的推移而减少。请把救生衣当作生命的依靠，打理方式如下。

1. 救生衣的保养

（1）必做事项。

在每个划船季节开始的时候检查救生衣。

检查所有的硬件和皮带是否处于良好的状态、连接牢固、工作正常。

检查织物是否有泄漏、霉变、结块或硬化的浮力材料以及含油饱和度。

确保织物上没有裂口或撕裂。

确保附加了说明 USCG 批准的标签，并且是可识别的。

丢弃并更换有破损迹象的救生衣，如撕裂、霉变、破损等。

（2）无需做事项。

不要使用救生衣或可充气的浮选垫作为跪垫或护垫。

不要使用刺激性的洗涤剂或汽油来清洁。

不要取下任何标签、皮带或扣环。

2. 充气救生衣的保养

（1）充气救生衣比固有浮力救生衣需要更频繁的维护。

每次检查增压泵的状态，确保管道安装正确，设备工作正常。

每两个月检查一次是否有泄漏；将救生衣口服充气并放置一夜以检查是否有泄漏。如果有泄漏，那么应该更换。

立即更换用过的二氧化碳容器。经常使用充气设备的人应该经常检查充气设备，尤其是在使用渔具等尖锐设备时。

确保所有的皮带和拉链都在正常工作状态，保持设备正常使用。

不建议不会游泳的人（除非戴着充气的）使用充气玩具，也不建议在可能会有水冲击的地方使用，比如滑水或骑水上摩托车。

（2）使用流程。流程如下（不适合 16 岁以下的儿童使用）。

每两三个月或在赛季开始时，应该检查救生衣，以确保它在你需要的时候能正常工作。步骤如下。

3. 救生衣的储存

储存在通风良好的地方。

潮湿时，在储存前使其在露天彻底干燥。

用烘干机、散热器或其他直接热源将其烘干，会破坏其浮力。

视觉检查外观 口部吹气检查

检查救生衣是否有裂口、撕裂、破洞等 口吹救生衣使其膨胀

目视检查二氧化碳解发器和墨盒

检查阀门确保未漏气，检查打气筒是否完好，如果你
有自动装置，检查/更换溶解性药丸(如果有的话)

保持救生衣膨胀状态16~24 h 如果救生衣内有空气应重新包装后使用

保持救生衣膨胀状态16~24 h，以确保其能储存空气， 一切准备就绪，重新打包救生衣后使用
你也可以浸泡夹克检查在夹克或手动充气管泄漏

附图 1-1 救生衣的储存

附录二　抗浸服的选择、使用和保养

　　抗浸服旨在为突然落水人员提供热防护和浮选扶正，以保护落水者体温恒定或者使落水者在 5 min 内面部朝上，避免呛水造成的呼吸困难溺死。

　　在溺水事件中，低温是造成死亡的主要风险，人浸泡于寒冷水域中，短期内会冷休克、功能性丧失，而后或因长时间得不到及时的救援导致低体温（低于 35 ℃）引发一系列并发症，包括心脏骤停、四肢麻木、意识丧失等。因此，抗浸服的保暖性能成为首要性能评判指标。抗浸服根据不同作用方式可分为干式抗浸服与湿式抗浸服，干式抗浸服保暖性由其固有隔热材料和穿在其下面的衣服提供，不允许水的浸入，若发生泄漏会大大降低保暖性；湿式抗浸服的保暖性由其固有隔热材料提供，进入到皮肤表面和抗浸服之间的水会慢慢变热，实现保暖。若着穿的抗浸服不合身或者损坏会让水从这层冲进冲出，降低隔热性能。隔热性越好，对人的保护时间就越久，提供给人体更多的机会接受救援。因此，对抗浸服的密封性和完好性提出很高的要求，了解抗浸服的选用、保养及使用就显得尤为重要。

一、抗浸服的选择

　　在选择抗浸服时，由于工作性质、工作环境、个人生理的差异，对抗浸服的性能需求也有所不同。出于长时间浸泡于冷水的可能性，抗浸服的隔热自然越高越好，但隔热性能的提高往往伴随着舒适性、便捷性的降低。因此，抗浸服需同时保证人体温度恒定的同时，不会阻碍正常的行走、攀爬等活动。在选择抗浸服之前必须从风险评估、个人身体条件和经济综合考量，以确保考虑了所有的使用条件，并为用户提供适当的保护。

　　（1）渔民、港口领航员、桥建筑工人等需要在寒冷温度下作业的工作人员，可选择常规抗浸服，该类抗浸服可满足有些人连续穿着 8 h，而不会出现问题并且将不适感降到最低的需要。这些渔民一直穿着潜水服，以确保他们的身体不失去热量，并持续保持温暖和隔热。

316

（2）所有海上包括钻井平台作业人员，应选择紧急穿用型（即弃船服），平时工作的时候着穿标准工作服，一旦发生危及情况，船员应在 1 min 内快速穿上弃船服。该弃船服配备在所有船只上，保护船员意外落水后在波涛汹涌的海浪、凛冽的寒风中抵抗长时间冷水浸泡。若没有配备，则工人不能进行工作。

（3）轮渡游玩乘客等危险系数较低的环境中可选择容易携带与运输的充气式抗浸服，该类抗浸服不能完全覆盖人体，只会覆盖人的手和腿，帮助人漂浮在水面上。

（4）成人尺寸的抗浸服对于儿童不适用，尺寸过大，抗浸服不能与人体贴合，并会覆盖脸，要根据自身身高体重进行选择。

二、抗浸服的使用

使用前应仔细阅读商家提供的说明、标签，选择合适尺寸的抗浸服按照正确佩戴顺序进行着装，确保拉链拉到底，保证袖口、领口的密封性，特别对于弃船服，船员应定期进行培训演习，明确抗浸服存放位置，在紧急情况下，可以快速穿上，在 1 min 内弃船。

三、抗浸服的日常保养

抗浸服是在人们溺水时生命安全的重要保障，除了在使用前明确使用方法和作用原理的同时，还要注重日常的维护，以保护抗浸服充分发挥其功能特性。

1. 抗浸服的维护

（1）检查所有的附件包括防溅射帽、伙伴线、哨笛、灯等是否处于良好的状态、连接牢固、工作正常。

（2）带有个人浮选装置的要检查其浮选扶正性能是否正常。

（3）确保织物上没有裂口或撕裂。

（4）确保附加了说明 USCG 批准的标签，并且是可识别的。

（5）丢弃并更换有破损迹象的抗浸服，如撕裂、霉变、破损等。

（6）使用柔和洗涤剂进行清洗，不要过度揉搓，清洗时注意不要撕掉标签、不要丢弃其他附件。

（7）将反光材料与标样进行反光性对比，若不及标样，则应更换。

（8）不要使用抗浸服或可充气的浮选作为跪垫或护垫。

2. 抗浸服的存放

（1）储存在通风良好的地方，潮湿时，在储存前使其在露天彻底干燥。不要用烘干机、散热器或其他直接热源将其烘干。

（2）应放在明显易取的地方，并且位置固定，以便快速取出使用。

（3）不要将重物压于抗浸服之上，周围不要堆放杂物，远离尖锐物体，以免造成剐蹭破坏。

附录三　救生衣相关标准及简写

一、标准

[1] ISO 12402-1 Personal Flotation Device—Part 1：CLASS A（SOLAS Lifejackets），Safety Requirements［S］. 2012.

[2] ISO 12402-2 Personal Flotation Device—Part 2：CLASS B（Offshore Lifejackets，Extreme Conditions-275N），Safety Requirements［S］. 2012.

[3] ISO 12402-3 Personal Flotation Device—Part 3：CLASS C（Offshore Lifejackets -150N），Safety Requirements［S］. 2012.

[4] ISO 12402-4 Personal Flotation Device—Part 4：CLASS D（Inland/Close to Shore Lifejackets -100N），Safety Requirements［S］. 2012.

[5] ISO 12402-5 Personal Flotation Device—Part 5：CLASS E（Buoyancy Aids-50N），Safety Requirements［S］. 2012.

[6] ISO 12402-6 Personal Flotation Device—Part 6：CLASS F（Special Purpose Devices），Safety Requirements［S］. 2012.

[7] ISO 12402-7 Personal Flotation Device—Part 7：Materials and Components：Safety Requirements and Test Methods. 2012.

[8] ISO 12402-8 Personal Flotation Device—Part 8：Additional Items，Safety Requirements and Test Methods［S］. 2012.

[9] ISO 12402-9 Personal Flotation Device—Part 9：Test Methods［S］. 2012.

[10] ISO 12402-10 Personal Flotation Device-Part 10：Selection and Application of personal Flotation Devices and Other Relevant Devices［S］. 2012.

[11] ISO 15027-1—2012　Constant Wear Suits，Requirements Including Safety［S］. 2012.

[12] ISO 15027-2—2012　Abandonment Suits，Requirements Including Safety［S］. 2012.

[13] ISO 15027-3—2012　Test Methods［S］. 2012.

[14] EN 14225-1—2017　Diving Suits—Part 1：Wet Suits. Requirements and Test Method［S］. 2017.

[15] EN 14225-2—2017　Diving Suits—Part 2：Dry Suits. Requirements and Test Method［S］. 2017.

[16] EN 14225-3—2017　Diving Suits—Part 3. Actively Heated or Cooled Suit Systems and Components：Requirements and Test Method［S］. 2017.

[17] BS EN 393—1994 Lifejackets and Personal Buoyancy Aids-Buoyancy Aid-50N［S］. 1994.

［18］BS EN 395—1995 Lifejackets and Personal Buoyancy Aids–Lifejacket–100N ［S］. 1995

［19］BS EN 396—1994 Lifejackets and Personal Buoyancy Aids– Lifejacket–150N ［S］. 1994.

［20］BS EN 399—1994 Lifejackets and Personal Buoyancy Aids. Lifejacket 275N ［S］. 1994.

［21］MIL–L–15581K Life Preservers, CO_2, Inflatable, Pouch Type ［S］. USA, Military Specification, 1986.

［22］MIL–L–16383H Life Preservers, CO_2, Inflatable, Underwater Demolition Team ［S］. USA, Military Specification, 1988.

［23］MIL–L–25798D Life Preserver, Underarm, Casualty, Type MB–1 ［S］. USA, Military Specification, 1997.

［24］MIL–L–24247C Life Preservers, Vest Type, US Navy, MK 1 ［S］. USA, Military Specification, 1997.

［25］MIL–DTL–18045G Life Preservers, Vest, Inherently Buoyant ［S］. USA, Military Specification, 1997.

［26］MIL–L–17653B Life Preservers, Vest, Work Type, Unicellular Plastic ［S］. USA, Military Specification, 1987.

［27］A–A–50652 Life Preservers, Vest, Adult or Child ［S］. USA, Military Specification, 1981.

［28］MIL–L–81787B Life Preserver, Inflatable, Utility, Type LPP–1A ［S］. USA, Military Specification, 1996.

［29］JIS F1026—1995 Small Crafts：Floating jacket ［S］. Japan, 1995 .

［30］MSC. 81（70） Revised Recommendation on Testing of Lifesaving Appliances ［S］. 1998.

［31］MSC. 200（80） Amendment to the Recommendation on The Testing of Lifesaving Appliance ［S］. 2005.

［32］GB 5869—2010 救生衣灯 ［S］. 2010.

［33］GB/T 4303—2008 船用救生衣 ［S］. 2008.

［34］GB/T 32234. 1—2015 个人浮力设备 第1部分：海洋船舶用救生衣安全要求 ［S］. 2015.

［35］GB/T 32234. 2—2015 个人浮力设备 第2部分：救生衣性能等级275安全要求 ［S］. 2015.

［36］GB/T 32234. 3—2015 个人浮力设备 第3部分：救生衣性能等级150安全要求 ［S］. 2015.

［37］GB/T 32234. 4—2015 个人浮力设备 第4部分：救生衣性能等级100安全要求 ［S］. 2015.

［38］GB/T 32234. 5—2015 个人浮力设备 第5部分：浮力用具（等级50）安全要求 ［S］. 2015.

［39］GB/T 32234. 6—2015 个人浮力设备 第6部分：特殊用途救生衣和浮力用具安全要求和附加试验方法 ［S］. 2015.

［40］GB/T 32234. 7—2015 个人浮力设备 第7部分：材料和部件安全要求和试验方法 ［S］. 2015.

［41］GB/T 32234．8—2015　个人浮力设备　第8部分：附件安全要求和试验方法［S］. 2015.

［42］GB/T 32234．9—2015　个人浮力设备　第9部分：试验方法［S］. 2015.

［43］GB/T 32234．10—2015　个人浮力设备　第10部分：个人浮力设备和其他有关设备的选用［S］. 2015.

［44］GB/T 32232—2015　儿童救生衣［S］. 2015.

［45］GB/T 32227—2015　船用工作救生衣［S］. 2015.

［46］GB/T 34315.2—2017　小艇气胀式救生筏第2部分：Ⅱ型［S］. 2017.

［47］GB/T 26086—2010　救生设备用反光膜［S］. 2010.

［48］GJB 6657—2009　军用救生衣通用规范［S］. 2009.

［49］GJB 821A—2010　飞行人员救生抗浸防寒飞行服规范［S］. 2010.

［50］GJB 3064A—2010　飞行人员救生背心规范［S］. 2010.

［51］国际海事组织 SOLAS 公约（1974）和1978年议定书及有关修正案.

［52］国际救生设备（LSA）规则.

［53］海安会议 MSC．81（70）Testing of Life–Saving Appliances 救生设备试验.

［54］海安会议 MSC．200（80）救生设备试验修正案.

［55］海安会议 MSC．201（81）海上人命安全公约修正案.

［56］海安会议 MSC．207（81）国际救生设备规则修正案.

［57］MSC．226（82）（救生器具的试验补充建议案）.

［58］美国海岸警卫队"SOLAS"救生衣灯试行规范.

［59］ISO 24408—2005 船舶和海洋技术：示位灯具产品的测试、检测和标识.

二、简写

IMO：International Maritime Organisation：国际海事组织

SOLAS：Safety of Life at Sea：海上救生组织

CEN：European Standardisation Committee: 欧洲标准化委员会

EN：European Norm：欧洲标准

ISO：International Organisation for Standardisation：国际标准化组织

LSA：Life Saving Appliances：救生用品（器具）

MED：Maritime Equipment Directive：海事装备指令

PPE：Personal Protective Equipment：个体防护装备

prEN：An European Norm in preparation, not yet in the final form：准欧洲标准，非最终定稿